ADMINIS
TRAÇÃO

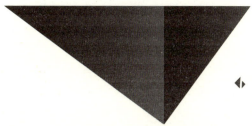

Francisco Nascimento   Mauricio Barreto

ADMINISTRAÇÃO

Novas Perspectivas

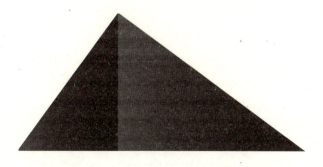

ALTA BOOKS
EDITORA

Rio de Janeiro, 2022

Administração – Novas Perspectivas

Copyright © 2022 da Starlin Alta Editora e Consultoria Eireli.
ISBN: 978-85-5081-370-7

Impresso no Brasil — 1ª Edição, 2022 — Edição revisada conforme o Acordo Ortográfico da Língua Portuguesa de 2009.

Todos os direitos estão reservados e protegidos por Lei. Nenhuma parte deste livro, sem autorização prévia por escrito da editora, poderá ser reproduzida ou transmitida. A violação dos Direitos Autorais é crime estabelecido na Lei nº 9.610/98 e com punição de acordo com o artigo 184 do Código Penal.

A editora não se responsabiliza pelo conteúdo da obra, formulada exclusivamente pelo(s) autor(es).

Marcas Registradas: Todos os termos mencionados e reconhecidos como Marca Registrada e/ou Comercial são de responsabilidade de seus proprietários. A editora informa não estar associada a nenhum produto e/ou fornecedor apresentado no livro.

Erratas e arquivos de apoio: No site da editora relatamos, com a devida correção, qualquer erro encontrado em nossos livros, bem como disponibilizamos arquivos de apoio se aplicáveis à obra em questão.

Acesse o site www.altabooks.com.br e procure pelo título do livro desejado para ter acesso às erratas, aos arquivos de apoio e/ou a outros conteúdos aplicáveis à obra.

Suporte Técnico: A obra é comercializada na forma em que está, sem direito a suporte técnico ou orientação pessoal/exclusiva ao leitor.

A editora não se responsabiliza pela manutenção, atualização e idioma dos sites referidos pelos autores nesta obra.

Dados Internacionais de Catalogação na Publicação (CIP) de acordo com ISBD

B273a   Barreto, Mauricio
          Administração – novas perspectivas: adquirir competências para uma alta performance / Mauricio Barreto e Francisco Nascimento. - Rio de Janeiro : Alta Books, 2021.
          352 p. ; 16cm x 23cm.

          Inclui índice e bibliografia.
          ISBN: 978-85-5081-370-7

          1. Administração. 2. Gestão de empresas. 3. Habilidades. I. Nascimento, Francisco. II. Título.

2021-3918   CDD 658.401
                                                   CDU 658.011.2

Elaborado por Odilio Hilario Moreira Junior - CRB-8/9949

Produção Editorial
Editora Alta Books

Diretor Editorial
Anderson Vieira
anderson.vieira@altabooks.com.br

Editor
José Rugeri
j.rugeri@altabooks.com.br

Gerência Comercial
Claudio Lima
claudio@altabooks.com.br

Gerência Marketing
Andrea Guatiello
marketing@altabooks.com.br

Coordenação Comercial
Thiago Biaggi

Coordenação de Eventos
Viviane Paiva
comercial@altabooks.com.br

Coordenação ADM/Finc.
Solange Souza

Direitos Autorais
Raquel Porto
rights@altabooks.com.br

Assistente Editorial
Mariana Portugal

Produtores Editoriais
Illysabelle Trajano
Larissa Lima
Maria de Lourdes Borges
Paulo Gomes
Thales Silva
Thiê Alves

Equipe Comercial
Adriana Baricelli
Daiana Costa
Fillipe Amorim
Heber Garcia
Kaique Luiz
Maira Conceição
Victor Hugo Morais

Equipe Editorial
Beatriz de Assis
Brenda Rodrigues
Caroline David
Gabriela Paiva
Henrique Waldez
Marcelli Ferreira

Marketing Editorial
Jessica Nogueira
Livia Carvalho
Marcelo Santos
Pedro Guimarães
Thiago Brito

Atuaram na edição desta obra:

Revisão Gramatical
Flavia Pereira
Thamiris Leiroza

Diagramação
Joyce Matos

Capa
Marcelli Ferreira

Editora afiliada à:

Rua Viúva Cláudio, 291 – Bairro Industrial do Jacaré
CEP: 20.970-031 – Rio de Janeiro (RJ)
Tels.: (21) 3278-8069 / 3278-8419
www.altabooks.com.br — altabooks@altabooks.com.br
Ouvidoria: ouvidoria@altabooks.com.br

Dedicamos esta obra Àquele que nos ama e nos inspira, renova nossas forças e nos dá alento diário para continuar a grande jornada da vida. Verdadeiro, único e sumo bem, àquele que nos ensina que Ele é o Caminho, a Verdade e a Vida.

"Conheça todas as teorias, domine todas as técnicas, mas ao tocar uma alma humana seja apenas outra alma humana."

Carl Gustav Jung

AGRADECIMENTOS

À Valdenira, amada e admirável esposa, com quem aprendi uma grande lição sobre renúncia, dedicação e amor sem limites. Sou feliz por você fazer parte da minha vida.

Ao Gabriel, filho amado, nosso lindo tesouro.

À Rosana Arruda da Silva, pela sua compreensão e paciência, além de orientações e dicas salutares.

Ao meu colega Francisco Carlos do Nascimento, que foi essencial para o alcance desta obra.

Aos meus mestres, que me inspiram e motivam na jornada dos estudos e do conhecimento.

Aos meus amigos, com quem convivo, aprendo e partilho.

Aos meus colegas docentes, que me auxiliam na arte de ensinar e aprender.

Aos nossos alunos e alunas, que nos inspiram e nos motivam a continuar esta nobre missão.

Mauricio

Aos meus pais, Francisco e Ermelinda (*in memoriam*), pelo eterno incentivo.

À minha esposa, Josefina, companheira de toda uma vida, com quem aprendi a agradecer, ser perseverante e sempre recebi apoio incondicional.

À minha filha, Kadiny, pela inspiração e pelo amor incontestável.

Aos meus irmãos, Luiz Carlos e Simone, pela compreensão, carinho, afeto e apoio às minhas aspirações.

À minha família, tios e tias, primos e primas, sobrinhos e sobrinhas, que sentiam a minha ausência, sempre pelos mesmos motivos — novos projetos.

Aos meus alunos e alunas, que sempre me motivam e incentivam a planejar novos projetos e todos os dias me fazem acreditar na juventude e neste País.

Aos meus amigos e colegas, que nutrem o seu conhecimento a cada dia.

Aos meus mestres que, pelas suas atitudes, mostraram o valor do conhecimento.

Francisco

SOBRE OS AUTORES

Mauricio de Souza Barreto nasceu em São Paulo, SP, é bacharel em Administração pela Faculdade Oswaldo Cruz-SP, licenciado em Administração pelo Centro Paula Souza — Faculdade de Tecnologia de São Paulo e mestre em Administração pelo Centro Universitário Campo Limpo Paulista (UNIFACCAMP).

Profissional com mais de trinta anos de experiência na indústria e no comércio, sendo mais de dez anos atuando como Gerente Administrativo e Financeiro (*Controller*). Atuou em diversos projetos realizados nos departamentos administrativo, financeiro, contábil, recursos humanos, logística e comércio exterior.

Possui mais de vinte anos de experiência docente. Atuou nos cursos de Empreendedorismo no SEBRAE/SP, e pelo SENAC/SP ministrou aulas nos cursos Técnicos em Contabilidade e Gestão Empresarial. Atualmente é docente titular do Centro Paula Souza no eixo de gestão e negócios nos cursos de administração e contabilidade.

Também é palestrante e autor dos livros *Assistente Administrativo*, Editora Érica-saraiva, 2015; *Administração Industrial Fácil*, Edições Brasil, 2016; e *Administração Empresarial*, Editora SENAI, 2017.

Francisco Carlos do Nascimento nasceu em Cubatão, SP, é Economista, Pós--PhD, PhD e Mestre em Administração pela Flórida Christian University, (FCU-EUA) e University of Central Flórida (UCF-EUA); especialista em Gestão de Pessoas pela UNIBERO; em Administração na área Gestão de Logística e Operações Industriais pela Faculdade de Ciências Gerenciais Barão de Jundiaí-FCG; Estratégia de Marketing Aplicadas ao Turismo e Hotelaria pela ECA/USP; Master Coaching pelo método CIS (Coaching Integral Sistêmico) pela FEBRACIS.

Vivência em empresas nacionais e multinacionais como consultor empresarial em vários ramos de atividade: nas Áreas Administrativas, Contábeis, Econômica e Financeira, Qualidade e Segurança do Trabalho, Vendas, Marketing, Produção e Logística.

Professor de cursos profissionalizantes na Associação de Educação do Homem de Amanhã (Guardinha de Várzea Paulista), atualmente é docente titular do Centro Paula Souza no eixo de gestão e negócios nos cursos de logística e contabilidade e cursos tecnólogos e de graduação na UNIP Jundiaí e UNIANCHIETA, e Pós-graduação (MBA) na Escola Superior de Administração, Marketing e Comunicação (ESAMC) em Campinas.

Delegado Distrital do Conselho Regional de Economia (CORECON); Economista Perito na Justiça do Trabalho e na Justiça Civil; Habilitado em Logística Internacional.

Também é palestrante e autor do livro: *Custos de Processos Logísticos*, Érica-saraiva, 2014. Coautor dos livros: *Múltiplos Olhares na Construção do Conhecimento*, Vol. V, VI e VII, Editora In House, 2015/2016/2020; *Administração Industrial Fácil*, Edições Brasil, 2016; *Coaching com Cinema e Pipoca*, Vol. I, II e III, Editora In House, 2016, Editora Espaço acadêmico, 2017 e Editora RHM Educação Corporativa, 2019.

APRESENTAÇÃO

Esta obra é dedicada à comunidade acadêmica e aos nossos alunos(as) e colegas professores(as), aos que se interessam pela área da administração, sejam em iniciar ou mesmo em aprofundar seus conhecimentos e aos leitores e interessados na temática administrativa.

Em nossa caminhada como profissionais da área e como docentes, sempre tivemos grande preocupação com a questão formativa de nossos alunos(as) que posteriormente se tornaram colegas no exercício da profissão. Por isso nosso desejo foi elaborar uma obra que atendesse dois requisitos que consideramos fundamentais no processo formativo. Primeiro, que fosse abrangente contemplando boa parte das várias áreas da administração; e segundo, que não fosse de forma alguma superficial, mas que pudesse conter elementos básicos e informações suficientes para uma boa formação.

Apresentamos os conteúdos de forma que as várias áreas da administração pudessem fazer parte de uma única obra para facilitar o processo formativo. Salientamos, no entanto, que de forma alguma esta obra preenche todas as informações, e que é absolutamente necessário o seu enriquecimento por meio de consultas às demais obras e diversos meios de consulta que temos à nossa disposição, para assim fortalecer o conhecimento e consequentemente o processo formativo.

A obra é composta de dez capítulos e dividida em três partes. Na primeira parte, apresentamos o administrador e a organização, trazendo aspectos da pessoa que vai incorporar este profissional nos mais diversos cargos. Há, portanto, um capítulo específico da ética profissional, que hoje é tema muito demandado pela sociedade. Quanto à organização, apresentamos a maioria das teorias administrativas e suas evoluções até os dias atuais, demonstrando também como se compõe a estrutura de uma organização e suas principais ferramentas de trabalho.

Na segunda parte, veremos aspectos mais específicos e internos que toda organização demanda, são eles: a gestão financeira, contábil e de pessoas, demonstrando como se compõem, se relacionam e se integram os processos internos de registro e controle, além da parte fiscal e legal.

Na terceira parte, veremos a gestão da produção, da logística, do marketing e de vendas. Embora semelhante à segunda parte, que remete inicialmente aos aspectos específicos e internos à organização, a terceira, em um segundo momento, apresentará também características externas, por demandar relacionamentos diversos com clientes, fornecedores e demais agentes externos à organização. Nesta parte, dedicamos uma parcela considerável para tratar dos aspectos da gestão da qualidade que contempla não só produtos e serviços, mas também a qualidade nos processos, passando pelas pessoas.

Para que a obra não contemplasse somente aspectos teóricos, procuramos também dar uma essência mais prática, mostrando as rotinas empresariais por meio de vários instrumentos, como exercícios práticos e exemplos para conexão com as teorias. Também criamos uma seção de dicas ao longo dos capítulos, além de diversos meios comparativos, compostos de: quadros, tabelas, gráficos e links de acesso à internet para consulta e comparação de forma ágil com os conteúdos apresentados. Ao final de cada capítulo, você poderá encontrar também algumas questões para reflexão sobre os temas abordados.

Pensando também naqueles que desejam preparar-se para a carreira pública na administração, criamos um apêndice contendo algumas questões em formato para concurso público sobre os temas abordados nesta obra.

Esperamos, desta forma, contribuir modesta e sinceramente para o processo formativo e de qualidade. Que possamos ter bons profissionais, mais preparados e capacitados para a gestão de nossas organizações.

Os Autores

PREFÁCIO

ESTE LIVRO FALA SOBRE A HISTÓRIA, OS CONCEITOS, OS FUNDAMENTOS E AS FERRAMENTAS de gestão para o estudo e a aplicação em administração de empresas. Ele está dividido em três partes: Parte 1: O Administrador e a Organização; Parte 2: Gestão Financeira, Contábil e de Pessoas; Parte 3: Gestão da Produção, Logística, Marketing e Vendas.

A leitura do texto nos remete aos conceitos essenciais de administração, sendo eles de organização, de ferramentas gerenciais e das áreas funcionais de gestão empresarial. Caracteriza-se por ser um texto referencial aos temas citados, no qual os autores realizaram um corte horizontal na análise dos conceitos abordados. A leitura é simples e com linguagem direta e clara sobre os conceitos. É relevante para a formação profissional em cursos técnicos e tecnológicos de estudantes. O conteúdo tem caráter generalista dado a extensão dos temas analisados. Os autores escrevem em uma linguagem focada e efetiva para a obtenção dos resultados desejados. O livro apresenta definições muito precisas e formais de gestão e suas áreas funcionais, aspectos muito importantes para o processo de aprendizagem. Também é composto de uma parte prática com exercícios e respostas.

Esta obra é caracterizada por um resumo dos conceitos que formam o campo conceitual de administração, envolvendo o estudo de várias ciências e como elas interagem: a sociologia, a psicologia, a psicologia social, a antropologia, a economia, a teoria de sistemas, a engenharia dentre outras ciências. Portanto, fornece subsídios importantes em caráter inicial para o estudo de administração. Constata-se um grande esforço teórico e prático exercido pelos autores.

Djair Picchiai (in memoriam)
Mestre, Doutor em Administração — FGV
Professor e Coordenador — UNIFACCAMP

SUMÁRIO

PARTE 1: O ADMINISTRADOR E A ORGANIZAÇÃO — 1

CAPÍTULO 1: ADMINISTRAÇÃO — 3

CAPÍTULO 2: ÉTICA NAS ORGANIZAÇÕES — 49

CAPÍTULO 3: ESTRUTURA ORGANIZACIONAL — 69

CAPÍTULO 4: SISTEMAS E FERRAMENTAS NA ADMINISTRAÇÃO — 93

PARTE 2: GESTÃO FINANCEIRA, CONTÁBIL E DE PESSOAS — 121

CAPÍTULO 5: ADMINISTRAÇÃO FINANCEIRA E TRIBUTÁRIA — 123

CAPÍTULO 6: ADMINISTRAÇÃO DE PESSOAL — 155

CAPÍTULO 7: GESTÃO DA CONTABILIDADE — 199

PARTE 3: GESTÃO DA PRODUÇÃO, LOGÍSTICA, MARKETING E VENDAS — 233

CAPÍTULO 8: ADMINISTRAÇÃO DA PRODUÇÃO, ESTOQUES E QUALIDADE — 235

CAPÍTULO 9: LOGÍSTICA EMPRESARIAL — 263

CAPÍTULO 10: O MARKETING E A ADMINISTRAÇÃO DE VENDAS — 281

APÊNDICE A: RESPOSTAS DOS EXERCÍCIOS — 301

APÊNDICE B: QUESTÕES PARA CONCURSO PÚBLICO — 307

GLOSSÁRIO — 319

LISTA DE ABREVIATURAS — 323

BIBLIOGRAFIA — 325

ÍNDICE — 333

PARTE 1

O
ADMINISTRADOR
E A
ORGANIZAÇÃO

CAPÍTULO 1
ADMINISTRAÇÃO

A ADMINISTRAÇÃO E O ATO DE ADMINISTRAR SÃO CONCEITOS AMPLOS E ESTÃO TOTALMENTE ligados ao nosso dia a dia, pois constantemente somos obrigados a tomar decisões em vários contextos de nossas vidas, seja em relação à família, ao relacionamento, tempo, dinheiro, trabalho, e assim por diante. E, seja qual for a resolução, a administração sempre estará envolvida nesse processo de decisão. Essas demandas podem ser, por vezes, acertadas, outras nem tanto, contudo, é por meio do ato de administrar que essa distinção ocorre.

A sociedade vem passando por sucessivas e rápidas mudanças, diante disso, precisamos nos planejar para nos posicionar e nos adaptar diante dessas mudanças. Para citar dois exemplos: em 1906, Alberto Santos Dumont criou o avião, que na época foi uma grande novidade, mas, vendo hoje, o 14 bis tratava-se de um modelo bem rudimentar de avião; por isso, passados mais de cem anos ao longo da nossa história, vemos os diversos tipos e evoluções tecnológicas das aeronaves modernas e até a criação dos foguetes espaciais.

O outro exemplo, são as demandas de uma criança de dez anos, que hoje se defronta com várias atividades a fazer no seu dia a dia, além da quantidade de informações que ela conhece e retém em seu cérebro, sem dúvida muito diferente de uma criança de dez anos de cinquenta ou cem anos atrás.

Os processos de transformações, as evoluções tecnológicas, a globalização, todos são decursos irreversíveis e estão acontecendo agora neste momento. Nesse contexto, a Administração mostra sua importância no sentido de ajudar o ser humano neste transcurso de adaptação e tomada de decisões.

A tarefa de administrar também se dá com mais ênfase e foco em empresas, governos e organizações não governamentais, além de escolas, hospitais, fazendas, indústrias, comércios e prestadores de serviços, pois envolve suas mais complexas estruturas, áreas e departamentos. Dessa forma, podemos notar que a Administração é integradora e é com ela que podemos dar algumas diretrizes às mudanças que vêm ocorrendo em nossa sociedade.

CONCEITO DE ADMINISTRAÇÃO

Administração vem do latim *ad* (direção) e *minister* (subordinação ou obediência), portanto:

> **Administração é o processo de planejar, organizar, dirigir e controlar o uso de recursos a fim de alcançar determinados objetivos.**

Vejamos outros conceitos de Administração:

> **Administração é o ato de administrar ações por meio de gestão visando à realização de objetivos.**

Para Chiavenato (2000, p. 7), administrar nos dias de hoje significa fazer uma leitura dos objetivos propostos pelas instituições e empresas e transformá-los em ação organizacional partindo das funções administrativas, ou seja, do planejamento, organização, direção e controle por meio do esforço de todos, realizado em todas as áreas e em todos os níveis da organização, a fim de alcançar os objetivos propostos da maneira mais adequada à situação.

Segundo Fayol, "a Administração não é nem privilégio exclusivo, nem encargo pessoal do chefe ou dos dirigentes da empresa; é uma função que se reparte, como as outras funções essenciais, entre a cabeça e os membros do corpo social" (1981, p. 26).

Importante ressaltar que, para Fayol, a Administração não é somente para chefes e diretores, na verdade ela é muito mais abrangente e interage com todas as pessoas que atuam em uma empresa, desde o menor nível até o mais elevado, pois a Administração passa pelo processo de tomada de decisões.

Nos dias atuais, a definição mais adequada para o conceito de Administração é que se trata de um processo que utiliza recursos humanos, financeiros, materiais, técnicos e organizacionais para atingir os objetivos da organização.

A Administração é uma ciência humana, dentro da área de ciência social aplicada. Representa uma interessante área de estudo multidisciplinar que envolve conceitos de Psicologia, Sociologia, Antropologia, Economia, Direito, Matemática, Estatística. Portanto, percebe-se que a Administração envolve o estudo e o conhecimento de outras ciências, os quais com ela interagem.

FUNDAMENTOS DA ADMINISTRAÇÃO

Toda ciência possui seus pilares e princípios, e com a Administração ocorre o mesmo. Vamos agora analisar os quatro fundamentos da Administração:

1. PLANEJAR
2. ORGANIZAR
3. DIRIGIR
4. CONTROLAR

Conhecidas também como funções da Administração, vamos esclarecer melhor cada uma delas para uma melhor e maior compreensão da atividade de administrar e, claro, do próprio conceito de Administração.

Atualmente, é impensável executar qualquer ação ou grupo de ações nas organizações, que precisam passar por diversas deliberações, sem levar em conta as quatro funções da Administração.

Vejamos agora, por meio de um exemplo, a importância desses quatro encargos da Administração.

EXEMPLO:

A empresa vai organizar um evento promocional visando aumentar suas vendas.

Pergunta-se:

a. Como criar o evento sem que haja planejamento? Que tipo de evento seria? Onde seria realizado? A empresa possui todos os recursos para o evento?

b. Como organizar os recursos do evento? Funcionários, estoques etc.?

c. Quem seriam as pessoas responsáveis por comandar e gerenciar o evento? Um gerente, dois ou mais gerentes, diretores, chefes?

d. De que forma a empresa e os responsáveis devem acompanhar e controlar as ações de vendas? As dúvidas dos clientes? As formas de pagamento e recebimento?

As organizações precisam, mais do que nunca, estar preparadas da melhor forma possível e planejar muito bem seus próximos passos e ações, caso contrário, serão punidas com sérios prejuízos, podendo até mesmo deixar de existir.

Por isso, vamos agora analisar as quatro principais funções da Administração:

PLANEJAMENTO

Esta etapa envolve o ato de planejar e de definir os objetivos para ver aonde se quer chegar, ou seja, é a atividade de preparação de um plano de trabalho, de colocar no papel todo o caminho, as etapas, os recursos, os prazos etc.

DICA
Planejar é tomar decisões antecipadas, com cálculos, estudos, análises de cenários em vista de uma situação futura desejada pela empresa. Veja que é bem diferente de previsão, pois esta consiste em tentar descobrir o que vai acontecer no futuro.

O ato de planejar envolve estudos e análises de situações passadas ou semelhantes, por exemplo: como uma empresa consegue vender determinado produto? Como consegue alcançar a liderança de mercado? E assim por diante. Portanto, o planejamento é se basear em situações vivenciadas do passado, seja pela própria empresa ou de um concorrente, para planejar o futuro de determinada organização e assim obter os resultados desejados.

TIPOS DE PLANEJAMENTO

Vamos analisar os três tipos diferentes de planejamento, os quais são:

a. Planejamento Estratégico.
b. Planejamento Tático.
c. Planejamento Operacional.

a. **Planejamento Estratégico**: Trata-se do mais amplo da organização, pois a envolve como um todo. Suas principais características são:
- Definição e desenho feitos pela alta Administração.
- Projeção em longo prazo.
- Envolve recursos de toda a organização.

b. **Planejamento Tático**: Trata-se do planejamento que envolve cada área ou departamento da organização. Suas principais características são:
- Definição e desenho feitos pelo nível intermediário, isto é, cada unidade da organização (departamento).
- Projeção em médio prazo.
- Deve estar totalmente em conformidade com o planejamento estratégico.

- Envolve recursos específicos que se referem a determinada área/ departamento.

c. **Planejamento Operacional:** Trata-se do planejamento mais específico da organização, que envolve cada unidade de trabalho. Suas principais características são:
  - Definição e desenho feitos por cada setor da organização, ou seja, pelos executores operacionais.
  - Projeção em curto ou curtíssimo prazo.
  - Deve estar totalmente em conformidade com o planejamento tático.
  - Envolve recursos muito específicos, os quais abrangem somente um determinado setor.

QUADRO 1.1: AS TRÊS FASES DO PLANEJAMENTO ORGANIZACIONAL

Planejamento	Nível	Responsável	Abrangência	Tempo
Estratégico	Institucional	Diretoria	Visão Global da Empresa	Longo Prazo
		Presidência		
Tático	Intermediário	Gerência	Departamento	Médio Prazo
		Chefia		
Operacional	Operacional	Supervisão	Setor/Seção	Curto Prazo
		Executores		

Fonte: Elaborado pelos autores (2020).

ORGANIZAÇÃO

Após a elaboração do planejamento, entramos na fase da organização, que basicamente consiste em reunir, estruturar e integrar todos os recursos necessários para poder atingir os objetivos de uma organização. Esses recursos podem ser humanos, financeiros, materiais, técnicos ou organizacionais. É nesta fase que se determina quem deve fazer, quando fazer e como fazer, ou seja, estabelece as regras do trabalho a ser executado, bem como o correto uso de seus recursos.

E quais são esses recursos de que a empresa vai necessitar para alcançar seus objetivos? Vejamos a seguir:

1. **Recursos Humanos:** são os recursos compostos de colaboradores (funcionários) da organização.

2. **Recursos Financeiros:** é o capital financeiro empregado para a produção de bens e/ou serviços da empresa, na forma de dinheiro em caixa, bancos, investimentos etc.

3. **Recursos Materiais:** são os recursos físicos que compõem a empresa, tais como: prédios, galpões, maquinários, instalações, veículos, computadores, estoques, dentre outros.

4. **Recursos Técnicos:** são os conhecimentos, as habilidades e as atitudes necessários para executar os processos e as tomadas de decisões. Dentre eles: execução de processos produtivos, estratégias de criação de novos produtos, implantação de filiais, implantação de um sistema de gestão empresarial etc. Lembrando que isso só é possível por meio de colaboradores bem treinados.

5. **Recursos Organizacionais:** consiste em documentos e registros da organização, ou seja, contrato ou estatuto social, regimento interno, organograma, desenho dos processos internos, dentre outros.

Portanto, a organização, como segunda função administrativa, consiste em determinar as atividades necessárias ao alcance dos objetivos e também em agrupar em uma estrutura lógica todas as suas etapas e, por fim, definir as pessoas específicas para a realização dessas tarefas.

DICA

A organização deve estar bem conectada à fase do planejamento, em todas as suas linhas gerais, para que obtenha sucesso.

DIREÇÃO

A direção constitui na terceira função da Administração, e uma vez definidos o planejamento e a organização, entramos nesta fase, a qual consiste no comando e na liderança.

Agora é o momento da ação, quando tudo o que foi planejado e devidamente organizado deve andar e acontecer. Lembre-se que todas as ações devem atender aos objetivos traçados no planejamento, ou seja, não podem ser diferentes do que foi pensado anteriormente. Por isso, entra aqui a importante figura do líder, pois, por meio de sua formação, postura e seu perfil, levará seus comandados a uma ação conjunta em prol dos objetivos das empresas.

> **DICA**
>
> Na fase de execução e direção dos trabalhos, os objetivos traçados no planejamento devem ser rigorosamente seguidos, mas, diante de novas situações que possam surgir e que não foram previstas no planejamento inicial, podem haver mudanças; portanto, outra importante característica do administrador é ser flexível.

Note que quando falamos do ser humano, cada um de nós temos nossos próprios objetivos, mas, neste caso, todos devem estar alinhados aos mesmos objetivos traçados pela organização na fase do planejamento. Essa é, sem dúvida, uma das tarefas mais difíceis do administrador, por isso, ele deve ter uma grande capacidade de liderança, ser movido pela motivação e ter elevado grau de persuasão, para convencer e envolver a todos.

CONTROLE

O controle consiste na quarta função da Administração. Nesta última etapa das funções, podemos reiterar o que já foi dito. Afinal, do que adianta fazer um ótimo planejamento, uma ótima organização da divisão das atividades e uma ótima ação na direção, se ninguém fizer um acompanhamento? Sabemos que imprevistos ocorrem a todo instante, não é mesmo? Nas organizações não é diferente. Não é simplesmente dar ordem para que se faça algo, mas acompanhar se de fato está sendo executado de acordo com o que foi planejado. Esta é a função do controle, para fazer os ajustes e correções quando for necessário, ou seja, quando algo estiver fora dos padrões que foram pensados ou planejados.

A função de controle pode ser aplicada tanto para objetos quanto para pessoas. Esse processo ocorre em quatro fases:

1. Estabelecimento de padrões ou critérios.
2. Observação do desempenho das atividades.
3. Comparação do desempenho com o padrão planejado.
4. Promoção de ações corretivas.

A função de controle pode ser tanto como um fator restritivo e coercitivo no que se refere ao controle de pessoas, limitando e coibindo certas atitudes e comportamentos não estabelecidos no planejamento, como pode ser interpretado também como um fator de regulação e ajustamento de sistemas no sentido de controlar, detectar desvios e promover ações corretivas quando necessário (um exemplo: uma válvula de controle de temperatura).

PERFIL DO ADMINISTRADOR

O administrador é o profissional que tem como premissa ser o elo entre os colaboradores e os gestores de uma organização. Cabe a este profissional alinhar os interesses de ambos em busca do alcance de metas e objetivos da organização, os quais são definidos previamente na fase do planejamento.

Para obter bom desempenho em suas funções, o administrador deverá possuir algumas competências, habilidades e atitudes, que vamos detalhar mais adiante.

O trabalho do administrador não é ser um mero executor de tarefas ou de "saber fazer" determinadas atividades. Não cabe a este profissional desenvolver as atividades práticas, mesmo que o saiba fazê-lo com perfeição. De fato, suas funções são muito mais amplas e são focadas nas atividades administrativas, dentre as quais destacamos:

1. Elaborar planejamentos: estratégico, tático e/ou operacional.
2. Elaborar orçamentos e relatórios técnicos e gerenciais.
3. Organizar os recursos disponíveis pela organização.
4. Liderar os colaboradores na execução dos trabalhos.
5. Motivar os colaboradores no sentido de alcançar os objetivos definidos.
6. Tomar decisões.
7. Realizar diagnóstico de situações.
8. Definir ações estratégicas.
9. Solucionar situações problemáticas e complexas.
10. Corrigir ações quando necessário.

Como visto, suas funções são de extrema importância em qualquer tipo de organização e visa assegurar a busca da excelência e do sucesso da organização.

O administrador é, efetivamente, um agente de mudança que sabe fazer uma leitura da situação do momento, de fazer um diagnóstico correto e agir propondo soluções para o desenvolvimento e crescimento da organização nos mais variados segmentos.

No Brasil, a atividade de Administração e a profissão do administrador foram regulamentadas na Lei nº 4769, no dia 9 de setembro de 1965, e, desde então, o dia do administrador é comemorado anualmente nesta data.

A profissão é representada pelo Conselho Regional de Administração (CRA) que concede o registro ao profissional formado em nível de graduação.

CAMPOS DE ATUAÇÃO DO PROFISSIONAL EM ADMINISTRAÇÃO

O trabalho do administrador e seu campo de atuação são bem amplos, o que garante uma grande oportunidade e uma infinidade de caminhos de atuação devido à permanente necessidade de demanda deste profissional pelas organizações.

Por ser de natureza ampla e diversa, o profissional pode atuar nos setores:

a. Setor Privado.

b. Setor Público.

c. Terceiro Setor.

d. Setor do Agronegócio.

Vejamos agora, com maiores detalhes, a atuação do profissional administrador nesses setores:

Setor Privado — Administração de Empresas

Segmento mais comum, envolvendo empresas de vários segmentos e tamanhos. As empresas dividem-se basicamente em três modalidades:

a. **Indústria:** de qualquer tamanho, nos mais variados segmentos, tais como: indústria de móveis, vestuário, alimentos, veículos etc.

b. **Comércio:** de qualquer tamanho, nos mais variados segmentos, tais como: calçados, brinquedos etc.

c. **Prestação de Serviços:** igualmente de qualquer tamanho, nos mais variados segmentos, tais como: consertos de equipamentos diversos, serviços de engenharia, advocacia, dentre outros. Esse segmento ainda abrange outras empresas como: bancos, hotéis, hospitais, escolas etc.

Setor Público — Administração Pública

Envolve os vários órgãos dos três poderes: Executivo, Legislativo e Judiciário, nos níveis Federal, Estadual/Distrital e Municipal. Incluem-se também as autarquias e as empresas de economia mista, em que parte do capital é público e outra parte é privado.

Terceiro Setor — Administração do Terceiro Setor

Conhecidas como Organizações Não Governamentais (ONGs), de qualquer tamanho, atuando em projetos nas áreas ambiental, educacional, profissionalizante, sociais e comunitárias, são representadas por fundações, associações, instituições, clubes e outros. Diferentemente das empresas privadas, em que os objetivos se fundamentam na obtenção de lucros; em ONGs seus objetivos são sociais, e mesmo que venham a obter lucros, eles são, por força da lei, destinados à própria instituição.

Setor do Agronegócio — Administração Rural

Esta é uma modalidade que vem crescendo de forma consistente e se aperfeiçoando cada vez mais. Por isso mesmo é que necessita de profissionais administradores. Este setor é composto de fazendas, cooperativas rurais, dentre outros, e atuam na exploração, de forma sustentável, da fauna e da flora, nas mais diversas culturas.

AMBIENTE INTERNO DAS ORGANIZAÇÕES

No ambiente interno das organizações, isto é, dentro de suas estruturas, existem diversas áreas específicas em que o administrador pode atuar. Vejamos alguns exemplos:

- Administração de Recursos Humanos.
- Administração Financeira.
- Administração Comercial.
- Administração de Marketing.
- Administração da Produção.
- Administração de Materiais.
- Administração da Logística.
- Administração de Sistemas da Informação.
- Administração em Comércio Exterior.

Observamos como é extenso o campo de atuação do profissional em Administração, e quantos diferentes ramos a serem explorados. Uma vez que inicia seus estudos e sua jornada no mercado de trabalho, cabe ao profissional, em um primeiro momento, obter uma visão global da organização e algum tempo depois buscar uma especialização, por meio de cursos de formação ao longo da sua carreira.

Hoje as instituições de ensino oferecem diversos cursos para áreas específicas da Administração. Seguem exemplos a seguir:

- Especialização em Administração de Recursos Humanos.
- Especialização em Administração Financeira.
- Especialização em Administração Pública.
- Especialização em Administração em Comércio Exterior.

CAPÍTULO 1: ADMINISTRAÇÃO 13

- Especialização em Administração de Marketing.
- Especialização em Administração da Produção.
- Especialização em Logística.
- Especialização em Controladoria.

OUTRAS ÁREAS DE ATUAÇÃO

Ainda existem outras opções ao profissional que escolhe a área de Administração, em que ele pode seguir e se especializar. Vejamos os exemplos a seguir:

- Empreendedorismo.
- Auditoria (interna e/ou externa).
- Consultoria Empresarial.
- Docência.

Como podemos observar, a Administração oferece uma infinidade de opções para que você possa escolher e se especializar ao longo da carreira.

Perceba que estudar Administração lhe permitirá obter conhecimentos gerais em várias áreas, tais como: finanças, psicologia, sociologia, direito, contabilidade, marketing, comércio exterior, dentre muitas outras, o que agrega ao profissional um amplo leque de competências.

O QUE AS EMPRESAS DESEJAM DO ADMINISTRADOR

A cada dia, as organizações precisam de mais pessoas com determinadas habilidades e competências a fim de liderar outras para atingir seus objetivos. Isso passa pelo gerenciamento de recursos e dentre eles está o próprio ser humano.

Hoje em dia não é mais cabível que um ser obrigue a outros a fazer e pensar do seu jeito, pelo contrário, um excelente administrador deve antes **"conquistar"** as pessoas para o seu modo de fazer e pensar, para que "juntos" alcancem os objetivos da organização. Sendo assim, o administrador deve tornar-se um verdadeiro líder. Para isso deve aprender, dominar e vivenciar experiências ao longo de sua vida e carreira e, dessa forma, ir conquistando seu espaço, reconhecimento e valor não só nas organizações, mas na sociedade como um todo.

Dessa forma, as organizações necessitam cada vez mais de pessoas que reúnam algumas habilidades, principalmente as relacionadas à liderança. Elas não só precisam, como estão dispostas inclusive a pagar um bom preço para ter pessoas com estas capacidades. Quem sabe uma delas possa ser você!

Vejamos o que diz um famoso administrador, Peter Drucker (1909–2005), sobre a Administração: "A essência da Administração é o ser humano. Seu objetivo é tornar as pessoas capazes do desempenho em conjunto, tornar suas forças eficazes e suas fraquezas irrelevantes. Isso é a organização, e a Administração é o fator determinante."

COMPETÊNCIAS: CONHECIMENTOS, HABILIDADES E ATITUDES

Nas últimas décadas, a sociedade vem passando por constantes transformações (sociais, políticas, econômicas, tecnológicas, dentre outras) e, por consequência, as organizações precisam adaptar-se às mudanças, no sentido de oferecer à sociedade produtos e serviços que atendam a seus anseios. Nesse contexto, a organização também precisa se atualizar e, mais do que nunca, necessita de profissionais que a auxilie neste desafio.

Por isso, o profissional que deseja seguir a carreira de administrar, precisa estar atento às necessidades das organizações, saber o que elas esperam e desejam do profissional, em suma, que reúna os requisitos necessários em torno das competências.

Para definir o conceito de competência, vejamos o que afirma Picchiai, em seu artigo *Estratégia, estrutura e competências*:

Podemos definir competência como as características demonstráveis de um indivíduo que incluem conhecimentos, habilidades e comportamentos ligados diretamente à performance; um conjunto de capacidades humanas que justificam uma alta performance (Picchiai, 2010, p. 134).

Como vimos, às competências são um conjunto de conhecimentos, habilidades e atitudes, analisemos, portanto, cada uma destas particularidades:

1. **Conhecimentos:** estão relacionados ao "saber", ou seja, os conhecimentos de uma área do saber que uma pessoa adquire por meio dos estudos, leituras e pesquisas.

2. **Habilidades:** estão relacionadas ao "fazer", ou seja, ter as habilidades necessárias para executar uma determinada atividade. Exemplo: habilidade em montar um motor de carro. No exercício da atividade do administrador, temos os seguintes tipos de habilidades:

    -   **Habilidades Técnicas:** capacidade de aplicar conhecimentos específicos, ou ainda, consiste no uso de métodos e técnicas adquiridos por meio de estudos e experiências.
    -   **Habilidades Humanas:** capacidade de trabalhar com pessoas, compreendendo suas atitudes, motivações e reações, com a finalidade de ouvi-las e motivá-las, mediante uma liderança positiva.

- **Habilidades Conceituais:** capacidade para compreender, analisar e diagnosticar o ambiente empresarial. Consiste em compreender as diversidades e as complexidades das organizações, bem como o ajustamento de comportamento e atitudes das pessoas, propondo soluções adequadas.

3. **Atitudes:** estão relacionadas ao "ser/agir", ou seja, perceber as situações diárias nas organizações e as atitudes adequadas a serem tomadas. Não se trata somente de agir executando um trabalho adicional ou tomando uma decisão, mas significa saber agir na hora e no momento certos.

As organizações esperam que o profissional reúna uma série de competências, que são: competências intelectuais; de comunicação; sociais e comportamentais, dentre outras.

DICA

Ninguém consegue reunir todas as competências, conhecimentos, habilidades e atitudes ao mesmo tempo. Trata-se, na verdade, de um exercício ao longo do tempo, por meio da dedicação, dos estudos e das experiências profissionais vividas. Dessa forma, o profissional vai adquirindo-os e reunindo-os com o tempo.

PERSPECTIVAS ATUAIS E FUTURAS DO ADMINISTRADOR

Com as constantes modificações ocorridas nas organizações devido a fatores externos, como a globalização, a sofisticação da tecnologia, as mudanças nos perfis dos mercados consumidores e concorrentes, para elas não resta alternativa senão se adaptarem às novas mudanças impostas com este cenário, para, dessa forma, manterem-se no mercado.

Assim sendo, essas empresas necessitarão que seus profissionais adquiram cada vez mais um conjunto de novas competências, especialmente na área da tecnologia da informação, na leitura e interpretação das novas demandas por parte dos consumidores e ainda continuar com a evolução na gestão de pessoas.

O administrador deve ser um profissional completo e ter uma visão interna e externa da organização, deve possuir competências múltiplas das áreas do conhecimento, pois é a referência para as demais pessoas, e possui a importante e nobre missão de liderá-las para o sucesso pessoal e organizacional.

Recomenda-se, portanto, aos profissionais que reservem um tempo para constantes atualizações de estudos de cenários, leituras especializadas, participação em congressos e palestras, bem como participação em cursos e capacitações. Pois, é certo que essas mudanças provocarão um novo cenário na Administração e, por consequência, o surgimento de novas teorias administrativas.

HISTÓRIA DA ADMINISTRAÇÃO

Ao longo da história, a Administração sempre foi muito praticada, sofrendo várias influências, até chegar no seu conceito atual. No entanto, no início das hierarquias sociais, sem se utilizar desta nomenclatura, já se realizava a atividade de Administração. Vejamos alguns exemplos:

1. **Impérios:** os grandes impérios eram formados pelo rei, palácio, corte, exército e súditos. Ora, para que toda essa estrutura fosse bem organizada, a fim de proporcionar proteção aos súditos e progresso ao império, eram necessárias pessoas-chave para **administrar** tudo isso. A começar pela figura do rei, o qual tinha o papel de administrar o império e de tomar muitas decisões; por exemplo, se seu reino entraria em guerra com outro ou se faria um acordo de paz.

   Notem que também havia outras pessoas que exerciam a função de administrar, além do rei; como os generais, elaborando táticas de guerra, ou aqueles que exerciam a função de recolher os tributos aos cofres do palácio; e aquelas que exerciam a função de organizar festas etc.

2. **Igreja Católica:** outro exemplo de quem exerceu uma forte influência na Administração, pois a igreja construiu sua estrutura e suas regras por meio de um único líder, no caso, o Papa, e que consegue, até os dias de hoje, administrar mundialmente todas as igrejas, por meio de órgãos de assessoria e da sua hierarquia formada por: bispos, padres, freiras e demais auxiliares.

   Com o uso de uma cartilha de regras e, acima de tudo, da obediência, a igreja, com sua sede em Roma, comanda e controla todas as demais igrejas espalhadas pelos continentes.

   Este exemplo de estrutura e regras serviu de inspiração para as estruturas da Administração usadas pelas empresas até hoje, a saber: o princípio do comando e da hierarquia que estudaremos melhor mais adiante.

3. **Exército:** nos exércitos, seu pleno funcionamento se dá pela cadeia de comando, em que há uma unidade de comando, na qual o soldado recebe ordens do seu superior imediato, pois há uma escala de hierarquia, que é composta de diversos cargos e patentes e sua linha direta de comando. É com a obediência ao seu superior, que o soldado dá seguimento estrito das ordens

recebidas e deve executá-las. Como exemplo, vemos no filme *Tropa de Elite* a famosa frase do personagem Capitão Nascimento, interpretado pelo ator Wagner Moura: "Missão dada é missão cumprida."

Vejam que essa divisão de níveis hierárquicos possibilita as ordens de comando e faz com que uma determinada missão seja cumprida pelos seus executores, no caso, os soldados. Isso se deve principalmente ao planejamento e à organização, para, em seguida, caminhar para a ação, que se executa com a direção e, por último, na etapa de controle da situação para que tudo saia conforme planejado. "Missão dada é missão cumprida."

Vamos lembrar que a Administração vai incorporar a influência do comando e da hierarquia, mas não necessariamente da mesma forma como é executada pelos exércitos.

Com os exemplos citados e ao longo dos séculos, a Administração foi incorporando essas experiências advindas dos grandes impérios, da Igreja católica, das formações dos Estados e inclusive dos exércitos.

AS REVOLUÇÕES INDUSTRIAIS

Outra etapa marcante ao longo da história, que transformou a Administração, a qual merece análise, é a era da **Revolução Industrial**, que basicamente envolve quatro grandes fases:

a. Primeira Fase: 1776 a 1860

- Uso crescente da energia a vapor (invenção da máquina a vapor).
- Substituição da madeira pelo uso do carvão.
- Novos processos de produção do ferro.
- Mecanização da indústria e da agricultura.
- Surgimento das fábricas e dos operários em substituição a oficinas e artesãos.

b. Segunda Fase: 1860 a 1940

- Era de grandes descobertas e invenções (rádio, telefone, energia elétrica, automóvel, avião).
- Descoberta do emprego do aço nas fábricas em substituição ao ferro.
- Utilização da energia elétrica nas fábricas.
- Desenvolvimento de novos produtos químicos.
- Introdução da linha de montagem.

c. Terceira Fase: 1940–2000

- Avanço da eletrônica, nas comunicações e suas aplicações.

- Sistemas computadorizados, computadores no chão de fábrica.
- Transição de trabalhos mecânicos (homem) para trabalhos computadorizados (robôs).
- Introdução da internet e suas aplicações.
- Processo de globalização econômica.

d. Quarta Fase: Atual

- Fábricas inteligentes: terão autonomia para prever falhas e mudar processos produtivos.
- Internet das Coisas: conexão em rede de objetos, veículos e maquinários.
- *Big Data Analytics:* estruturas de dados extensas e complexas, que utilizam novas abordagens para a captura, análise e gerenciamento de informações.
- Manufatura aditiva (produção de peças por meio da impressão 3D).

Em todas as fases, as formas de produção e as relações de trabalho ganharam um novo impulso, pois não se faziam mais produções artesanais e limitadas, mas se pensa agora em produções em larga escala, com a introdução das linhas de produção, robotização e outros aspectos tecnológicos; sendo assim, a Administração sofreu, e ainda sofre, fortes influências no sentido de se adaptar às novas situações e atingir melhores resultados com a introdução dos avanços tecnológicos, e essa realidade continuará ocorrendo.

QUADRO 1.2: AS SEIS FASES DA HISTÓRIA DA ADMINISTRAÇÃO NAS EMPRESAS

As seis fases da história da Administração nas empresas			
No.	Fase	Fatores/Elementos	Período
1ª	Artesanal	Antiguidade — Pré-revolução Industrial (Produção artesanal)	Até 1780
2ª	Industrialização	1ª Revolução Industrial (Surgimento do carvão e do ferro)	1780 a 1860
3ª	Desenvolvimento Industrial	2ª Revolução Industrial — (Surgimento do aço e da eletricidade)	1860 a 1940
4ª	Gigantismo Industrial	Pós-guerra	1940 a 1970
5ª	Sistemas Industriais	3ª Revolução Industrial — Sistemas Computadorizados.	1970 a 2010
6ª	Fábricas Inteligentes	4ª Revolução Industrial Manufatura Aditiva — Internet das Coisas	Após 2010

Fonte: Elaborado pelos autores (2020).

TEORIA GERAL DA ADMINISTRAÇÃO (TGA)

Também conhecida como TGA, a Teoria Geral da Administração é um conjunto de princípios a respeito das organizações e de seus processos de administração. Estes princípios, devido às constantes evoluções ocorridas em nossa sociedade, também estão em constantes mudanças e adaptações aos novos costumes, regras e novas tendências e tecnologias.

> A Teoria Geral da Administração começou com a ênfase nas tarefas (atividades executadas pelos operários em uma fábrica), por meio da Administração Científica de Taylor. A seguir, a preocupação básica passou para a ênfase na estrutura com a Teoria Clássica de Fayol e com a Teoria da Burocracia de Weber, seguindo-se mais tarde a Teoria Estruturalista. A reação humanística surgiu com a ênfase nas pessoas, por meio da Teoria das Relações Humanas, mais tarde desenvolvida pela Teoria Comportamental e pela Teoria do Desenvolvimento Organizacional. A ênfase no ambiente surgiu com a Teoria dos Sistemas, sendo completada pela Teoria da Contingência. Esta, posteriormente, desenvolveu a ênfase na tecnologia.
>
> Cada uma dessas cinco variáveis — tarefas, estrutura, pessoas, ambiente e tecnologia, provocou a seu tempo uma diferente teoria administrativa, marcando um gradativo passo no desenvolvimento da TGA. Cada teoria administrativa privilegia ou enfatiza uma ou mais dessas cinco variáveis (Chiavenato, 2000, p. 8).

FIGURA 1.1: TGA — TEORIA, BASE E APLICAÇÃO

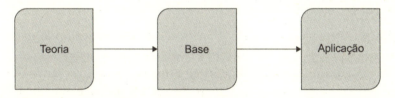

TEORIA: como um modelo, padrão ou referência.
BASE: baseada na análise da realidade do momento.
APLICAÇÃO: observar a teoria sobre novas perspectivas, para segmentá-la e analisá-la.

Fonte: Elaborado pelos autores (2020).

A Teoria Geral da Administração (TGA) começou no início do século XX e foi sendo construída com base nas contribuições de grandes pensadores que influenciaram a Administração e são lembrados até os dias de hoje, com suas devidas adaptações. De 1900 até os dias de hoje, foram diversas teorias apresentadas pelos seus idealizadores e suas importantíssimas contribuições, por isso, vamos destacar aqui somente as teorias iniciais e seus idealizadores e, na sequência, você terá um quadro completo de todas as teorias que surgiram ao longo dos anos.

A TGA faz uma análise da evolução da sociedade em face das mudanças ocorridas dentro das empresas, nesse sentido, a Administração, como ciência, nos ajuda a entender e analisar melhor o funcionamento de uma organização ao longo do tempo.

TEORIA DA ADMINISTRAÇÃO CIENTÍFICA

A primeira teoria foi conhecida como Teoria da Administração Científica, idealizada por alguns engenheiros, sendo o principal deles o engenheiro mecânico, norte-americano, Frederick Winslow Taylor (1856–1915).

A Teoria da Administração Científica fundamentava-se na "ênfase das tarefas" realizadas pelos operários no chão de fábrica. O princípio baseava-se em aumentar a produtividade das empresas por meio do aumento da eficiência dos operários.

> **ÊNFASE:** Tarefas
>
> **ENFOQUE:** Produção no nível operacional
>
> **MEIO:** Incentivo salarial e controle dos processos
>
> **OBJETIVO:** Aumentar a eficiência das empresas

Após uma detalhada verificação e análise dos trabalhos realizados pelos operários, Taylor propôs a divisão dos trabalhos, em que cada operário executava somente uma única e determinada função e tinha o controle do tempo exato em que ele realizava esta tarefa, por meio do estudo dos tempos e movimentos.

Por meio de seus estudos, Taylor criou quatro princípios fundamentais:

1. Princípio do planejamento.
2. Princípio da preparação dos trabalhadores.
3. Princípio do controle.
4. Princípio da execução.

Para Taylor, a indústria possuía as seguintes características que desejava transformar:

1. Vadiagem no trabalho por parte dos empregados. Acreditava que os empregados demoravam além do tempo para executar suas funções e que havia muita ociosidade.
2. Desconhecimento da gerência e supervisores do detalhamento das rotinas de trabalho e do tempo necessário para sua execução.
3. Percebeu a falta de métodos e regras de execução do trabalho.

Taylor deu grande contribuição para a Administração, pois passou a estudá-la como ciência, aplicando estudos, conceitos e propondo novos métodos de execução e controle das atividades desenvolvidas pelos operários.

Algumas contribuições de Taylor à Administração (Taylor, 2009, p. 94):

- Estudo de tempos e padrões de produção.
- Supervisão numerosa, funcional e com conhecimento técnico.
- Padronização de instrumentos de trabalho.
- Necessidade de uma sala ou seção de planejamento.
- Uso de régua de cálculo e recursos semelhantes para economizar tempo.
- Adoção de ficha de instrução ao operário.
- Sistema de rotina de trabalho.
- Premiação aos operários por aumentos de produção.
- Adoção de novo sistema de cálculo de custo.

DICA

Ver o filme *Tempos Modernos*, de Charles Chaplin. Nele, o ator faz alusão à divisão de tarefas e ao estudo de tempos e movimentos propostos por Taylor.

LINHA DE MONTAGEM — HENRY FORD

Outro importante idealista da Teoria da Administração Científica foi o empresário norte-americano Henry Ford (1863–1947), fundador da *Ford Motor Company*. Influenciado por Taylor, Ford desenvolveu o sistema de organização do trabalho industrial denominado Fordismo, que tinha como principal característica a implantação da "linha de montagem", na qual cada operário ficava em determinado local e só fazia uma tarefa específica, enquanto o automóvel se deslocava pelo interior da fábrica na chamada linha de montagem.

Ford adotou três princípios básicos:

a. **Princípio de intensificação:** consiste em diminuir o tempo de produção com emprego imediato de equipamentos e matéria-prima com rápida colocação no mercado.

b. **Princípio da economicidade:** consiste em reduzir o volume de estoque de matéria-prima em transformação. A velocidade da produção deve ser rápida.

c. **Princípio da produtividade:** consiste em aumentar a capacidade de produção, por meio da especialização e da introdução da linha de montagem.

FIGURA 1.2: FORD MODELO T

Fonte: pixabay

Um de seus maiores feitos, que obteve enorme sucesso, foi a criação do automóvel conhecido como "Ford modelo T", o qual na época, em 1908, revolucionou a indústria automobilística, em que a montagem do automóvel demorava doze horas e vinte minutos, e, alguns anos depois, com a implantação de suas teorias, o tempo caiu para uma hora e vinte minutos, e eram produzidos cerca de oitocentos automóveis por dia devido à implantação da linha de montagem.

A linha de montagem móvel trazia vários benefícios:

- Maior velocidade de produção.
- Melhor qualidade.

- Diminuição dos custos de estoques.
- Maior fabricação e menor preço do produto.

O conceito de linha de montagem móvel foi tão revolucionário que sua empresa tornou-se padrão e referência, sendo adotada sua teoria por todas as empresas da época, inclusive é usada até hoje pelas empresas em todo o mundo.

Ford implantou também um sistema de motivação aos operários, introduzindo uma jornada de trabalho de oito horas/dia e ainda duplicou os salários dos seus funcionários, dessa forma, eles se tornaram consumidores dos próprios veículos, o que aumentou consideravelmente sua produção.

Algumas frases e pensamentos de Henry Ford:

> **"Há dois tipos de pessoas que não interessam a uma boa empresa: as que não fazem o que se manda e as que só fazem o que se manda."**
>
> **"O insucesso é apenas uma oportunidade para recomeçar de novo com mais inteligência."**

É notório que seus estudos ofereceram importante impulso às técnicas administrativas propostas para a época, porém, com o passar dos anos, essa teoria começou a se desgastar e a sofrer algumas críticas, então começaram a surgir novas propostas de teorias como a Teoria Clássica da Administração.

TEORIA CLÁSSICA DA ADMINISTRAÇÃO

A Teoria Clássica da Administração foi idealizada por Jules Henri Fayol, engenheiro francês (1841–1925). Essa teoria era baseada na "ênfase da estrutura da organização", em que procurava aumentar a eficiência da empresa por meio da disposição e organização de seus setores e suas relações entre si.

> **Ênfase:** Estrutura
>
> **Enfoque:** Princípios gerais da Administração — funções do administrador
>
> **Meio:** Organizar as funções administrativas
>
> **Objetivo:** Aumentar a eficiência das empresas

Fayol foi um dos primeiros estudiosos a analisar a natureza da atividade empresarial e a elaborar uma teoria completa de gestão, definindo as principais atividades do gestor dentro das organizações. Em seus estudos aplicou e formulou catorze princípios da Administração:

1. **Divisão do trabalho:** finalidade de produzir mais e melhor, com o mesmo esforço.
2. **Autoridade e Responsabilidade:** a autoridade consiste no direito de mandar e no poder de se fazer obedecer.
3. **Disciplina:** sentido de obediência, assiduidade, na atividade, na presença e nos sinais exteriores de respeito demonstrados segundo as regras estabelecidas entre a empresa e seus agentes.
4. **Unidade de Comando:** o empregado deve receber ordens de somente um chefe.
5. **Unidade de Direção:** um só chefe e um só programa para um conjunto de operações que visam o mesmo objetivo.
6. **Subordinação de Interesses:** o interesse de um agente ou um grupo de agentes não deve prevalecer sobre o interesse da empresa.
7. **Remuneração do Pessoal:** é o prêmio pelo serviço prestado. Deve ser justa e satisfazer ao mesmo tempo empregado e empregador.
8. **Centralização:** convergência, é a centralização da autoridade para a direção da empresa.
9. **Hierarquia:** constitui a linha de comando, composta da série dos chefes, que vai da autoridade do chefe superior aos chefes inferiores.
10. **Ordem:** Material: um lugar para cada coisa e cada coisa em seu lugar; e Ordem Social: um lugar para cada pessoa e cada pessoa em seu lugar.
11. **Equidade:** combinação da benevolência com a justiça, para obter boa vontade e colaboração do pessoal.
12. **Estabilidade:** deve-se evitar a instabilidade no cargo, é necessário que a pessoa permaneça nele para se obter um bom desempenho na função.
13. **Iniciativa:** estimular a liberdade de conceber um plano e assegurar-lhe o sucesso, isso gera satisfação entre todos.
14. **União do Pessoal:** estimular a harmonia e a união do pessoal para o bom funcionamento da empresa.

Ao contrário de Taylor, que analisou as tarefas de chão de fábrica, para Fayol, o foco dos seus estudos foi na estrutura e gestão da organização, sendo um dos primeiros a analisar a natureza da atividade empresarial, assim definiu as cinco funções da Administração:

1. **Planejar:** Prever, traçar metas, visualizar o futuro da empresa.

2. **Organizar:** Organizar todos os recursos disponíveis da empresa.

3. **Coordenar:** Ligar, unir e harmonizar todos os atos e todos os reforços.

4. **Comandar:** Comandar, dirigir e liderar as pessoas para os objetivos traçados.

5. **Controlar:** Verificar se tudo está de acordo com o previsto no planejamento.

Segundo Fayol, a empresa possui seis funções básicas a cumprir.

1. Funções Técnicas: Produção, fabricação e transformação.

2. Funções Comerciais: Compra e venda.

3. Funções Financeiras: Procura e gerenciamento de capitais.

4. Funções Contábeis: Inventários, balanços, custos e estatísticas.

5. Funções Segurança: Proteção de bens e pessoas.

6. Funções Administrativas: Planejamento, organização, direção e controle.

Seus estudos basearam-se na ótica do comando, da autoridade e responsabilidade, a partir da alta Administração nos cargos de diretoria e gerência, acreditava na remuneração justa ao pessoal, desde que atendidos os interesses da organização, acreditava também na iniciativa dos empregados e no espírito de equipe.

Além da Teoria Clássica da Administração, com o passar dos anos, com os avanços tecnológicos e as constantes mudanças nas sociedades, foram surgindo novas teorias administrativas, com o intuito de dinamizar, adequar e atender às necessidades das organizações, em busca de seus resultados.

TEORIA DA BUROCRACIA

Idealizada pelo sociólogo alemão Max Weber (1864–1920), a Teoria da Burocracia nas organizações consiste no uso da racionalidade, formalidade e impessoalidade nos processos administrativos, ou seja, na estruturação e adequação dos recursos organizacionais aos seus objetivos.

Nessa teoria, há uma ênfase na eficiência, em que o sistema de divisão de trabalho proposto por Taylor agora é visto de forma totalmente racional, e passa a ser estruturado com a finalidade de se atingir os objetivos da organização de forma racional, impessoal e com foco na eficiência dos processos.

A formalidade é vista como um dos traços característicos dessa teoria, sendo todas as regras, diretrizes, normas e processos válidos se estiverem registrados e documentados; portanto, se algum procedimento não estiver documentado, não tem validade.

Outro aspecto é a impessoalidade na distribuição de cargos e funções, na qual não se leva em conta o aspecto humano, mas os princípios da hierarquia, da subordinação e do poder constituído. Nesse sentido, a hierarquia baseia-se na autoridade e no poder, amparada pelas normas e regras escritas da organização. Cada pessoa, instituída em um cargo, sabe exatamente a sua posição na hierarquia da empresa e sabe exatamente os trabalhos que deve executar e quem deve receber e dar as ordens.

ÊNFASE: Estrutura organizacional

ENFOQUE: Racionalidade organizacional; Poder e autoridade

MEIO: Formalização, hierarquia e especialização dos funcionários

OBJETIVO: Aumentar a eficiência das empresas

A teoria proposta por Weber baseia-se, portanto, nas seguintes características:

- Formalidade nos processos administrativos.
- Princípio da autoridade.
- Hierarquia e divisão do trabalho.
- Eficiência.
- Impessoalidade nas relações.
- Especialização dos funcionários.

Dessa forma, Weber vai propor que a eficiência nas empresas é alcançada pelas características descritas e em substituição aos modelos usados anteriormente, ou seja, é o predomínio da lógica e dos conceitos científicos no lugar da intuição, improvisação e outros métodos de tomadas de decisão. Para Weber o que deve imperar é a formalidade e a racionalidade nas organizações.

O conceito da teoria burocrática é baseado no poder e na autoridade e foi influenciado pela burocracia do Estado, na qual um governo instituído adota normas e regras a serem seguidas pela população, por meio de formalização de seus atos de governo, aos quais todos devem acatar e seguir. Normalmente algumas pessoas leigas confundem o conceito da burocracia, imaginando que seja um excesso de regras e papelada, o que gera lentidão e morosidade e se traduz em ineficiência. Muito ao contrário, o conceito da Teoria Burocrática é exatamente o oposto, significa, na verdade, que a teoria, uma vez implantada, traduz-se em formalidade, legalidade, autoridade, racionalidade e eficiência.

Conforme as demais teorias acabaram demonstrando ao longo do tempo, a teoria burocrática também sofreu críticas e algumas limitações, dentre elas:

- Processo decisório lento por conta do excesso de formalização.
- Dificuldades e resistências a mudanças com falta de adaptações pela sua rigidez formal.

- Diminuição e perda da visão global da empresa e seus objetivos gerais.
- Foco somente no ambiente interno em detrimento ao ambiente externo.
- Conformidade e total aceitação a regras e procedimentos com pouca contestação.
- Inexistência das relações pessoais em detrimento da formalidade.

No entanto, é importante ressaltar as contribuições advindas dessa teoria, pois todas as organizações legalmente constituídas adotam de certa forma o modelo burocrático como forma de organização básica em seus aspectos legais e formais.

TEORIA DAS RELAÇÕES HUMANAS

A Teoria das Relações Humanas, ou Escola das Relações Humanas, surgiu em um contexto após a chamada grande depressão, ocorrida em 1929, com a quebra da bolsa de valores de Nova York, a fim de buscar novas respostas que as teorias anteriores não possuíam. Essa recém-teoria da época transformou o panorama administrativo empresarial e possibilitou novas ideias e conceitos que se traduziram em um alento para a recuperação econômica e financeira das empresas daquele período.

A Administração passa a ter um novo enfoque na pessoa humana, de forma oposta às teorias anteriores, as quais se detinham nas tarefas, de Taylor, e na estrutura, de Fayol.

ÊNFASE: Pessoas

ENFOQUE: Organização informal. Comunicação, Liderança e Motivação

MEIO: Motivação Humana

OBJETIVO: Aumentar a eficiência das empresas

O principal expoente desta teoria foi o médico e sociólogo australiano George Elton Mayo (1880–1949), que é considerado o pai das relações humanas. Sua teoria baseou-se na experiência em Hawtorne, em que coordenou o trabalho na empresa Wester Electric Company, localizada em Chicago, nos Estados Unidos.

Não só Mayo, mas também outros teóricos ganharam destaque, como Mary Parker Follet, que analisou os padrões de comportamento e a importância das relações individuais, Chester Barnard, o qual criou a teoria da cooperação, sendo um dos pioneiros a analisar o homem como ser social, e, ainda, outros teóricos que deram importantes colaborações para a construção dessa teoria, que foram: John Dewey, Robert Owen, Oliver Sheldon, Kurt Lewin, os quais, basicamente, eram da mesma área de atuação no campo das relações humanas, como psicólogos, sociólogos, filósofos e cientistas sociais.

A EXPERIÊNCIA DE HAWTORNE

Realizada entre os anos de 1927 a 1932, em uma das fábricas da Western Electric, no distrito de Hawtorne em Chicago, a empresa norte-americana fabricava equipamentos para empresas telefônicas. A experiência inicial consistia em detectar a relação entre a intensidade da luz no ambiente de trabalho e a produtividade, no entanto, no decorrer da pesquisa, o foco mudou para observar o comportamento dos empregados a cada mudança programada no trabalho, tais como: horários diferenciados para refeições, incentivos a grupos selecionados de empregados e mudança no horário de trabalho.

A experiência foi dividida em fases, nas quais pequenos grupos de operários foram submetidos a tarefas em que ficavam com iluminação diferente do restante da fábrica, com isso, verificou-se que, conforme aumentava a luminosidade, aumentava a produtividade, mas quando a luminosidade era diminuída, percebeu-se que, intencionalmente, a produtividade também continuava aumentando.

Em decorrência disso, reconheceu-se que o fator psicológico entre os operários foi mais intenso que os fisiológicos, em razão de os operários unirem-se em um novo grupo social, pois acreditavam que se a produtividade caísse eles seriam penalizados. Após as fases de entrevistas sobre as atitudes e os sentimentos dos operários, e por meio de diversas observações, Mayo chegou às seguintes conclusões:

1. **O trabalho como integração social:** é o fator que vai determinar a produção, quanto maior for a integração social do grupo, maior será a produtividade.

2. **Comportamento e atitudes sociais:** o comportamento e a atitude de um indivíduo são baseados nos comportamentos e nas atitudes do grupo; portanto, o operário não age sozinho.

3. **Ênfase nas relações humanas nas organizações:** o foco se dá nos aspectos emocionais e motivacionais em relação ao comportamento e atitudes das pessoas. Nesse sentido, os grupos informais ganham força sobre os formalmente estabelecidos na organização.

4. **A fábrica como uma nova unidade social:** a fábrica agora é uma nova unidade social, um novo lar de compreensão, motivação e segurança emocional.

A Teoria das Relações Humanas vira um contraponto da Teoria Clássica, conforme vemos no quadro a seguir:

QUADRO 1.3: ASPECTOS DA TEORIA CLÁSSICA VERSUS TEORIA DAS RELAÇÕES HUMANAS

Aspectos	Teoria Clássica	Teoria das Relações Humanas
Papel do Homem	*Homo Economicus*	*Homo* Social
Idealizadores	Engenheiros	Psicólogos e Sociólogos
Organização	Formal, trata-se como máquina	Informal, trata-se como grupo de pessoas
Tarefas	Foco na divisão do trabalho	Foco nas relações pessoais
Autoridade	Centralizada	Delegação de autoridade
Confiança	Nas Regras e Regulamentos	Nas pessoas

Fonte: Elaborado pelos autores (2020).

CRÍTICAS À TEORIA DAS RELAÇÕES HUMANAS

Conforme ocorreu com as teorias antecessoras, a Teoria das Relações Humanas também recebeu várias críticas, como:

a. Ênfase exagerada nos grupos e nas relações informais sobre a empresa formal.

b. Pesquisa limitada em uma única empresa e setor e também demonstrou aspectos manipulativos nas questões sindicais.

c. Demonstrava oposição total à teoria clássica em praticamente todos os aspectos.

d. Representava uma visão ingênua e romântica do operário em seus aspectos emocionais.

Apesar das críticas recebidas, houve reconhecimento das mudanças e dos avanços que a teoria trouxe, sendo até hoje usada em certos aspectos nas organizações.

TEORIA ESTRUTURALISTA

A Teoria Estruturalista surgiu na década de 1950 como um desdobramento da Teoria da Burocracia, trazendo crítica a alguns pontos da Teoria Clássica, pelo seu mecanismo em excesso, e à Teoria das Relações Humanas, pelo seu romantismo ingênuo. Os idealizadores da Teoria Estruturalista são praticamente os mesmos da Teoria Burocrática, dentre eles, o próprio Max Weber. Os teóricos perceberam a falta de uma teoria mais sólida e abrangente e procuraram inter-relacionar as organizações com o seu ambiente externo, ou seja, com a sociedade, e, nesse aspecto, estabelecer uma relação entre as organizações e a sociedade, caracterizada pela interdependência entre essas entidades.

> **ÊNFASE:** Estrutura
>
> **ENFOQUE:** Organização formal e informal. Análise dos ambientes internos e externos à organização.
>
> **MEIO:** Sociologia organizacional
>
> **OBJETIVO:** Aumentar a eficiência das empresas

A ênfase agora se dá na estrutura das organizações, com enfoque e aprofundamento no conceito de organização formal e informal, bem como nas relações com os ambientes internos e externos.

A Teoria Estruturalista, dessa forma, inaugura os estudos sobre os ambientes organizacionais, dentro do conceito de que a organização é um **sistema aberto e em constante interação com o ambiente externo**, em contraposição aos estudos de um sistema fechado até então realizados pelas teorias anteriores, isto é, focados apenas no ambiente interno.

Uma vez que são introduzidos estudos sobre os aspectos externos que envolvem as organizações, a dinâmica e a forma de administrar sofrem influências e, assim, foi preciso rever os conceitos de gestão.

Nas principais características da Teoria Estruturalista, podemos relacionar:

a. Necessidade de se visualizar a organização de forma ampla, complexa, em que participam diferentes grupos sociais.

b. No aspecto estrutural, uma nova visão e adaptação da organização ao contexto externo da sociedade e suas inter-relações.

c. A organização passa a ser vista e analisada como um sistema aberto.

d. A estrutura organizacional é o foco, e o organograma constitui a representação gráfica de sua base, ou seja, de sua própria estrutura.

e. A teoria se preocupa com o todo e, principalmente, com os relacionamentos das partes na constituição do todo, isto é, dos dois ambientes: interno e externo.

CAPÍTULO 1: **ADMINISTRAÇÃO** **31**

    f.   O homem organizacional que desempenha papéis em diferentes organizações e a elas se adapta.

Sobre essa nova concepção de estrutura organizacional e suas inter-relações, em seus estudos, Richard H. Hall selecionou seis dimensões contínuas da estrutura organizacional, a saber:

1. Divisão do trabalho baseada na especialização funcional.
2. Hierarquia de autoridade.
3. Sistema de regras e regulamentos.
4. Formalização das comunicações.
5. Impessoalidade no relacionamento entre as pessoas.
6. Seleção e promoção baseadas na competência técnica.

Sobre a estrutura organizacional, Fernandes (2010, p. 52) afirma que as estruturas terminam por formar totalidades, visto que o todo assume uma dinâmica diferente da simples soma de suas partes constitutivas. O todo passa a ter um princípio orientador e organizador, dotado, portanto, de um sentido próprio, e o modo como cada estrutura se organiza e se relaciona com as demais acaba definindo a estrutura geral de seu conjunto, que pode, dessa forma, ser compreendido e explicado sob os preceitos científicos.

A visão dos estudiosos da Teoria Estruturalista, em sua maioria sociólogos, tinha a preocupação na aplicação da sociologia organizacional e a viam como um sistema deliberadamente construído e em constante relação de intercâmbio com o ambiente, destacando-se as relações entre a organização formal e a informal, privilegiando, assim, a abordagem comparativa.

TEORIA GERAL DOS SISTEMAS

A Teoria Geral dos Sistemas (TGS), ou Teoria dos Sistemas, teve origem a partir dos trabalhos publicados do biólogo austríaco Ludwig von Bertalanffy, entre as décadas de 1950 e 1960, e começou a ser aplicada à Administração principalmente devido à necessidade de se criar uma síntese e uma maior integração das teorias anteriores (Científicas, Burocrática, Relações Humanas e Estruturalista), e também por causa da intensificação no uso da tecnologia da informação nas empresas.

ÊNFASE: Ambiente

ENFOQUE: Análise sistêmica do ambiente organizacional

MEIO: Tecnologia — Sistemas

OBJETIVO: Aumentar a eficiência das empresas

A Teoria dos Sistemas foi utilizada com sucesso em várias áreas do conhecimento científico e introduziu-se à teoria das administrações por várias razões:

a. A necessidade de uma síntese e integração das teorias que a precederam.
b. Os resultados bem-sucedidos da aplicação da Teoria dos Sistemas nas demais ciências.
c. A visão holística da organização, ou seja, o entendimento da organização como um todo.

A teoria consiste em que as propriedades de um sistema não podem ser descritas em termos de separação de seus elementos. A visão deve ser integral, ou seja, na sua totalidade, envolvendo suas partes que são interdependentes.

Como um exemplo clássico, podemos compará-la ao corpo humano, o qual possui vários órgãos que funcionam separadamente um do outro, mas o funcionamento de todos de forma articulada é que compõe o todo e que forma o sistema do corpo humano. Assim também podemos comparar a uma empresa com todos os seus departamentos, setores e seções, que funcionam separadamente, e nenhum é maior ou mais importante do que outro, no entanto, quando funcionam de forma harmoniosa, e são adequadamente coordenados, formam algo maior que é a própria empresa.

FIGURA 1.3: TEORIA GERAL DOS SISTEMAS

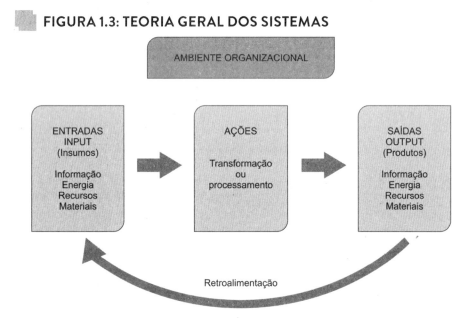

Fonte: Elaborado pelos autores (2020).

CONCEITO E TIPOS DE SISTEMAS

A palavra sistema denota um conjunto de elementos interdependentes e interagentes ou um grupo de unidades combinadas que formam um todo organizado. Portanto, sistema é um conjunto ou combinações de coisas ou partes, formando um todo complexo ou unitário.

PARÂMETROS DO SISTEMA

1. **Ambiente:** é o meio que envolve o sistema.

2. **Entrada (input):** é aquilo que o sistema importa do meio externo para o seu funcionamento. Insumos: informação, energia, recursos humanos e materiais etc.

3. **Processamento:** é o que produz as mudanças, é um mecanismo de conversão das entradas em saídas.

4. **Saída (output):** é a finalidade para qual se reuniram elementos e relações do sistema, é o resultado final da operação de processamento na forma de produtos e serviços.

5. **Retroalimentação (feedback):** é a função do sistema que visa comparar a saída com um padrão preestabelecido. O controle do sistema visa manter ou aprimorar o desempenho do processo.

Os sistemas possuem como principal característica ter um propósito ou objetivo e ser de forma globalizada ou totalizada, pois todo sistema possui uma natureza orgânica, pela qual uma ação produz a mudança em uma das unidades do sistema e, posteriormente, deve produzir mudanças em todas as unidades.

Quanto à sua constituição, os tipos de sistemas podem ser:

a. **Físicos ou Concretos:** quando são compostos de materiais e equipamentos físicos reais.

b. **Abstratos ou Conceituais:** quando são compostos de conceitos, filosofias, planos, hipóteses e ideias.

Quanto à sua natureza, os tipos de sistemas podem ser:

a. **Sistemas Fechados:** não apresentam intercâmbio com o ambiente que os circunda.

b. **Sistemas Abertos:** são os que apresentam relações de intercâmbio com o ambiente.

A ORGANIZAÇÃO COMO UM SISTEMA ABERTO

As organizações são consideradas **sistemas abertos**, pois não podem ser adequadamente compreendidas de forma isolada, mas sim pelo inter-relacionamento entre diversas variáveis internas e externas, que afetam o seu comportamento. A organização é criada pelo ambiente e mantém com ele uma interação dinâmica.

As organizações como sistema aberto possuem algumas características:

1. **Comportamento probabilístico:** as organizações são afetadas pelas variáveis externas do meio ambiente que são desconhecidas e incontroladas pela organização.

2. **A organização como parte de uma sociedade maior:** as organizações são vistas como um sistema menor dentro de outro sistema maior (sociedade) e suas interações envolvem grau de complexidade.

3. **Interdependência entre as partes:** a organização é constituída de partes menores que precisam ser coordenadas, articuladas e integradas.

4. **Homeostasia ou estabilidade:** a homeostasia garante a rotina e a permanência do sistema, diante de mudanças requeridas com suas respectivas adaptabilidades.

5. **Fronteiras ou limites:** linha que demarca o que está dentro e o que está fora do sistema.

6. **Morfogênese:** capacidade de modificar sua estrutura e constituição por um processo cibernético, por meio do qual os seus membros comparam os resultados desejados com os resultados obtidos e detectam erros que devem ser corrigidos.

7. **Resiliência:** capacidade de superar o distúrbio provocado por um evento externo.

A ciência da Administração enfatiza um **método sistêmico**, que examina o sistema operacional por completo e analisa um problema dentro desse conjunto. A existência do problema é vista, segundo sua relação com o sistema, como um todo. Qualquer solução proposta é avaliada e analisada levando-se em conta esse mesmo agrupamento.

TEORIA NEOCLÁSSICA DA ADMINISTRAÇÃO

A Teoria Neoclássica da Administração é uma teoria com ênfase na estrutura das organizações e na aplicação da prática administrativa pelos resultados. Tem como base de influência a Teoria Clássica de Taylor, porém mais atualizada e redimensionada aos tempos atuais. Trata-se, portanto, de um resgate da importância do primeiro precursor das teorias administrativas, por mais que hoje em dia sofra críticas e, de fato, alguns princípios não se aplicam mais, porém, ainda existem conceitos que podem ser incorporados à Administração, claro que com as devidas atualizações para que fique em consonância com a realidade de hoje.

ÊNFASE: Estrutura

ENFOQUE: Aplicação prática da teoria na Administração das organizações, por meio da mensuração de resultados

MEIO: Administrador

OBJETIVO: Maior eficiência e eficácia

Um dos maiores expoentes dessa teoria foi o escritor, professor e administrador austríaco Peter Ferdinand Drucker (1909–2005), considerado um dos maiores pensadores e também considerado o pai da Administração moderna, pela importância de suas teorias e estudos materializados em diversas obras. Também trouxeram importantes contribuições a essa nova teoria, pensadores como: Ernest Dale, Harold Koontz, Cyril O'Donnell, Michael Jucius, William Newman, Ralph Davis, George Terry, Morris Hurley e Louis Allen.

Drucker vai envidar esforços dentro da estrutura administrativa, no entanto, afirmando que o motor que impulsiona a organização é o ser humano (Fernandes, 2010, p. 7):

"A essência da Administração é o ser humano. Seu objetivo é tornar as pessoas capazes do desempenho em conjunto, tornar suas forças eficazes e suas fraquezas irrelevantes, isso é a organização, e a Administração é o fator determinante."

A Teoria Neoclássica caracteriza-se pela busca de resultados concretos, palpáveis e mensuráveis; portanto, a teoria, segundo seus idealizadores, só tem valor quando é posta em prática e são apurados os seus resultados.

São algumas características básicas desta teoria:

1. Ênfase na estrutura administrativa com valorização do administrador.
2. Foco na prática dos atos administrativos.
3. Reafirmação dos princípios da Teoria Clássica da Administração.

4. Importância nos objetivos e na mensuração dos resultados.
5. Essência dos administradores no sucesso de uma organização.
6. Teoria Eclética com uso de conteúdo das demais teorias anteriores.

A Teoria Neoclássica considera a Administração uma técnica social básica, levando à necessidade do administrador conhecer, além dos aspectos técnicos e específicos de seu trabalho, os aspectos relacionados com a direção de pessoas dentro das organizações, e, nesse sentido, enfatiza dentro das funções do administrador o planejamento, a organização, a direção e o controle, que, no conjunto, formam o processo administrativo.

O processo administrativo consiste basicamente em quatro fases:

1. **Planejamento:** função administrativa que determina os objetivos e o que deve ser feito para alcançá-los. O estabelecimento dos objetivos é o primeiro passo do planejamento. Quanto à abrangência, o planejamento pode ocorrer em três níveis:

   - Planejamento Estratégico: idealizado pela alta Administração: presidente e diretores.
   - Planejamento Tático: idealizado pelo segundo nível composto de gerentes.
   - Planejamento Operacional: idealizado pelo terceiro nível composto de chefes e supervisores operacionais.

2. **Organização:** função administrativa que consiste no agrupamento dos recursos da organização (humanos, técnicos, materiais e financeiros) e na distribuição das atividades necessárias para realizar o que foi planejado.

3. **Direção:** função administrativa que orienta e indica o comportamento das pessoas na direção dos objetivos a serem alcançados. É uma atividade de comunicação, motivação e liderança, pois se refere basicamente a pessoas. Quanto à sua abrangência, a direção pode ocorrer em três níveis: ao nível global (direção), ao nível departamental (gerência) e ao nível operacional (supervisão). A direção se fundamenta nos conceitos de autoridade e poder.

4. **Controle:** função administrativa que busca assegurar se aquilo que foi planejado, organizado e dirigido realmente cumpriu os objetivos pretendidos. O controle é constituído por quatro fases: estabelecimento de critérios ou padrões, observação do desempenho, comparação do desempenho com o padrão estabelecido e ação corretiva para eliminar os desvios ou variações.

As funções do administrador, que formam o processo administrativo, são mais do que uma sequência cíclica, pois elas estão intimamente relacionadas em uma interação dinâmica. O processo administrativo é cíclico, dinâmico e interativo. Toda a Teoria Neoclássica se assenta nesse curso para explicar como essas várias funções administrativas são desenvolvidas nas organizações.

TEORIA COMPORTAMENTAL DA ADMINISTRAÇÃO – TEORIA BEHAVIORISTA

A Teoria Comportamental da Administração, ou **Teoria Behaviorista** (do inglês *behavior*, que significa comportamento), como também é conhecida, veio dar uma nova direção e um novo enfoque dentro das teorias administrativas por meio da abordagem das ciências do comportamento. Existe uma forte influência das ciências do comportamento, mais especificamente da **psicologia organizacional**, nesta teoria administrativa, a fim de buscar novas soluções democráticas, humanas e flexíveis para os problemas organizacionais.

> **ÊNFASE:** Pessoas
>
> **ENFOQUE:** Teoria das decisões. Integração dos objetivos organizacionais e individuais
>
> **MEIO:** Motivação humana por meio da psicologia organizacional
>
> **OBJETIVO:** Maior eficiência e eficácia

A Teoria Comportamental nasce fortemente influenciada pelo movimento behaviorista, conforme atesta Fernandes (2010, p. 54):

> *O movimento behaviorista surgiu como evolução de uma dissidência da Escola das Relações Humanas, que recusava a concepção de que a satisfação do trabalhador gerava de forma intrínseca a eficiência do trabalho. A percepção de que nem sempre os funcionários seguem comportamentos exclusivamente racionais ou essencialmente baseados em sua satisfação exigia a elaboração de uma nova teoria administrativa.*

O movimento behaviorista se deu no desenvolvimento de estudos comportamentais em vários campos da ciência, em especial na antropologia, psicologia e sociologia. Na Teoria Comportamental, a ênfase permanece nas pessoas, porém dentro de um novo contexto organizacional, como prossegue Fernandes (2010):

Adotando e adaptando para a Administração conceitos originalmente elaborados dentro dessas ciências, propunha-se fornecer uma visão mais ampla do que motiva as pessoas para agirem ou se comportarem do modo que o fazem, particularizando as situações específicas do indivíduo no trabalho.

Diversos autores de estudos da antropologia, sociologia e psicologia trouxeram grandes contribuições a essa nova teoria, dentre eles podemos destacar: Douglas M. McGregor; Chester Barnard; Abraham Maslow; Frederick Herzberg; Kurt Lewin; Herbert Simon; Rensis Likert, Chris Argyris; J.G.March; David McClelland; dentre outros.

Abraham Maslow, psicólogo norte-americano, apresenta uma teoria motivacional em que as necessidades humanas estão organizadas e dispostas em níveis hierárquicos. Essa hierarquia de necessidades pode ser visualizada como uma pirâmide, na qual na base estão as necessidades mais rudimentares (como necessidades fisiológicas) e no topo as necessidades mais elevadas (como autorrealização).

FIGURA 1.4: HIERARQUIA DAS NECESSIDADES HUMANAS – ABRAHAM MASLOW

Necessidades pessoais — Auto Realização

Necessidades psicológicas — Estima / Sociais

Necessidades básicas — Segurança / Fisiológicas

Fonte: Adaptado pelos autores (2020).

Segundo Maslow, as necessidades fisiológicas e as de segurança constituem as necessidades primárias porque se referem à própria sobrevivência do indivíduo, enquanto as demais necessidades, que estão na parte superior da hierarquia, são necessidades secundárias e, portanto, mais ligadas ao compor-

CAPÍTULO 1: **ADMINISTRAÇÃO** **39**

tamento do indivíduo. Por isso, são as necessidades que motivam o comportamento, dando-lhe direção e conteúdo. A escala de necessidades humanas está demonstrada na figura a seguir:

a. **Necessidades de Autorrealização:** sentimento de autorrealização e autossatisfação.

b. **Necessidades de Estima:** orgulho, respeito, progresso, confiança, necessidades de status, reconhecimento pessoal e profissional.

c. **Necessidades Sociais:** relacionamento, aceitação, amizade, compreensão, consideração.

d. **Necessidades de Segurança:** proteção contra roubo, doença, incertezas, desemprego.

e. **Necessidades Fisiológicas:** alimento, repouso, abrigo, sexo.

Frederick Herzberg, psicólogo norte-americano, propôs um modelo motivacional chamado teoria dos dois fatores, que são os fatores higiênicos e fatores motivacionais que, para ele, determinam o comportamento das pessoas.

1. **Fatores higiênicos ou extrínsecos:** são relacionados com o ambiente organizacional onde as pessoas atuam. São de responsabilidade da organização e fora do controle das pessoas. São chamados de higiênicos por serem considerados de caráter preventivo, eles apenas evitam a insatisfação, mas não levam a satisfação.

2. **Fatores motivacionais ou intrínsecos:** são relacionados ao cargo e a composição das tarefas ligadas a ele. Estão sob o controle da pessoa, quando os fatores motivacionais são ótimos provocam a satisfação, quando deficientes evitam a satisfação.

Douglas McGregor, economista norte-americano, baseou seus estudos do comportamento humano e da motivação fazendo uma comparação entre dois estilos antagônicos de Administração: de um lado, um estilo baseado na teoria tradicional, mecanicista e pragmática, que ele chamou de **Teoria X**, e de outro lado, um estilo baseado nas concepções modernas a respeito do comportamento humano, a **Teoria Y**.

Para McGregor, aspectos ligados à Teoria X ainda moldam o aspecto humano de muitas organizações, em que se acredita que as pessoas tendem a se comportar com passividade, falta de responsabilidade, solicitação de benefícios econômicos, resistência às mudanças etc. McGregor entende que este tipo de comportamento não é a causa, mas efeito das experiências negativas nas organizações.

Por outro lado, a Teoria Y propõe um estilo de Administração participativo e democrático, baseado nos valores humanos.

Na Teoria Comportamental, outro aspecto importante é o Processo Decisório. Todo indivíduo é um tomador de decisão, baseando-se nas informações que recebe do seu ambiente, processando-as de acordo com suas convicções e assumindo atitudes, opiniões e pontos de vista em todas as circunstâncias. E, diante disso, quando remetemos ao ambiente organizacional, encontramos os conflitos entre os objetivos do indivíduo e os da organização. Na medida que as organizações pressionam para alcançar os seus objetivos, elas privam os indivíduos da satisfação de seus propósitos pessoais, e vice-versa.

O administrador precisa conhecer os mecanismos motivacionais para poder dirigir as pessoas, por isso torna-se necessário o estudo da motivação humana para compreender o seu comportamento e, dessa forma, utilizando-se desse poderoso meio, poderá melhorar a qualidade de vida dentro das organizações.

DESENVOLVIMENTO ORGANIZACIONAL

O conceito da Teoria do Desenvolvimento Organizacional nada mais é do que mudanças que ocorrem dentro de uma organização. Segundo essa teoria, considerada democrática e participativa, as organizações devem se voltar mais às pessoas do que às técnicas e aos recursos para conseguir uma maior capacidade de realizar as mudanças necessárias ao desenvolvimento organizacional.

Mudança organizacional, por sua vez, é um conjunto de alterações da situação ou do ambiente de trabalho em uma organização, entendendo esse espaço como técnico, social e cultural. Trata-se de uma estratégia educacional adotada para se trazer à tona uma mudança organizacional planejada e exigida pelas demandas às quais a organização tenta responder, e que enfatiza o comportamento baseado na experiência.

A mudança passa a ser sempre valorizada, a estabilidade passa a ser vista como suspeita, e se procura imaginar novos tipos de estabilidade que atendam à necessidade de mudança. Começa-se a falar de equilíbrio dinâmico.

Por isso, o Desenvolvimento Organizacional é um desdobramento prático e operacional da Teoria Comportamental a caminho da abordagem sistêmica.

ÊNFASE: Pessoas

ENFOQUE: Mudança organizacional planejada

MEIO: Estratégia educacional no ambiente organizacional

OBJETIVO: Atingir maior eficiência e eficácia

CAPÍTULO 1: ADMINISTRAÇÃO **41**

Um importante precursor desta teoria é Leland Bradford, psicólogo norte-americano, autor do livro *T-Group Theory and laboratory methods* (Nova York, 1964). Segundo seu estudo, a Teoria do Desenvolvimento Organizacional considera basicamente quatro variáveis:

1. **Meio Ambiente:** que representa o avanço tecnológico, o desenvolvimento das telecomunicações e das redes de informação, além do impacto destas mudanças sobre as instituições e valores sociais.

2. **Organização:** aborda o impacto sofrido em decorrência da turbulência ambiental e das características de dinamismo e flexibilidade organizacionais necessárias para um meio ambiente que é dinâmico e mutável, no qual surgem novas tecnologias, novos valores sociais, novas expectativas. E os produtos, por sua vez, têm vida mais curta, e os serviços assumem cada vez maior importância.

3. **Grupo Social:** considera aspectos de liderança, comunicação, relações interpessoais, Administração de conflitos existentes na organização.

4. **Indivíduo:** consideram suas motivações pessoais, atitudes, necessidades em vista de conciliá-las com os objetivos organizacionais.

Considerando-se as suas quatro variáveis, a Teoria do Desenvolvimento Organizacional vai estruturar as adaptações das organizações em cinco fases:

1. **Fase Pioneira:** é a fase inicial da organização, após a criação por seus fundadores. Seu tamanho permite processos controláveis, função de seu grande volume de improvisações. Com poucos processos preestabelecidos, sua capacidade de inovar é grande.

2. **Fase de Expansão:** é a fase que a organização cresce e expande suas atividades. A preocupação básica é o aproveitamento das oportunidades e o nivelamento entre a produção e as necessidades ambientais.

3. **Fase de Regulamentação:** é a fase que, em função do crescimento da organização, estimula o estabelecimento de normas de coordenação entre os diversos departamentos, bem como a definição de rotinas e processos de trabalho.

4. **Fase de Burocratização:** a organização passa contar com uma rede de regulamentação formal (burocratização) que estabelece todo o comportamento organizacional, dentro de padrões e sistemas de regras, a fim de lidar com todas as contingências relacionadas com as atividades de trabalho. Desenvolve uma cadeia de comando, uma divisão de trabalho e uma impessoalidade nas relações de trabalho. Possui pouca flexibilidade para mudanças e inovações.

5. **Fase de (Re)flexibilização:** é a readaptação à sua capacidade de inovação, por meio da introdução de sistemas organizacionais flexíveis. O Desenvolvimento Organizacional consiste em, exatamente, um esforço de (re)flexibilização.

TEORIA DA CONTINGÊNCIA OU CONTINGENCIAL

Identifica-se cada vez mais o aumento da complexidade das organizações, visto que diversos fatores ilustram essa realidade, dentre eles, maior competitividade entre as empresas, globalização, responsabilidade social, gestão do conhecimento, novas tecnologias da informação e da comunicação, aumento do tamanho das empresas etc. As organizações complexas levaram a uma nova teoria, na qual diz que a estrutura de uma organização e seu funcionamento dependem, principalmente, da sua interface com o ambiente externo.

Por isso, hoje, torna-se impossível encontrar uma única teoria capaz de dar respostas e atender a todos os tipos de organizações e, nesse contexto, é que surge a Teoria Contingencial. Ela vai afirmar que diferentes ambientes requerem respostas, ações e relações organizacionais distintas para se obter uma ótima eficácia.

A Teoria Contingencial, que foi idealizada por psicólogos e sociólogos nas décadas de 1950 e 1960, surgiu a partir de um problema, ao qual as teorias anteriores nem sempre levavam uma solução aceitável. Pois, se a organização opera em um ambiente relativamente dinâmico e específico, então uma estrutura flexível de organização seria mais eficaz.

A abordagem contingencial conclui que os fatores: **ambiente** e **tecnologia** são fundamentais para o equilíbrio e ponderação dentro das organizações, podendo tais aspectos atuarem como oportunidades ou restrições.

ÊNFASE: Ambiente

ENFOQUE: Análise ambiental e tecnologia

MEIO: Administrador — aplicação de um bom gerenciamento

OBJETIVO: Buscar soluções para maior eficiência e eficácia

A Teoria da Contingência foi experienciada por alguns teóricos, os quais fizeram importantes contribuições, são eles: Alfred D. Chandler Jr., professor de Harvard; Joan Woodward, socióloga industrial inglesa; Charles Perrow, teórico das organizações e sociólogo que expandiu os estudos de Woodward; Tom Burns, sociólogo; George M. Stalker, psicólogo, teóricos ingleses; Paul Lawrence e Jay Lorsch, professores de Harvard.

FIGURA 1.5: TEORIA DA CONTINGÊNCIA

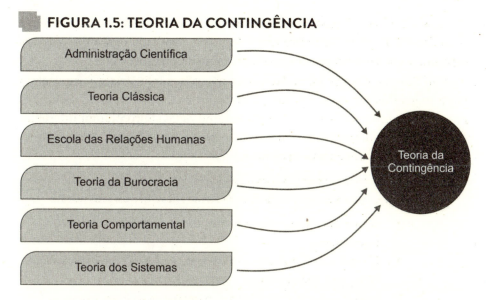

Fonte: Elaborado pelos autores (2020).

Alfred Chandler Jr. realizou uma série de investigações sobre as estratégias de negócios de quatro grandes empresas norte-americanas: DuPont, General Motors, Standard Oil Co. e Sears Roebuck & Co., nas quais os resultados demonstraram que as mudanças na estrutura e no comportamento organizacionais decorreriam das estratégias de negócios, e estas foram alteradas em função das mudanças ambientais e tecnológicas. Suas conclusões indicaram que a estrutura organizacional das empresas estudadas foi determinada pelos diferentes ambientes externos e diferentes estratégias assumidas. Diferentes ambientes levam as empresas a adotar novas estratégias, que exigem diferentes estruturas organizacionais.

Joan Woodward pesquisou sobre os princípios de Administração em cem diferentes empresas. Essas empresas foram classificadas em três grupos de tecnologia de produção, cada qual desenvolvendo diferentes maneiras de produzir:

1. **Produção Unitária:** é feita por unidades ou pequenas quantidades. Processo de produção é menos padronizado.
2. **Produção em Massa:** é feita em grande quantidade. Os trabalhadores operam máquinas e linha de produção ou montagem.
3. **Produção em Processo:** um ou mais operários lidera um processo total ou parcial da produção.

Nessas três tecnologias, cada uma tem um processo de produção diferente. A conclusão da pesquisa indica que a tecnologia adotada para uma empresa determina a sua estrutura e o seu comportamento organizacional.

Tom Burns e George M. Stalker, dois sociólogos industriais, pesquisaram vinte indústrias inglesas, em que procuraram analisar a correlação entre as práticas administrativas e o ambiente externo delas. Encontraram diferentes procedimentos administrativos nas indústrias e os classificaram em dois tipos: organizações **mecanicistas** e **orgânicas**.

1. **Sistema Mecanicista**: compara o funcionamento de uma organização a uma máquina para alcançar os objetivos de forma eficaz. São características:

   - Administração baseada em hierarquia, conforme demonstrado em organograma.
   - O sistema de trabalho e as informações seguem o padrão de comando do superior ao funcionário.
   - Indivíduo executa as tarefas para o retorno ao superior, sem se preocupar com a cumplicidade de seu trabalho na totalidade da organização.
   - Ênfase nas regras e procedimentos formais.

   Em suma, nesse sistema usam-se os princípios da Teoria Clássica.

2. **Sistema Orgânico**: descrevem o funcionamento das organizações pela procura da maximização da satisfação, flexibilidade e desenvolvimento do potencial humano. São características desse sistema:

   - Estrutura adaptada a condições instáveis.
   - Os sistemas de trabalho são atribuídos a especialistas que executam suas tarefas com o conhecimento global da importância delas para a empresa.
   - Indivíduos se interagem em suas funções.
   - Há comunicação entre indivíduos de categorias e hierarquias diferentes.
   - Chefia passa a ser parte integrante do grupo.
   - Todos buscando êxito comum.

Em suma, nesse sistema, usam-se os princípios da Teoria das Relações Humanas.

Paul Lawrence e John Lorsch, professores de Harvard, fizeram pesquisas com indústrias de plásticos e alimentos, desde ambiente de rápida mudança tecnológica até ambientes estáveis, que exigem pequena diferença de organização.

Essas pesquisas revelaram a relação entre a organização e a tecnologia adotada, servindo de base para a Teoria Contingencial, assim surgiram dois conceitos básicos: diferenciação e integração.

1. **Diferenciação:** a organização é dividida em subsistemas ou departamentos, cada qual desempenhando uma tarefa especializada para um contexto ambiental também especializado. Cada subsistema ou departamento reage somente àquela parte do ambiente que é relevante para a sua própria tarefa especializada.

2. **Integração:** refere-se ao processo oposto, isto é, ao processo gerado por pressões vindas do ambiente global da organização para alcançar unidades de esforços e coordenação entre os vários departamentos. As partes de uma empresa constituem um todo indissolúvel e nenhuma parte pode ser afetada sem afetar as outras partes.

RESUMO DE APLICAÇÃO DO MÉTODO CONTINGENCIAL

De forma simplificada, podemos resumir os seguintes passos para a aplicação da Teoria Contingencial:

1. Consiste em determinar a melhor solução para um problema na organização. Então, basicamente consiste em aplicar os seguintes passos:
   - Realizar análise situacional (análise SWOT).
   - Identificar o problema.
   - Estabelecer padrões de desempenho para solução do problema.
   - Gerar soluções alternativas para o problema.
   - Avaliar as soluções e escolher a melhor.
   - Implementar a solução, avaliar e revisar o processo.

CRÍTICAS À TEORIA CONTINGENCIAL

Apesar de todas contribuições, estudos e análises, como sempre ocorre com a evolução das organizações, as teorias sofrem críticas por estarem em algum momento fora de sintonia com a realidade do momento. Com a Teoria Contingencial não foi diferente, por isso comentamos as seguintes críticas sofridas:

1. Complexidade do método e o fato de requerer um administrador com muitas habilidades.

2. Não possuir uma base teórica coerente e consistente, sendo uma metodologia que se utiliza de outras teorias administrativas.

46 ADMINISTRAÇÃO – NOVAS PERSPECTIVAS

3. A teoria é muito relativista e situacional, trata-se mais de uma forma de encarar o mundo e as situações do que propriamente uma teoria administrativa.

4. Análise com foco nos problemas apresentados no ambiente. Os sucessos do ambiente podem beneficiar: *benchmarking*.

5. Dificuldade em analisar quais ocorrências dos ambientes externos são importantes e que podem impactar no ambiente interno.

A Teoria Contingencial tem contribuído de forma intensa na moderna Administração, notadamente na identificação das variáveis com forte efeito no projeto geral das organizações, tais como: tecnologia, tamanho e natureza do ambiente, dentre outros. Não existe um único modo de administrar ou estruturar uma organização. A estrutura deve variar com as condições tecnológicas particulares. A forma como os gestores conduzem as organizações é contingência das características de seu ambiente.

NOVAS ABORDAGENS DA ADMINISTRAÇÃO

Todas as teorias da Administração são analisadas e aperfeiçoadas em diversos aspectos e momentos da história, sofrendo diversas influências, conforme vimos anteriormente, e a TGA é responsável por dar corpo a essas novas teorias. Nesse sentido, a ciência da Administração precisa acompanhar estas mudanças e procurar dar estrutura para que as organizações tenham os meios necessários para se adaptarem.

Atualmente, vários conceitos estão sendo analisados e estudados dentro das novas abordagens da Administração, os quais vamos conhecer e nos aprofundar muito em breve. Dentro desses conceitos há a Gestão do conhecimento; Aprendizagem organizacional, Capital intelectual; Reengenharia; Competitividade e inovação, Indústria 4.0, dentre outros temas.

Como papel fundamental, cabe, então, a TGA diagnosticar as novas tendência por meio de seus teóricos e traduzir de forma clara aos administradores e às organizações essas orientações, a fim de as empresas continuarem em um mercado competitivo e atingirem seus objetivos.

Veremos a seguir um quadro com o resumo das teorias até aqui apresentadas, com seus respectivos idealizadores, suas principais características e o período em que ocorreram.

CAPÍTULO 1: ADMINISTRAÇÃO **47**

QUADRO 1.4: PRINCIPAIS TEORIAS DA ADMINISTRAÇÃO

TEORIA	PRINCIPAIS AUTORES	ÊNFASE	PRINCIPAIS ENFOQUES
Administração Científica (1903)	Frederick Taylor Henry Ford	Tarefas	Produção – Nível operacional
Teoria da Burocracia (1909)	Max Weber	Estrutura	Racionalidade organizacional Poder e Autoridade
Teoria Clássica da Administração (1916)	Henri Fayol	Estrutura	Princípios Gerais da Administração Funções do administrador
Teoria das Relações Humanas (1932)	Elton Mayo Mary P. Follet Chester Barnard	Pessoas	Organização informal Comunicação Motivação e Liderança
Teoria Estruturalista (1947)	Max Weber	Estrutura	Organização formal e informal Análise dos ambientes internos e externos
Teoria Geral Dos Sistemas (1951)	Ludwig von Bertalanffy	Ambiente	Análise sistêmica do ambiente organizacional
Teoria Neoclássica da Administração (1954)	Peter Drucker Ernest Dale Cyril O'Donnel	Estrutura	Aplicação prática na Administração das das organizações com validação pelos resultados
Teoria Comportamental Behaviorismo (1957)	Abram Maslow Frederick Herzberg Douglas McGregor	Pessoas	Teoria das decisões Integração dos objetivos organizacionais e individuais
Teoria do Desenvolvimento Organizacional (1962)	Leland Bradford	Pessoas	Mudança organizacional planejada
Teoria da Contingência (1972)	A. Chandler Jr Joan Woodward Lawrence e Lorsch	Ambiente	Análise ambiental e tecnologia das organizações

TEORIA	PRINCIPAIS AUTORES	ÊNFASE	PRINCIPAIS ENFOQUES
Novas Abordagens (atual)	Diversos Pensadores	Multivariado	Gestão do conhecimento Aprendizagem Organizacional Capital Intelectual Reengenharia e Inovação

Fonte: Elaborado pelos autores (2020).

EXERCÍCIOS

1. Descreva e explique as três fases do planejamento organizacional, indicando qual é a sua abrangência.

2. Defina o conceito de TGA (Teoria Geral da Administração).

3. Descreva quais são as seis funções básicas da empresa, segundo Henri Fayol.

4. Por que a Teoria Comportamental da Administração também é conhecida como Teoria Behaviorista?

5. Mencione quais são as teorias administrativas que têm as pessoas como ênfase de estudos.

CAPÍTULO 2

ÉTICA NAS ORGANIZAÇÕES

A SOCIEDADE, NO DECORRER DA HISTÓRIA, ACOMPANHA FATOS E NOTÍCIAS QUE OCORREM nos ambientes político, jurídico e empresarial, nos mais diversos segmentos, nos quais pessoas e grupos são surpreendidos, acusados e julgados por delitos e infrações cometidos contra o bem público ou privado.

A questão da moral e ética vem sendo mais discutida, debatida e analisada por todas as camadas sociais, seja nas mídias, escolas, comunidades locais ou rodas de conversas de familiares e amigos. Um exemplo recente disso é que, nas últimas décadas, foi introduzido na comunidade acadêmica, em praticamente todos os cursos, o componente de ética, o qual antes não havia, ou se havia, era discutido como um tópico de outro componente.

Também estão sendo escritas mais obras relacionadas ao tema, e, nesse sentido, surge uma pergunta natural, que fatores estão motivando essas ações? A resposta é que, seguramente, a sociedade está dando mais atenção ao assunto, e é exatamente por isso que vamos também tratá-lo aqui, contudo com foco no segmento empresarial.

CONCEITO DE ÉTICA E MORAL

Como percurso natural, presenciamos as mudanças e evoluções do ser humano, afinal, somos organismos vivos, capazes de pensar, sofrer, comunicar, organizar e construir valores. Por isso, sempre estamos construindo e reconstruindo as bases morais da sociedade. Para que possamos entender esses parâmetros dentro da profissão do administrador, atribuindo-lhe, dessa forma, a visão humanística da profissão, vamos analisar, inicialmente, alguns conceitos gerais de ética, moral, valores e costumes.

Ética e Moral, apesar de serem conceitos semelhantes e estarem relacionados, acabam por serem adotados como sinônimos pela maioria das pessoas, no entanto, é importante ressaltar que, de fato, possuem origem distintas.

49

- **Ética:** possui sua origem no grego *ethos*, que significa "conduta", ou seja, o modo de ser e de agir. Em outras palavras, significa o **estudo dos juízos** de apreciação referente à conduta humana, do ponto de vista do bem e do mal.
- **Moral:** possui sua origem no latim *mores*, que significa "costumes". Trata-se de um **conjunto de regras de conduta** ou hábitos julgados válidos, quer de modo absoluto, quer para o grupo ou pessoa determinada.

Portanto, os conceitos de ética e moral incorporam em seu percurso histórico significados diferentes. Veja que, sob o contexto filosófico, há uma distinção, em que a ética é a reflexão crítica e investigativa sobre a moral, e é por meio desta consideração que se exige um posicionamento diante do ambiente que nos cerca, ou seja, a ética propõe investigar, justificar e fundamentar critérios, valores e forma de conduta do ser humano. Já a moral vai corresponder ao conjunto de princípios, crenças, regras que são aplicadas e que orientam o comportamento dos indivíduos nas diversas formas de sociedade.

Dessa forma, apesar de origens distintas, os termos estão relacionados e possuem forte ligação. Servem como parâmetro da conduta do ser humano, ou seja, como este se relaciona, convive ou age em determinadas situações que requerem sua atuação.

Atualmente, o mundo sofre rápidas mudanças, vivemos na Era da informação e de um intercâmbio cada vez mais intenso. A globalização possibilitou a aproximação das comunidades mundiais de modo que precisamos, progressivamente, ajustar nossas condutas em relação ao outro.

Um fato é que, hoje, nos relacionamos tanto virtual como fisicamente. Nesse quesito temos muito a evoluir, pois, por diversas vezes, tropeçamos ao nos relacionarmos nesses diferentes âmbitos. Ainda que, em geral, tem sido mais comum o convívio com alguém de forma virtual, do outro lado do planeta, do que com alguém fisicamente próximo, por exemplo, um vizinho ou colega de trabalho.

COSTUMES E VALORES

No contexto da ética e da moral surge a palavra **costume**, mas o que vem a ser costume?

> Os costumes nada mais são do que os primeiros conteúdos de uma cultura.

Costumes são maneiras de viver, "inventadas e reinventadas" pelos seres humanos para atender às suas necessidades, dessa forma, criam formas de conviver, as quais se diferenciam de acordo com o tempo e lugar. Por exemplo, há os costumes de uma determinada tribo indígena, como caçar, usar determinada planta para prática medicinal, dentre outros, que são repassados às novas gerações.

No reino animal também podemos identificar os costumes, apesar de serem totalmente diferentes dos seres humanos. Os comportamentos dos animais são determinados pelas regras e leis da natureza, de como devem agir para caçar, comer, sobreviver, fazer as migrações em determinadas épocas do ano etc. Todos esses costumes são repassados aos filhos, que depois vão repassar aos sucessores.

Nos costumes manifesta-se um aspecto fundamental da existência humana: a criação de valores, os quais são parte integrante de nossa cultura. Os valores são exemplos de virtudes e qualidades a serem seguidas por determinado grupo social, seja na família, na igreja, nos grupos de amigos ou nas organizações. É dessa mesma forma que se cria valores em uma empresa, ou seja, quais valores são importantes e significativos para ela? Sua cultura interna é que vai definir os valores que vão permeá-la.

Existem diversos exemplos de valores, podemos citar alguns como:

- Transparência.
- Respeito.
- Justiça.
- Liberdade.
- Democracia.
- Lealdade.

Os valores e crenças de uma organização vão indicar as questões que são mais ou menos observadas pela sociedade, exercendo um importante papel em comunicar o que ela pode enxergar e esperar da organização. Por exemplo, se a empresa se preocupa com questões ambientais, ecológicas, ou de cuidados e atenção à pessoa idosa, crianças ou pessoas portadoras de necessidades e cuidados especiais.

Uma vez definidos os valores que nortearão a organização, eles não devem ser alterados, nem mesmo em função do tempo, pois quanto mais forte for à composição e durabilidade de seus valores, mais forte será seu poder de penetração e de comunicação à sociedade, enviando clara mensagem de robustez e solidez da organização.

Nas organizações, os valores são construídos e materializados pelas normas, princípios, políticas internas e padrões que são aceitos na organização. Os valores são, portanto, as crenças e conceitos básicos que formarão e fortalecerão a sua cultura interna.

CULTURA ORGANIZACIONAL

A cultura de uma organização é formada pelo conjunto de hábitos, crenças, valores, atitudes e expectativas compartilhados por todos os membros da organização. Representa as percepções dos dirigentes e colaboradores da organização e reflete a mentalidade, forma de pensar e agir em todos os seus espaços.

Enquanto as crenças representam o que os membros acreditam ser a realidade e, por consequência, influenciam o que eles percebem e como pensam e sentem a organização, os valores são os princípios, objetivos e padrões sociais mantidos dentro de uma cultura e que possuem importância intrínseca. Os valores definem o que os membros de uma organização julgam importante como tal.

Os valores e as crenças dos fundadores, líderes, gestores e membros da comunidade de interesse são determinantes no estabelecimento da construção da missão, visão e objetivos das organizações, os quais compõem um plano maior à cultura interna da empresa.

A cultura precisa estar alinhada com as decisões e ações da organização, como o planejamento, a organização, a direção e o controle, além de representar as normas formais, ou seja, as normas escritas, e também as informais e não escritas, que orientam o comportamento dos membros de uma organização no dia a dia e direcionam suas ações para o alcance dos objetivos. Em suma, quando se busca o resultado, sob a ótica de eficiência e eficácia, não se deve ir contra os valores da cultura organizacional.

Nas organizações, a cultura pode ser bem diferente de outra, pois sua composição se dá internamente por crenças e valores em que acreditam seus membros. Portanto, ela terá que definir internamente como agirá perante a sociedade e os mercados. Por isso, possuem as formas diversificadas de trabalho, de vendas, de atendimento aos clientes e fornecedores, bem como de relacionamento com colaboradores e os agentes externos da organização.

Em uma organização que possui uma forte estrutura cultural, os valores centrais dela são intensamente mantidos e amplamente partilhados. Quanto mais membros aceitam os valores centrais e quanto maior seu compromisso com esses valores, mais forte é a cultura, portanto, uma cultura estável terá uma grande influência no comportamento dos seus membros, principalmente sobre os novos membros, pois o elevado grau de compartilhamento cria um clima interno de controle comportamental.

Nesse sentido, pode-se afirmar que uma organização com uma forte cultura tem impacto maior sobre o comportamento dos colaboradores e isso auxilia na redução da rotatividade de pessoal.

Existem diversas ações que permeiam a manutenção e o fortalecimento de uma estrutura cultural na organização. Por exemplo, há empresas que antes, durante ou em momentos propícios durante a jornada de trabalho, fazem questão de reunir todos os colaboradores para diversas práticas, tais como:

- Praticar dinâmicas de grupo.
- Informar sobre ações da empresa.
- Cantar o hino nacional e/ou o hino da empresa.
- Fazer sessões de relaxamento e ginástica laboral.
- Ouvir os colaboradores sobre o planejamento do dia de trabalho.

Cada organização possui suas características próprias, para Barreto (2017), se o perfil interno das empresas é analisado, observa-se que elas se assemelham em alguns aspectos, mas de forma geral elas diferem umas das outras no que se refere à sua estrutura interna e à forma como escolhem se relacionar tanto interna como externamente. O conjunto dessas formas de relacionamento denomina-se cultura organizacional.

A figura a seguir ilustra essa relação que a empresa deve construir ao longo do tempo com todos os agentes internos e externos a ela.

FIGURA 2.1: AGENTES INTERNOS E EXTERNOS DAS ORGANIZAÇÕES

Fonte: Elaborado pelos autores (2020).

Podemos concluir que a cultura de uma empresa constitui a forma como ela vai pensar e agir diante dos relacionamentos que terá de fazer com todos (colaboradores, clientes, fornecedores, governos, sindicatos, bancos, investidores e a sociedade em geral).

CONSTRUÇÃO DA CULTURA ORGANIZACIONAL

A construção de uma cultura organizacional não é um processo simples, ao contrário disso, é extremamente complexo, mas de vital importância. A cultura é a identidade que será apresentada para a sociedade e nela estarão inseridos todos os valores que, de uma forma ou outra, influenciarão o comportamento e as percepções que os indivíduos terão desta organização.

De maneira prática vai evidenciar a sociedade sua forma de agir nos mercados, e essa noção é um fator crucial para a organização, pois por meio dela os indivíduos reagirão à sua proposta de cultura. Estas respostas são passíveis de serem medidas, e o resultado disso pode ser o sucesso ou o fracasso de uma empresa.

Sobre isso, Barreto (2017) apresenta algumas questões para analisar como a cultura de uma empresa pode ser construída:

- Como ela se relaciona com seus clientes?
- De que forma ela faz seus negócios?
- Qual é o grau de liberdade e autonomia que um colaborador pode ter?
- Quais informações ela divulga à sociedade sobre seus produtos e processos?
- Como se relacionam os colaboradores dentro da empresa?
- Qual é o grau de transparência da empresa perante o governo e a sociedade?
- Em casos de erros ou enganos, na gestão ou no produto, como ela age?

Como podemos verificar, essas e outras questões irão formar a "cultura da empresa", isto é, se ela é mais aberta ou mais fechada, se é mais ou menos transparente nos negócios e na divulgação das informações (mesmo que sejam informações negativas).

Percebe-se que todos esses aspectos e, principalmente, a atitude das empresas em relação a esses fatos vão formar a sua cultura, especialmente a imagem que vai transmitir internamente, perante seus colaboradores, e externamente, perante a sociedade. Com base nisso, a empresa pode ser bem ou malvista. Vale lembrar que, até pouco tempo, as empresas eram conhecidas pelo seu patrimônio, pela composição de sedes, prédios e edifícios, mas hoje em dia são mais conhecidas pela sua cultura corporativa.

DECLARAÇÃO DE PRINCÍPIOS: MISSÃO, VISÃO E VALORES

No processo de construção de uma cultura organizacional, é preciso que a empresa responda de forma muito simples e clara a quatro questões fundamentais:

1. Qual é o propósito da empresa existir?
2. Qual é a sua razão de ser?
3. Onde e quando a empresa quer chegar?
4. Quais serão os valores que vão permear a empresa?

O processo de responder a essas perguntas faz parte do planejamento estratégico da empresa, momento em que se dá a construção da(os):

- Missão.
- Visão.
- Valores.

Portanto, a construção da declaração institucional da missão, visão e dos valores de uma organização deve ser feita com muita responsabilidade e cuidado, caso contrário, vira uma mera peça de ficção ou um objeto decorativo na fachada da empresa, neste caso, a empresa pode virar motivo de piada e encontrar-se em uma situação desonrosa. Infelizmente isso ocorre em organizações de todos os tipos e tamanhos e quanto maior a exposição da organização maior será o vexame.

É o que temos visto recentemente, amplamente divulgado nas mídias, que vem ocorrendo com grandes corporações, tanto públicas quanto privadas e, em casos de extrema exposição, as empresas acabam sucumbindo ou entrando em recuperação judicial.

Mas o que vem a ser exatamente o trio: missão, visão e valores? Como devem ser bem elaborados? Como evitar que empresas cometam tais erros? Para responder a essas questões, vamos, primeiramente, compreender melhor o conceito de missão, visão e valores de uma organização, e como ela deve elaborar sua declaração institucional de forma que venha a ser sólida e concreta.

Mais adiante, apresentaremos alguns elementos e práticas que podem colaborar no sentido de diminuir ações que venham a ser desastrosas às organizações, as quais acabam por causar danos não só à própria organização, mas também atingem a todos que a cercam.

CONSTRUÇÃO DA MISSÃO

Sobre a missão, Richard Bach, escritor norte-americano, afirmou: "Eis um teste para saber se você terminou sua missão na Terra: se você está vivo não terminou." Como podemos perceber, a missão não é algo voltado somente às organizações, mas a todos de forma geral. Responder ao significado de missão significa **dar sentido a algo maior**, tanto para as pessoas quanto para as organizações.

Então, podemos resumir o conceito de missão como:

> **MISSÃO: É o propósito de a empresa existir sendo, portanto, sua essência e sua razão de ser enquanto ela existir.**

Marcelo Nakagawa (2014, p. 1), professor do Centro de Empreendedorismo do Insper, apresenta um bom conceito de missão em que afirma:

> *Uma empresa deve existir, não para produzir o produto ou prestar o serviço que consta em seu contrato (ou estatuto), mas sim, para levar o benefício (do produto ou serviço) ao seu público-alvo. Uma boa definição de missão também deve ser inspiradora e desafiadora, para que haja o engajamento de seus colaboradores e parceiros, comprometidos em levar um benefício cada vez melhor para um (maior) público-alvo.*

Podemos afirmar, portanto, que a missão é a razão pela qual a empresa existe, o que ela produz e para quem ela produz. Em sentido mais amplo, a empresa não deve focar apenas o lucro em si, mas o que ela pode de fato **proporcionar às pessoas**. Como exemplo, podemos afirmar que uma determinada empresa da indústria da moda não pode ter como sua missão simplesmente "vender roupas ou acessórios", mas proporcionar um maior conforto e elegância aos clientes por meio de seus produtos.

Ainda sobre o estabelecimento e a importância de uma boa definição de missão, vejamos o que nos afirma o pai da administração, Peter Drucker:

> *Uma empresa não se define pelo seu nome, estatuto ou produto que faz; ela se define pela sua missão. Somente uma definição clara da missão é razão de existir da organização e torna possíveis, claros e realistas os objetivos da empresa.*

CONSTRUÇÃO DA VISÃO

Uma vez que a organização conseguiu definir a sua missão, agora é preciso definir a visão de futuro para o seu negócio. A visão de uma empresa está atrelada ao seu futuro, ou seja, é o que ela deseja ser, onde deseja estar e como agir.

CAPÍTULO 2: ÉTICA NAS ORGANIZAÇÕES **57**

Segundo Herbert Hart (apud Ramos, s.d.) a visão nada mais é do que "articulações das aspirações de uma empresa a respeito do seu futuro."

> **VISÃO: É a visualização antecipada de onde a empresa quer chegar e deseja estar no futuro.**

A elaboração da visão da empresa deve ser breve, clara, simples, objetiva e compreensível a todos, além de ser, ao mesmo tempo, inspiradora e motivadora, para que todos os envolvidos possam visualizar e trabalhar para alcançar esta visão. Isso posto, a elaboração da visão depende de se fixar objetivos, metas e indicadores para que a empresa tenha um rumo a seguir.

A construção da visão, que tenha como características ser ampla, democrática e compartilhada por todos, tem grande valor, pois uma empresa sem visão é como um barco sem rumo, e sua função consiste exatamente nisto, em dar rumo à empresa.

É comum ver que muitas empresas ainda não conhecem, de forma concreta, o propósito de sua existência, muito menos aonde desejam chegar, tanto que, quando crescem e evoluem na linha do tempo, e por vezes chegam a uma posição de sucesso, por incrível que possa parecer, não sabem como fizeram isso ou como aconteceu.

São critérios para a construção da visão de uma empresa:

- Maior participação no mercado.
- Crescimento da empresa ao longo do tempo.
- Melhoria na qualidade dos seus produtos e serviços.
- Elevação do nível de atendimento aos clientes, fornecedores e parceiros.
- Foco no treinamento de seus colaboradores.
- Elevação do nível de satisfação dos clientes.
- Etc.

Como podemos observar, cada empresa deve definir a sua própria visão, com objetivos, metas e indicadores claros a serem alcançados e, dessa forma, deve implantar e divulgar de forma ampla e democrática a todos os envolvidos.

CONSTRUÇÃO DOS VALORES

A partir do conhecimento do conceito de construção da missão e da visão de uma organização, abordaremos a importância da construção dos valores, os quais vão permear o caminho e a continuidade da empresa.

> **VALORES:** São os ideais de atitude, comportamento e resultados que devem estar presentes na empresa e em suas relações com seus clientes, fornecedores e parceiros.

Os valores de uma empresa são definidos por princípios e crenças que vão guiá-la. Valores para a organização referem-se a princípios éticos e morais, alicerçados em ações positivas, em se fazer e praticar o bem durante o tempo em que a empresa existir. São, portanto, virtudes e qualidades da empresa que ela deve se propor a seguir durante sua existência.

Sobre a construção dos valores, bem como da missão e visão que a eles estão atreladas, afirma Barreto (2017, p. 45):

Hoje a maioria das empresas já possui sua missão, sua visão e seus valores. Muitas empresas já os divulgam e colocam em placas nas entradas e nas recepções de suas instalações, o que é válido, pois se trata de uma "declaração de intenções" de como a empresa deseja se portar em sua caminhada. Mas deve-se atentar ao fato de que se deve construir uma relação de valores baseados em condutas e posturas sinceras, afinal não adianta simplesmente escrever e divulgar uma coisa e não fazer, ou pior, fazer o contrário.

A seguir ainda narra qual é o real desafio das empresas em relação aos seus próprios valores:

Criar uma relação de valores é relativamente fácil, mas agir de acordo com eles, muitas vezes não ocorre nas empresas. Em resumo, é algo fácil de escrever, mas difícil de seguir. Mesmo assim as empresas devem se esforçar para colocá-los em prática. Esse é o real desafio não só das empresas, mas também dos governos, das instituições e de cada pessoa.

Os valores, uma vez definidos pela empresa, farão parte do seu cotidiano e das suas relações, por exemplo em situações como:

- Processos seletivos.
- Critérios de avaliação de desempenho.
- Relacionamentos com *stakeholders*.
- Transparências nas informações.
- Etc.

Como exemplos de valores que estão relacionados a crenças e atitudes corporativas, podemos mencionar:

- Transparência.
- Honestidade.
- Justiça.
- Igualdade.
- Respeito.
- Valorização.
- Etc.

Como disse Gabriel Garcia Márquez: "Dou valor as coisas, não por aquilo que valem, mas por aquilo que significam." (apud Pensador, s.d.a).

DICA

Você pode encontrar vários exemplos prontos de declarações institucionais de missão, visão e valores acessando os sites de grandes organizações.

CLIMA ORGANIZACIONAL

O clima organizacional objetiva compreender necessidades, por isso, o estudo do termo tem como principal intenção a compreensão das necessidades, apreensões e percepções dos clientes internos de uma determinada organização.

O clima organizacional está ligado à composição da estrutura e da cultura da organização, e ele pode ser percebido pela organização e seus colaboradores. Sobre esse tema afirma o site RH PORTAL, 2015:

Clima organizacional é a percepção coletiva que os empregados têm da empresa. Por meio da experimentação prática prolongada de suas políticas, estrutura, sistemas, processos e valores; diagnóstico de atitudes dos funcionários, processos de sensibilização e gestão contínua de clima/cultura que visa facilitar a produtividade, qualidade total e vitalidade empresarial.

Schneider (2000) determinou o clima organizacional como percepções de participantes sobre episódios, práticas e comportamentos que são compensados, amparados e anunciados. Refletindo com essa visão, Steinke et al. (2015) argumentaram que os climas refletem as percepções de colaboradores sobre governança, práticas e procedimentos esperados, apoiados e recompensados em relação aos recursos humanos organizacionais.

Até hoje existem dificuldades na definição do que é clima organizacional e como medir realmente em níveis analíticos diferenciados, além de possuir diversos enfoques relacionados ao conceito.

CLIMA ORGANIZACIONAL E BEM-ESTAR NO TRABALHO

Quando se menciona sobre o bem-estar no trabalho, é preciso avaliar três aspectos ligados ao clima organizacional: a satisfação no trabalho, o envolvimento com o trabalho e o comprometimento organizacional. Conforme afirma Agapito et al (2015) apud Siqueira (2008):

> *A dimensão denominada satisfação no trabalho pode ser definida como o grau de contentamento com relacionamentos no trabalho, chefias e colegas, trabalho realizado e sistema de recompensas, envolvendo salários e promoções. O envolvimento com o trabalho é o nível de identificação com o trabalho realizado, e o comprometimento organizacional afetivo refere-se aos sentimentos positivos e negativos que o empregado poderia ter em relação à organização empregadora.*

IDENTIDADE, IMAGEM E REPUTAÇÃO DAS ORGANIZAÇÕES

IDENTIDADE

A identidade de uma organização, conforme afirma o professor Renato Martinelli, é a **manifestação visual de sua realidade**, que é transmitida por meio de seus símbolos, tais como: o nome, logomarca, lema, produtos, serviços, uniformes e outras peças criadas pela organização e comunicadas a uma grande variedade de públicos; ou seja, é a forma pela qual a empresa se apresenta aos públicos e à sociedade como um todo dentro de um padrão visual.

Na sua essência é a mistura de crenças e valores dos gestores e colaboradores, abrangendo ainda a sua cultura organizacional. Ela é a expressão coletiva da cultura da empresa, em suma, é seu DNA, e dentro desse conceito pode adotar de forma mais intensa ou mais leve componentes éticos, sociais e econômicos, dentre outros, aos diversos públicos da sociedade.

Um exemplo comum de identidade ocorre com empresas multinacionais que adotam um padrão visual de seus produtos e comunicação em todo o mundo, porém com adaptações locais, o que possibilita o reconhecimento da marca em qualquer parte do planeta onde a empresa esteja presente.

IMAGEM

A imagem é o **reflexo da identidade** de uma organização sob o ponto de vista de diferentes públicos, sendo uma percepção "externa", em que ela é conhecida, descrita, relatada e lembrada. Dependendo do público envolvido, uma mesma empresa pode ter diversas imagens.

A imagem também pode ser entendida como opinião individual ou de um grupo, por um curto período de tempo, e não há garantias de que será criada uma imagem positiva na mente do público de interesses difusos, pois os atributos relacionados à imagem podem ou não agradar os diferentes gostos, portanto, não depende somente da organização, mas de como ela é vista e percebida.

É comum termos uma mesma empresa que é admirada por grande número de pessoas ao redor do mundo, mas que também haverá uma significativa quantidade de indivíduos que não gosta da marca, do produto ou do que ela representa.

Por isso, não importa os diversos tipos de ações e inserções nas mídias que a empresa venha a desenvolver, pois já é certo que parte do público fará uma imagem diversa de outras parcelas, entretanto, é a imagem da empresa que está sendo construída e percebida ao longo dos anos.

Um produto construído sobre um bom conceito, estrutura de qualidade e competitivo é recomendável e saudável, mas é apenas um pressuposto, ou seja, uma suposição ou percepção antecipada de um determinado público sobre uma empresa ou o produto que ela representa. É como um navio ou um avião que não tem só que ser bom em termos de qualidade, mas também ele tem que parecer ser bom.

REPUTAÇÃO

A reputação de uma organização **é baseada na percepção de todos os públicos** e torna-se mais sólida quando a imagem e a identidade estão devidamente alinhadas.

A reputação diferencia-se da identidade porque ela é um produto tanto de públicos internos quanto externos. Já a identidade da organização é construída somente por elementos internos. A reputação também é diferenciada da imagem por ser construída ao longo do tempo e não simplesmente por uma percepção em período determinado.

Nesse aspecto, note-se que a reputação é um trabalho árduo e longo na linha do tempo. No entanto, um deslize ético da organização, ou um produto com defeito, pode colocar sua reputação a baixo de forma quase instantânea. É possível, ao longo do tempo, recuperar novamente sua reputação, mas, seguramente, vai ser um processo longo e de elevado custo, além das incertezas de se atingir os mesmos níveis anteriores.

Em resumo, observa-se que a estrutura da reputação da organização é composta pela sua identidade, criada internamente, pela sua imagem, que é refletida para os diversos públicos, a qual culmina na sua reputação, que é percebida na sociedade como um todo.

Trata-se de um árduo e longo trabalho desenvolvido pelas empresas, e essa construção pode levá-la a uma posição de destaque, porém, uma única ação não aceita pela sociedade pode resultar em sua ruína.

ÉTICA EMPRESARIAL

A sociedade, no momento em que vivemos, faz uma nova reflexão sobre o seu papel e a questão ética. Os avanços científicos e tecnológicos, a globalização, a aceleração do processo de comunicação e a proximidade entre as pessoas, as instituições e nações fazem com que tenhamos a necessidade de rever nossos hábitos, crenças e costumes, haja vista que cada grupo social tem sua forma de viver e suas próprias premissas sociais. Agora, em um mundo globalizado, estas questões entram em choque e pede-se um maior conhecimento, investigação e uma possibilidade de alguns alinhamentos gerais de novas normas de convivência com os novos grupos sociais.

Podemos citar, como exemplo, o bloco econômico formado pelos países europeus, a União Europeia, em que antes países viviam suas próprias regras de forma isolada, agora se viram obrigados a repensar e a resignificar suas crenças, hábitos e costumes em vista de um novo grupo social. É preciso aparar arestas, fazer concessões e pedir aos diversos povos mudanças de hábitos, regras e costumes em vista de uma identidade comum. Não é tarefa nem um pouco fácil, mas os europeus se prontificaram a fazê-lo devido às complexidades econômicas, ainda que estejam sempre em processo de construção e maturação.

> ### EXEMPLO PRÁTICO
>
> na União Europeia, após longo processo de negociação e reflexão, os países membros abriram mão de sua moeda local, que é um símbolo nacional, em troca de uma moeda única para o bem maior para todos.

Também as organizações, de forma geral, sofrem os impactos dos avanços tecnológicos e, consequentemente, das iminentes mudanças em curso, podemos citar instituições antigas e tradicionais como o exército, a igreja e a escola. Nas empresas este fenômeno não é diferente como afirma Lara (2017, p. 52) apud Ianni (1997):

> *Exige-se de seus gestores uma atenção especial a tudo que ocorre de modo que as decisões tomadas sejam acertadas. A lógica da economia de mercado globalizada transformou o mundo em uma aldeia comum de relações e de interdependência total. Os problemas exigem respostas pontuais que atingem a capacidade de decisão técnica e profissional de indivíduos e de coletividades inteiras.*

NOVOS DESAFIOS ÉTICOS NAS EMPRESAS

O mundo e as sociedades, com seus modelos econômicos, procuram satisfazer os seus desejos e atender aos seus anseios, que são diversos, interligados e complexos. Questões e inquietações são postas em evidência, quando se procura por diversos caminhos e soluções que sejam coerentes ou que sejam no mínimo éticos e adequados. Podemos citar alguns desafios que envolvem de forma semelhante as empresas:

- Desigualdades econômicas e sociais (grande concentração de renda nas mãos de poucas pessoas).
- Avanço tecnológico, porém, com pouca atenção às políticas voltadas à qualificação dos trabalhadores, o que gera ondas crescentes de desemprego.
- Desenvolvimento sustentável, desafio de conciliar o avanço tecnológico, a economia dos mercados e a preservação do meio ambiente.
- Implantação de políticas públicas e privadas de maior acesso da população à saúde para prevenção de doenças.
- Programas de educação de qualidade, capacitações e preparação para novas profissões com uso de novos equipamentos e recursos.
- Aumento nos índices de criminalidade e sensação de insegurança e falta de proteção.

Nesse ambiente complexo e multivariado, a questão ética deixou de ser apenas filosófica, agora ela é universal, atinge a todos sem distinção. Por isso, as empresas possuem um papel relevante, pois suas ações agora ficam mais em evidência e transmitida a todos de forma quase instantânea, o que antes podia ficar restrito a um grupo fechado na cúpula administrativa, agora é visto por todos que compõem a empresa e também fora dela.

EM BUSCA DE UM CONCEITO DE ÉTICA EMPRESARIAL

As empresas são organismos constituídos de sistemas sociais, que se materializam na formação da sua cultura organizacional composta de sua declaração institucional de missão, visão e valores, em que, de forma geral, procuram o desenvolvimento social e econômico.

Por outro lado, também é um organismo econômico de mercado, sendo sua principal meta atingir a maior lucratividade possível, e caso não conseguir, pode ficar fadada ao fracasso e, consequentemente, à sua extinção.

Os ciclos de crises econômicas e decorrente perda de mercados consumidores trazem um maior acirramento no mercado concorrente e as empresas precisam sair em busca de novas soluções para se colocarem em evidência, conquistando novos mercados e consumidores e, como resultado, sua permanência no mercado, por isso, a busca por mercados e lucratividade é questão prioritária e de absoluta necessidade.

É evidente que, embora se tente negar, como afirma Lara (2017, p. 58), há um profundo mal-estar entre os objetivos empresariais e as necessidades societárias mais globais, sobretudo quando se leva em conta comunidades e sujeitos localizados nas periferias do sistema e mais ainda quando os tempos são de crise.

A grande questão que se reflete é: como conciliar estas premissas que se apresentam antagônicas?

A resposta que parece evidente é encontrar um meio-termo em que as empresas continuem sua busca pelo lucro, mas que se reserve uma parcela dele, além de tempo e recursos em busca de atender a algumas questões éticas e sociais.

Segundo Passos (2004), a ética começa a ser apresentada como questão central para empresas de diversos portes, não somente as grandes, mas também as médias e as pequenas empresas há uma maior preocupação nesse sentido.

Entretanto, há um fator a ser tratado, os empresários, em sua grande maioria, não possuem elevada formação ética, e como foram formados para o alcance de obter lucros, eles demonstram insegurança e medo nesse campo ético, pois temem quanto aos prejuízos que as empresas e suas próprias carreiras possam ter em decorrência da prática excessiva de atitudes consideradas éticas ou ainda de forma contrária de atitudes consideradas antiéticas pelos mercados e pela sociedade.

Sabe-se que boa parte das organizações ainda não está estruturada para adotar políticas mais intensas voltadas para condutas consideradas éticas em favor da sociedade. No entanto Aguilar (1996, p. 15) adverte que:

O custo da conduta ética pode ir muito além de penalidades legais, notícias desfavoráveis na imprensa e prejuízos nas relações com os clientes e indo além, chegando a consequências mais graves na ruptura do espírito e da cultura organizacional.

Vemos que organizações de grande visibilidade investem elevados recursos nas mídias para divulgar sua identidade, sua imagem e sua reputação, no entanto, uma única notícia desfavorável pode comprometer toda sua estrutura até então duramente trabalhada ao longo dos anos. O tema é de tal relevância que as empresas devem não só inserir a questão ética no íntimo de sua estrutura organizacional, como adotá-la como quesito na elaboração do planejamento estratégico em todas as suas fases.

PERFIL ÉTICO QUE UMA EMPRESA PROCURA ALCANÇAR

Para nortear e estruturar o perfil ético de uma organização, é necessário que seja pensado de forma global, ou seja, que passe pelo planejamento estratégico, envolvendo a cúpula da administração da organização.

Nos tempos mais recentes, a ética empresarial, de forma geral, procura seguir uma orientação **humanística**, na qual coloca a vida humana como valor principal.

A respeito das organizações focarem o fator ser humano, isto é, tendo-o como primordial, Passos (2004, p. 73) afirma:

*É preciso partir da convicção de que os indivíduos são mais importantes do que as empresas e que elas existem para proporcionar-lhes melhores condições de vida. Diante disso, no que se refere às **pessoas** que compõem o quadro da organização, faz-se necessário entender que todos **merecem respeito**, independentemente do cargo ou da posição hierárquica que ocupem. Que elas **devem valer pelo que são** e não pelo que possam produzir e pelos benefícios que tragam à empresa.*

Passos (2004, p. 75) vai afirmar também que:

*A ciência e a tecnologia precisam ser colocadas, em todas as instâncias, a serviço da vida, da harmonia, do respeito, da integridade. O que significa dizer que o **ser humano precisa ser visto como um fim**, que não deve ser negligenciado, nem mesmo dentro da estrutura organizacional mais tecnicista e lucrativa possível. As empresas não podem ser colocadas acima dos indivíduos, ao contrário, elas devem existir **para eles** e **por eles**.*

Organizações que visam unicamente o lucro e a rentabilidade acima de outros fatores, como a ética, acabam tendo ações frustradas e angariando sérios prejuízos, principalmente na sua imagem e reputação perante à sociedade.

Temos visto vários exemplos recentes de incidentes ocorridos em grandes corporações. Isto, sem dúvida, deve trazer um aprendizado não só a elas que passaram por isso, mas também a todas as outras organizações para que não ocorra o mesmo.

Atitudes de falta de transparência, atos de corrupção ativa e passiva, roubos e furtos vão continuar ocorrendo, no entanto, é preciso ter um olhar e cuidados mais atentos no que diz respeito à postura da organização perante uma sociedade em transformação, que vem exigindo mais governança e transparência das organizações.

Nesse sentido existem bons exemplos de práticas de governança corporativa, transparência nos negócios e informações a toda a sociedade, até mesmo em situações em que a organização falhou. Um exemplo clássico são os *recalls* da indústria automobilística, em que se informa ao consumidor que houve erro, mas que deseja saná-lo, dessa forma, trata-se o cliente de forma respeitosa.

Essa mudança de postura gera um maior custo às empresas, mas mesmo em um mercado extremamente competitivo, elas estão percebendo que investir na ética pode trazer um retorno mais consistente em longo prazo. Mudar não é tarefa fácil, exige grande poder de esforço, convencimento, reorganização, maiores custos iniciais e muito empenho de todos, em especial dos gestores.

As empresas que estão implantando com mais ênfase um novo perfil ético estão adotando algumas das seguintes ações que detalhamos a seguir:

- Atualizar manuais de conduta ética dentro e fora da organização.
- Aperfeiçoar seus protocolos de conduta ética.
- Promover ações de maior transparência nos negócios e nas ações da empresa, exceto evidente na divulgação de dados sigilosos.
- Impor limites mais claros do que é permitido e o que não é permitido fazer no exercício da profissão dos colaboradores.
- Impor limites de gastos dos seus colaboradores em trabalhos externos, tais como: diárias de hotel, refeições ou até mesmo comemorações em virtude do fechamento de um contrato de negócios.
- Impor limite aos fornecedores que fazem premiações, ou qualquer tipo de recompensas, a qualquer colaborador da empresa, em especial o grupo de compradores.

CAPÍTULO 2: ÉTICA NAS ORGANIZAÇÕES **67**

- Em casos de informações dúbias, adotar regras de consulta ao superior hierárquico.
- Priorizar sempre pelo registro de informações por escrito.

Quando se apresenta uma visão humanista, promovendo a primazia do ser humano em detrimento de outros aspectos, não estamos fazendo apologia à caridade e nem tão pouco à filantropia, pois esses não são os objetivos de uma empresa, para isso existem organizações com esse fim específico. A prática do humanismo nas organizações deve ser vista como uma ação que visa defender a individualidade, os direitos básicos, estimulando a consciência crítica do ser humano, oferecendo-lhe atitudes dignas e respeitosas e, dessa forma, é mais provável que os indivíduos venham a fazer o mesmo pelas organizações.

EXERCÍCIOS

1. Defina os conceitos de ética e moral.
2. Cite três ações para manutenção e fortalecimento da cultura organizacional.
3. Descreva a diferença entre missão e visão de uma organização.
4. Defina os conceitos de Identidade, Imagem e Reputação de uma organização.
5. Cite três ações práticas que as empresas podem adotar a fim de reforçar sua conduta ética.

C A P Í T U L O   3

ESTRUTURA ORGANIZACIONAL

Conhecer e definir o conceito e os tipos de organizações existentes, bem como o entendimento e a atuação tanto da empresa como do empresário dentro dessa estrutura, é o que vamos analisar. Sabe-se que todas as empresas, independentemente do segmento, devem possuir e deixar suas estruturas preparadas como se fossem engrenagens funcionando de forma harmoniosa, a fim de obterem seus resultados na forma de lucros ou ainda em outros objetivos sociais.

CONCEITO DE ORGANIZAÇÃO, EMPRESA E EMPRESÁRIO

CONCEITO DE ORGANIZAÇÃO

As organizações representam a composição de organismos vivos que se interagem com a sociedade nas suas mais variadas formas, em que, nos modelos mais conhecidos, temos:

a. **Empresa:** organização econômica em que são reunidos e combinados fatores de produção, em que se desenvolve determinada atividade com objetivo de obter lucro.

b. **Organização Não governamental (ONG):** organização composta de entidades com finalidades sociais. Diferentemente das empresas, não possuem como objetivo o lucro, e sim objetivos sociais. Em geral são fundações, associações, sindicatos, igrejas e outros tipos de associações.

c. **Setor Público:** organizações compostas pelos governos nas suas três esferas (federal, estadual/distrital e municipal), possuem finalidade de utilidade pública, servindo a todos os cidadãos em suas necessidades individuais ou grupais.

d. **Cooperativas:** organização econômica, semelhantes às empresas, no entanto, se diferem destas por serem compostas de vários membros associados em forma de sociedade de cooperação mútua, em que alguns membros associados participam de forma direta na administração da cooperativa.

Portanto, organização é um termo amplo, que agrega todas as formas de união de pessoas e recursos com finalidades diversas, mas que necessitam, ao longo do exercício de suas atividades, de uma gestão administrativa.

CONCEITO DE EMPRESA

Empresa representa um tipo de organização. É uma organização econômica em que são reunidos e combinados fatores de produção, nos quais se desenvolve determinada atividade com objetivo de ter lucro.

Nesse sentido, podemos analisar que o conceito de empresa reúne alguns elementos (recursos), e que, por meio de execução de atividades e de tomadas de decisões, procuram atingir seus próprios objetivos.

Pode-se verificar, no quadro a seguir, o conceito de empresa e a combinação de seus fatores:

QUADRO 3.1: EMPRESA: UNIÃO DE RECURSOS, PROCESSOS E OBJETIVOS

ORGANIZAÇÃO =	RECURSOS	PROCESSOS (atividades)	OBJETIVOS
	• Humanos • Materiais • Financeiros • Técnicos • Organizacionais	• Execução de tarefas • Tomada de decisões	• Lucros • Produtividade • Sociais

Fonte: Elaborado pelos autores (2020).

As empresas destinam-se às mais diversas atividades de produção, comercialização de bens ou serviços, por meio da reunião de recursos. Portanto, é com esses recursos que a organização planeja atividades, execução de tarefas e o processo de tomadas de decisões, almejando atingir seus objetivos, que variam de acordo com as suas características, podendo ser: o lucro, o aumento de produtividade ou de serviços ou, ainda, objetivos sociais.

CONCEITO DE EMPRESÁRIO

Empresário é todo aquele que exerce, profissionalmente, uma atividade econômica voltada para a produção ou circulação de bens ou serviços (seja na indústria, no comércio ou na prestação de serviços), conforme o Código Civil, artigo 966.

Para a economia, o empresário é um agente de extrema importância na sociedade, pois, além de ajudar a dinamizar a economia local ou global, é também um agente social, visto que, com suas atividades empresariais, ele contrata as pessoas necessárias para o desenvolvimento do negócio, ajuda na função social de empregabilidade e, dessa forma, colabora não somente com o empregado, mas também com a sua família e com a sociedade.

O empresário também é um empreendedor, isto é, um desbravador que deseja empreender, enfrentando todo tipo de barreiras e dificuldades (burocracia, crise econômica, concorrência acirrada etc.), por meio do funcionamento e gerenciamento da empresa dentro do segmento que escolheu.

Por isso é dada grande importância à escolha correta da atividade a ser exercida. É fundamental, antes de tudo, fazer aquilo que o empresário ama e possui grande paixão. Não pensando somente no lucro, mas fazendo algo que o preencha e dê sentido à sua atividade profissional.

CONSTITUIÇÃO JURÍDICA DAS EMPRESAS

As empresas precisam ser planejadas em todos os seus aspectos, e um dos primeiros é a sua constituição jurídica, legal e fiscal, a qual atenda a todos os aspectos da legislação vigente, para que se possa ter um vínculo jurídico formal e legal com o governo e a sociedade. Por isso, é necessário distinguir quem é a empresa e quem é a figura do empresário, nas modalidades de Pessoa Física e Pessoa Jurídica.

1. **Pessoa Física:** é o indivíduo ou pessoa natural, dotada de vontade própria e capaz de direitos e obrigações. No caso da pessoa física, o vínculo com o governo se dá por meio do documento chamado Cadastro de Pessoas Físicas (CPF).

2. **Pessoa Jurídica:** é toda organização que deseja se formalizar na sociedade e perante o governo, ou seja, é uma entidade juridicamente constituída que pode ser: empresa, Organização Não governamental (ONG), entidades filantrópicas e de fins sociais, bancos, hospitais, escolas etc. Para que se possa ter um vínculo formal com o governo, este processo se dá por meio do documento chamado Cadastro Nacional de Pessoas Jurídicas (CNPJ).

Tanto as pessoas físicas como as pessoas jurídicas pagam tributos ao governo, visto que cada uma possui um número específico de CPF ou CNPJ.

O número do CPF, para as pessoas físicas, e do CNPJ, para as jurídicas, é emitido pela Receita Federal do Brasil, e esse registro é valido em todo o território nacional.

ENQUADRAMENTO JURÍDICO

O empresário que deseja iniciar seus negócios perante a lei pode optar basicamente por dois formatos, ser empresário individual ou formar uma sociedade empresária.

EMPRESA INDIVIDUAL

A empresa individual constitui-se por um único empresário que responde legalmente por cem por cento do capital da empresa e de suas responsabilidades, podendo ser nas seguintes opções:

a. **Microempreendedor Individual (MEI):** criado pela Lei Complementar n° 128, de 19 de dezembro de 2008, na qual a pessoa pode exercer a atividade de empresário por conta própria. Nessa situação, e como incentivo fiscal do governo, pagará um pequeno valor mensal baseado em torno de 5% do salário mínimo vigente, mas, para isso, precisa atender a algumas exigências, dentre elas:

- Faturar no máximo R$81.000,00 (oitenta e um mil) por ano.
- Poder admitir somente um único empregado.
- Empresário não pode ter participação em outras empresas.
- Não possuir débitos perante o fisco.
- Somente as atividades permitidas por lei.

Benefícios do MEI:

Esta nova modalidade é ideal para quem deseja iniciar uma carreira como empreendedor individual, e como forma de motivar esse empreendedor, a lei oferece algumas vantagens e benefícios, as quais são relacionadas a seguir:

- Cadastro no CNPJ e Alvará de funcionamento sem custo.
- Poder emitir Nota Fiscal.
- Acesso a crédito bancário.
- Direito a benefícios previdenciários (aposentadoria e demais auxílios).
- Dispensa da contabilidade e de profissional contábil.
- Isenção de vários tributos.
- Vender para o governo.
- Condições diferenciadas para licitações.
- Acesso a apoio técnico do Sebrae.

CAPÍTULO 3: ESTRUTURA ORGANIZACIONAL 73

DICA

Para quem vai iniciar atividade empresarial e não pretende investir com grandes recursos é uma opção interessante. Para conhecer melhor essa modalidade, como começar, quais áreas pode atuar e demais informações, você pode acessar o site do Sebrae e o do empreendedor:
www.sebrae.com.br / www.portaldoempreendedor.gov.br

b. **Simples Nacional — Empresário:** criado pela Lei Complementar nº 123, de 14 de dezembro de 2006, é a situação em que a empresa é constituída por uma única pessoa que responde de forma total e ilimitada pela empresa e suas obrigações, incluindo o patrimônio da empresa e o seu próprio patrimônio como pessoa física, em que o nome da empresa será o nome do titular. Nesse caso, o empresário pagará uma carga menor de tributos, mas terá que atender a algumas exigências ao fisco:

- Faturar no máximo R$360.000,00 (trezentos e sessenta mil reais) por ano e ser enquadrado como Microempresa (ME).
- Faturar no máximo R$4.800.000,00 (quatro milhões e oitocentos mil reais) por ano e ser enquadrado como Empresa de Pequeno Porte (EPP).
- Empresário não pode ter participação em outras empresas.
- Não possuir débitos perante o fisco.
- Somente para as atividades permitidas por lei.

DICA

Para conhecer melhor este modelo, você pode acessar o site:
www8.receita.fazenda.gov.br/SimplesNacional

c. **Empresa Individual de Responsabilidade Limitada (EIRELI):** modalidade mais recente, criada pela Lei nº 12.441, de 11 de julho de 2011, possibilita ao empresário instituir empresa com a proteção da responsabilidade limitada e separação total dos patrimônios da pessoa física e do patrimônio da pessoa jurídica. Nesse caso, a regra é que, justamente pela separação de patrimônios, o capital inicial da empresa, nesta modalidade, deve ser maior, é exigido um capital mínimo de 100 salários mínimos.

d. **Profissional Autônomo:** trata-se de atividade exercida por pessoa física que, individualmente, explora atividade de prestação de serviços. Nesta modalidade, o empresário, denominado de profissional autônomo, não possui espaço físico próprio, mas presta serviços no local do cliente. Como exemplo podemos citar: pedreiros, pintores, manicures e outros. O registro nesta modalidade deve ser solicitado na prefeitura do município onde o empresário reside.

SOCIEDADE EMPRESÁRIA

Nesta forma, o empresário pode optar por uma sociedade empresária, que é composta de união de dois ou mais sócios, os quais vão ter responsabilidade solidária e limitada pelo valor do capital que cada um colocou na empresa. Nessa modalidade, existem algumas variações, aqui relacionamos as mais conhecidas e praticadas:

a. **Sociedade por Quotas de Responsabilidade Limitada (Sociedade Ltda.):** pode ser exercida nas atividades industrial e/ou comercial, podendo ainda explorar cumulativamente a atividade de prestação de serviços. Nesta modalidade, o capital da empresa é dividido em quotas, em que cada sócio responde de forma limitada pela empresa e suas obrigações com a sua respectiva quantidade de quotas. A formalização da empresa nesta modalidade se dá por meio da elaboração de um documento denominado Contrato Social, o qual deve ser registrado na Junta Comercial do Estado.

b. **Sociedade Anônima (S.A.):** esta modalidade de sociedade é composta de dois ou mais sócios. O documento jurídico de formalização ocorre por meio do Estatuto Social, o qual deve ser elaborado e registrado em cartório, no qual constarão as principais regras. O valor do capital, neste caso, é dividido em ações e os donos das ações são denominados de acionistas. São regidas pela Lei nº 11638/07 e podem pertencer a duas categorias: sociedade anônima de capital fechado ou sociedade anônima de capital aberto, e, nesta última, a empresa coloca suas ações na Bolsa de Valores, e, assim ocorrendo, será regido também pela Comissão de Valores Mobiliários (CVM).

c. **Sociedade Cooperativa:** estão reguladas pela Lei nº 5.764, de 16 de dezembro de 1971, atualizada em 2002, pela Lei nº 10406/02, prevista no Código Civil, nos artigos 1093 a 1096, que definiram a Política Nacional de Cooperativismo e instituíram o regime jurídico das cooperativas.

Cooperativa é uma associação de pessoas com interesses comuns e economicamente organizadas de forma democrática, isto é, contando com a participação livre de todos e respeitando direitos e deveres de cada um de seus cooperados, aos quais presta serviços, sem fins lucrativos.

CAPÍTULO 3: ESTRUTURA ORGANIZACIONAL 75

Trata-se de uma forma societária, a que possui as seguintes características de acordo com o artigo 1094:

I - variabilidade, ou dispensa do capital social;

II - concurso de sócios em número mínimo necessário a compor a administração da sociedade, sem limitação de número máximo;

III - limitação do valor da soma de quotas do capital social que cada sócio poderá tomar;

IV - intransferibilidade das quotas do capital a terceiros estranhos à sociedade, ainda que por herança;

V - *quorum*, para a assembleia geral funcionar e deliberar, fundado no número de sócios presentes à reunião, e não no capital social representado;

VI - direito de cada sócio a um só voto nas deliberações, tenha ou não capital a sociedade, e qualquer que seja o valor de sua participação;

VII - distribuição dos resultados, proporcionalmente ao valor das operações efetuadas pelo sócio com a sociedade, podendo ser atribuído juro fixo ao capital realizado;

VIII - indivisibilidade do fundo de reserva entre os sócios, ainda que em caso de dissolução da sociedade.

E complementa no artigo 1095, sobre as responsabilidades dos sócios:

Art. 1.095. Na sociedade cooperativa, a responsabilidade dos sócios pode ser limitada ou ilimitada.

§ 1º É limitada a responsabilidade na cooperativa em que o sócio responde somente pelo valor de suas quotas e pelo prejuízo verificado nas operações sociais, guardada a proporção de sua participação nas mesmas operações.

§ 2º É ilimitada a responsabilidade na cooperativa em que o sócio responde solidária e ilimitadamente pelas obrigações sociais.

Fonte: GOVERNO FEDERAL. *Código Civil*. Lei nº 10.406, de 10 de janeiro de 2002. Disponível em : http://www.planalto.gov.br/ccivil_03/leis/2002/l10406.htm. Acesso em set. 2019.

Existem ainda outras modalidades societárias menos conhecidas, porém existentes e permitidas em lei, tais como, Sociedade Civil, Sociedade em nome coletivo e outras.

NOME COMERCIAL

Toda empresa, no ato de sua criação ao formalizar seu negócio, precisa indicar um nome comercial, que vai identificá-la no mercado e, principalmente, perante os órgãos públicos. O nome comercial é dividido em duas formas: Razão Social e Nome Fantasia.

RAZÃO SOCIAL

A Razão Social é a identificação do nome da empresa, independentemente se ela for empresa individual ou sociedade empresária, perante os órgãos públicos. É por meio da razão social, formalizada pelo número no CNPJ, que o governo consegue identificar e fiscalizar a empresa. Portanto, a Razão Social é o nome formal apenas para identificação perante o poder público, por meio de seus variados órgãos. A Razão Social será composta de um nome escolhido pelos empresários e terminam com a opção jurídica escolhida pela empresa.

Exemplos:

- Supermercado Compre Bem Ltda.
- Metalúrgica Aço Fino S.A.
- José João da Silva — ME

NOME FANTASIA

O Nome Fantasia, também conhecido como nome de fachada, é que vai identificar a empresa perante o público em geral. Ele é formado a partir de palavras, expressões, abreviaturas ou junções contidas na própria razão social. Neste caso, é de livre iniciativa e criatividade do empresário. Normalmente, o empresário associa o nome fantasia, a uma marca, símbolo ou mascote para melhor identificação pelo seu mercado consumidor.

Exemplos:

- Transportes Rápido.
- Brinquedo Divertido.
- Restaurante Coma Bem.

Pode-se observar que o nome fantasia remete a aspectos mais informais e faz uso da criatividade do empresário com o uso das técnicas do marketing.

O empresário que desejar proteger a sua marca, para que nenhum outro venha a copiá-la ou usá-la indevidamente, deve fazer o registro do Nome Fantasia, ou seja, da sua marca perante o órgão de registro de marcas e patentes, denominado Instituto Nacional da Propriedade Industrial (INPI), a marca, uma vez registrada, dá ao empresário o direito de uso exclusivo em todo o território nacional, dentro do seu ramo de atividade econômica.

CLASSIFICAÇÃO PELO PORTE

Para classificar uma empresa com relação ao seu porte (tamanho), podem ser usados alguns critérios, tais como:

- Valor total do seu faturamento.
- Valor do capital investido.
- Quantidade de funcionários ou número de filiais.

As formas mais usuais são pelo faturamento composto de receita bruta de vendas e pelo número de funcionários.

REGISTRO EMPRESARIAL

Para as empresas se formalizarem, é necessário cumprir algumas etapas que envolvem seu registro, por meio do preenchimento de documentos e pagamento de taxas, que deverão ser apresentados em diversos órgãos públicos, de acordo com as características da empresa, como porte, ramo do negócio, localidade, dentre outros.

DICA

A empresa só poderá funcionar de fato, "abrindo suas portas", após a aprovação por todos os órgãos públicos.

PRINCIPAIS ÓRGÃOS DE REGISTRO

Todas as empresas devem seguir um procedimento para o registro legal, que envolve documentos e pagamentos de taxas. Na sequência, apresentamos alguns dos principais órgãos públicos de registro empresarial, bem como alguns documentos pertinentes para registro e legalização das empresas. Lembrando que os órgãos estão divididos conforme sua área de atuação e que os documentos variam de acordo com as necessidades e exigências de cada órgão.

O processo de abertura de uma empresa no país ainda é considerado lento se comparado com outros países, pois é necessário cumprir uma série de formalidades legais e muitas vezes apresentar os mesmos documentos, pois não há uma ligação entre eles, o que acaba gerando excesso de documentos, taxas e prazos para liberação. Vejamos agora quais são os principais órgãos envolvidos neste processo:

1. **Órgãos de Nível Federal**

   - Receita Federal do Brasil (RFB)
   - Instituto Nacional de Seguridade Social (INSS)
   - Agência Nacional de Vigilância Sanitária (ANVISA)
   - Caixa Econômica Federal (CEF)

2. **Órgãos de Nível Estadual**

   - Secretarias de Estado da Fazenda
   - Juntas Comerciais de Estado
   - Agências Reguladoras de Estado
   - Corpo de Bombeiros

3. **Órgãos de Nível Municipal**

   - Prefeituras Municipais
   - Agências Reguladoras Municipais

Lembrando que esses citados são os principais órgãos de registro, mas que existem ainda outros que são necessários de acordo com o seguimento escolhido pela empresa, como exemplo, a Polícia Federal e o Exército, no caso de empresas que vão atuar no setor de segurança e outros.

PRINCIPAIS DOCUMENTOS

Independentemente do porte da empresa e do segmento que ela vai explorar, alguns documentos são comuns para apresentação aos órgãos públicos, são eles:

- Contrato Social, Estatuto Social ou Ficha de Empresário Individual.
- Documentos Pessoais dos Sócios (CPF e RG).
- Comprovante de endereço residencial dos sócios.
- Comprovante de inscrição no CNPJ.
- Inscrição Estadual e/ou Inscrição Municipal.
- Alvará de Localização e Funcionamento.
- Certidão de Uso e Ocupação do Solo.
- Planta do Imóvel.
- Contrato de Locação (se o imóvel onde a empresa vai atuar for alugado).
- Auto de Vistoria do Corpo de Bombeiros (AVCB).
- Inscrição na Previdência Social.
- Demais alvarás conforme segmento da empresa.

Dentre os documentos relacionados, apresentamos uma cópia do CNPJ e de um modelo de Contrato Social, contendo sua estrutura básica em cláusulas.

A elaboração do Contrato Social consiste em um documento jurídico que vai reger e definir as principais normas de funcionamento da empresa. O contrato social é composto de cláusulas obrigatórias, sem as quais não pode ser registrado na Junta Comercial do Estado e também de cláusulas facultativas, que são de livre redação e que expressam a vontade dos sócios para a empresa.

 FIGURA 3.1: FORMULÁRIO — CADASTRO DO CNPJ

REPÚBLICA FEDERATIVA DO BRASIL
CADASTRO NACIONAL DA PESSOA JURÍDICA

NÚMERO DE INSCRIÇÃO	COMPROVANTE DE INSCRIÇÃO E DE SITUAÇÃO CADASTRAL	DATA DE ABERTURA

NOME EMPRESARIAL

TÍTULO DO ESTABELECIMENTO (NOME DE FANTASIA)	PORTE

CÓDIGO E DESCRIÇÃO DA ATIVIDADE ECONÔMICA PRINCIPAL

CÓDIGO E DESCRIÇÃO DAS ATIVIDADES ECONÔMICAS SECUNDÁRIAS

CÓDIGO E DESCRIÇÃO DA NATUREZA JURÍDICA

LOGRADOURO	NÚMERO	COMPLEMENTO

CEP	BAIRRO/DISTRITO	MUNICÍPIO	UF

ENDEREÇO ELETRÔNICO	TELEFONE

ENTE FEDERATIVO RESPONSÁVEL (EFR)

SITUAÇÃO CADASTRAL	DATA DA SITUAÇÃO CADASTRAL

MOTIVO DE SITUAÇÃO CADASTRAL

SITUAÇÃO ESPECIAL	DATA DA SITUAÇÃO ESPECIAL

Aprovado pela Instrução Normativa RFB n° 1.863, de 27 de dezembro de 2018.
Emitido no dia 00/00/20XX às 00:00:00 (data e hora de Brasília). Página: 1/1
Fonte: http://normas.receita.fazenda.gov.br/sijut2consulta/link.action?idAto=73658

De acordo como o Novo Código Civil de 2002, o Contrato Social, deve conter os seguintes elementos e informações, que são as cláusulas obrigatórias:

1. Qualificação completa dos sócios (Pessoa Física).
2. Qualificação completa da empresa (Pessoa Jurídica).
3. Nome empresarial e o tipo jurídico da sociedade: sociedade limitada.

4. Objeto Social da empresa (qual será a atividade exercida e os produtos da nova empresa).

5. Valor do Capital Social e valor das quotas de cada sócio.

6. Responsabilidades dos sócios.

7. Prazo de duração da sociedade (se será determinado ou indeterminado).

8. Definir o administrador da empresa (podendo ser sócio ou não sócio).

9. Caso de cessão das cotas, falecimento ou interdição de sócio.

10. Data de encerramento do exercício social (normalmente de 01/jan à 31/dez).

11. Participação dos sócios nos lucros e perdas.

São exemplos de cláusulas facultativas:

1. Regras referentes à administração da sociedade.

2. Regras referentes às reuniões dos sócios.

3. Instituição de conselho fiscal.

4. Autorização para que pessoa não sócia exerça a função de administrador.

O Contrato Social finaliza indicando o Foro Judicial da Comarca onde se situa a empresa, local e data e assinatura dos sócios e visto de um advogado.

MODELO BÁSICO DE CONTRATO SOCIAL
SOCIEDADE POR QUOTAS, DE RESPONSABILIDADE LIMITADA
CONTRATO DE CONSTITUIÇÃO DE: _____

Fulano de Tal, (qualificação completa: nacionalidade, estado civil, data de nascimento (se solteiro), profissão, nº do CPF, identidade (carteira de identidade, certificado de reservista, carteira de identidade profissional ou carteira de estrangeiro, indicando o seu nº, órgão expedidor e estado emissor), residente e domiciliado na (endereço completo: tipo e nome do logradouro, nº, complemento, bairro, cidade, CEP e UF) e *Beltrano de Tal*, (qualificação completa: nacionalidade, estado civil, data de nascimento (se solteiro), profissão, nº do CPF, identidade (carteira de identidade, certificado de reservista, carteira de identidade profissional ou carteira de estrangeiro, indicando o seu nº, órgão expedidor e estado emissor), residente e domiciliado na (endereço completo: tipo e nome do logradouro, nº, complemento, bairro, cidade, CEP e UF), constituem uma sociedade por quotas, de responsabilidade limitada, mediante as seguintes cláusulas:

1a. A sociedade girará sob o nome empresarial _____ e terá sede na (endereço completo: tipo e nome do logradouro, nº, complemento, bairro, cidade, CEP e UF).

CAPÍTULO 3: ESTRUTURA ORGANIZACIONAL 81

2a. Seu objeto social será _____.

3a. O capital social é de R$ _____ (_____ reais), dividido em ___ quotas de R$ _____ (_____ reais), cada uma, subscritas e integralizadas, neste ato, em moeda corrente do País, pelos sócios:

Fulano de Tal .... nº de quotas ____ - R$ _____.

Beltrano de Tal .... nº de quotas ____ - R$ _____.

4a. As quotas são indivisíveis e não poderão ser cedidas ou transferidas a terceiros sem o consentimento do outro sócio, a quem fica assegurado, em igualdade de condições e preço, o direito de preferência para sua aquisição.

5a. A responsabilidade dos sócios é limitada à importância total do capital social.

6a. A sociedade iniciará suas atividades em _____ e seu prazo de duração é por tempo indeterminado.

7a. A administração da sociedade caberá a _____, vedado, no entanto, o uso do nome empresarial em negócios estranhos ao interesse social ou assumir obrigações seja em favor de qualquer dos quotistas ou de terceiros, facultada retirada mensal, cujo valor não ultrapasse o limite fixado pela legislação do imposto de renda.

8a. O balanço geral será levantado em 31 de dezembro de cada ano, cabendo aos sócios, na proporção de suas quotas, os lucros ou perdas apurados.

9a. Fica eleito o foro de _____ para qualquer ação fundada neste contrato.

10a. Falecendo ou sendo interditado qualquer dos sócios, a sociedade continuará com seus herdeiros ou sucessores. Não sendo possível ou inexistindo interesse, apurar-se-ão os haveres em balanço geral, que se levantará, conforme entendimento vigente.

11a. Os sócios-gerentes declaram, sob as penas da lei, que não incorrem nas proibições previstas em lei para o exercício da atividade mercantil.

E por estarem assim justos e contratados, assinam o presente instrumento em ___ vias, na presença de duas testemunhas.

_____ , _____ de _____ de 20XX.

_____   _____

Fulano de Tal   Beltrano de Tal

Testemunhas:

Assinatura: _____

Nome completo e identidade (espécie e nº, órgão emissor/UF)

Assinatura: _____

Nome completo e identidade (espécie e nº, órgão emissor/UF)

Visto: _____
Nome completo - Inscr. na OAB/Seccional

Fonte: http://www.facil.dnrc.gov.br/servicos/mod_cont-const.htm

Como podemos observar, o futuro empresário deve planejar bem estes procedimentos, tanto com recursos financeiros para pagamento de taxas de registro, bem como planejar um tempo necessário para que todos os órgãos aprovem a nova empresa.

Nesta etapa, aconselha-se, ao futuro empresário, a escolha de um bom profissional contábil, para que ele possa dar andamento no registro da empresa. E mais uma vez reforçar que a empresa só poderá de fato "abrir suas portas" após a aprovação por todos os órgãos públicos.

DICA

Todos os órgãos públicos possuem site de acesso para informações e instruções para preenchimento de documentos e as exigências a serem cumpridas, bem como os valores de taxas de registro e prazos para abertura, alterações ou encerramento de empresas.

ATIVIDADE ECONÔMICA

São consideradas atividades econômicas os vários tipos de empresas em seus mais variados segmentos, em que, por meio da reunião dos recursos e processos, visam à elaboração (industrialização) ou comercialização de bens, produtos e serviços destinados à sociedade.

A empresa possui a função não só de atender aos anseios e às necessidades da população, oferecendo seus produtos, mas também, por outro lado, oferecendo oportunidade de emprego às pessoas. Trata-se de uma relação de troca, que visa dinamizar a economia.

SETORES DAS ATIVIDADES ECONÔMICAS

As principais atividades econômicas dividem-se em três setores:

1. **Setor Primário:** compreende as atividades para obtenção de alimentos e insumos naturais (matérias-primas), é o setor do agronegócio, composto de culturas alimentícias (feijão, milho, soja, algodão etc.) e que inclui as atividades de extração mineral (ferro, cobre, zinco, alumínio etc.).

2. **Setor Secundário:** compreende as empresas do setor industrial, que usam os insumos (matérias-primas) naturais para a fabricação, por meio do processo de industrialização de novos produtos (vestuário, calçados, veículos etc.).

3. **Setor Terciário:** compreende o setor de prestação de serviços nas suas mais variadas formas, ou seja, o fornecimento de serviços à sociedade (informática, turismo, lazer, entretenimento etc.).

De acordo com a atividade econômica que a empresa atua, para que os agentes públicos possam reconhecer e diferenciar suas atividades em todo o país, o governo criou um código a ser usado por cada empresa, o qual é denominado **Classificação Nacional de Atividade Econômica (CNAE)**.

O CNAE é um instrumento de padronização nacional dos códigos de atividade econômica e dos critérios de enquadramento utilizados pelos diversos órgãos da administração pública do país. Ele se aplica a todos os agentes econômicos que estão engajados na produção e comercialização de bens e serviços, podendo compreender estabelecimentos de empresas privadas ou públicas, instituições agrícolas, organismos públicos e privados, instituições sem fins lucrativos e agentes autônomos (pessoa física).

NATUREZA DAS EMPRESAS

As empresas se classificam de acordo com o seu porte, atividade que pretendem exercer, número de funcionários e outros critérios. Quanto à sua natureza, elas são classificadas em três categorias: industrial, comercial e prestação de serviços.

a. **Empresa industrial:** são as que se dedicam exclusivamente à fabricação, elaboração e/ou montagem de produtos, se utilizando de insumos adquiridos por outros fabricantes. Nesse caso, praticam a venda desses produtos de forma geral para as empresas comerciais e atacadistas. As indústrias, por sua vez, são divididas por seguimentos; exemplo: indústria de vestuário, calçados, móveis etc.

b. **Empresa comercial:** são as que se dedicam exclusivamente à atividade de comercialização e distribuição de produtos já fabricados pela indústria, ou seja, vão praticar a atividade de revenda desses produtos, o que pode ocorrer de duas formas: atacado (por meio dos distribuidores) ou no varejo (direto ao consumidor final). Como as indústrias, elas são divididas por seguimentos: comércio atacadista ou varejista de alimentos, vestuário, calçados etc.

c. **Empresa prestadora de serviços:** são as que se dedicam exclusivamente à venda de serviços diretamente ao consumidor final. Normalmente, possuem estruturas menores que a indústria e o comércio, pois não necessitam ter grandes estoques e dependem mais da atuação das pessoas na realização dos serviços. Exemplos: cursos de informática, clínicas médicas, assessoria contábil, manutenção e consertos diversos etc.

Também é possível que uma única empresa exerça atividades combinadas de indústria, comércio e prestação de serviços ao mesmo tempo. Por exemplo, uma empresa que, ao mesmo tempo, produz um determinado produto, possui uma loja de fábrica para fazer a revenda direta ao consumidor, e ainda tem uma unidade de prestação de serviços de consertos desse mesmo produto.

DICA

Para conhecer a tabela CNAE e o enquadramento por tipo de empresa, você pode acessar os sites da Receita Federal e do IBGE. Veja mais nos sites: www.receita.fazenda.gov.br ou www.cnae.ibge.gov.br

MODELOS ESTRUTURAIS NAS ORGANIZAÇÕES

Para que as organizações possam exercer suas atividades em busca de suas metas e objetivos, precisam se organizar e se estruturar para tal fim. Para isso, é necessário dividirem tarefas, atribuições e responsabilidades, pois não é possível que a estrutura fique a cargo de um pequeno grupo de pessoas. Em sua teoria, Fayol (1990, p. 18) faz uma distribuição das principais atividades de uma empresa. Por isso, agora vamos analisar melhor como se constrói e se fundamenta um modelo estrutural de uma organização.

Sobre o conceito de estrutura organizacional, afirma Picchiai (2010, p. 132):

Estrutura de uma organização é a soma total das tarefas distintas em que o trabalho é dividido e a maneira como é feita a coordenação entre essas partes. Os

elementos de uma estrutura devem ser selecionados para alcançar uma harmonia interna que envolve: as dimensões da organização; sua idade; tipo do ambiente no qual opera; o sistema técnico que utiliza, entre outros elementos.

As estruturas organizacionais descrevem como os trabalhos são divididos em tarefas distintas e depois como coordená-los de forma a atingir a um objetivo comum.

1. **Cúpula estratégica:** grupo responsável por manter as relações de fronteira com o ambiente externo da organização. Os modelos de governança da cúpula estratégica são formados por conselhos deliberativos como: assembleias, conselhos, comitês e outros, ou ainda podem ser formados por órgãos consultivos, como fóruns ou grupos, porém, sem o poder de decisão.

2. **Linha intermediária:** grupo que coordena as atividades dos demais grupos de forma a sincronizar e integrar as atividades tanto verticalmente quanto horizontalmente.

3. **Núcleo operacional:** grupo responsável por executar a estratégia traçada na cúpula. Por meio da identificação dos processos, o núcleo operacional deverá organizar os procedimentos para a realização das estratégias e informar as principais áreas da organização.

4. **Tecnoestrutura:** segmento que é responsável pela especificação técnica e planejamento corporativo da companhia.

5. **Assessoria e apoio:** é o suporte administrativo necessário para que a organização funcione. As estruturas de recursos humanos, logísticos, financeiros etc. são exemplos dentro do grupo de assessoria e apoio.

ÁREA, DEPARTAMENTO E SETOR

As empresas são criadas para exercerem uma atividade principal, como:

- Fabricação de móveis.
- Comércio de roupas e calçados.
- Prestação de serviços de entretenimento e lazer.

Para obterem êxito e sucesso em sua empreitada, devem planejar, organizar e estruturar-se internamente, a fim de executar e articular suas diversas atividades. Para tanto, devem levar em conta alguns aspectos importantes antes de montar sua estrutura, são eles:

- Finalidade comercial (produtos que pretende fabricar/comercializar/prestar serviços).

- Definir o tamanho da estrutura física (prédio, loja, galpão etc.).
- Localização geográfica.
- Mercado consumidor que pretende atender.
- Localização dos fornecedores.
- Sistemas e recursos tecnológicos (maquinários, equipamentos e sistemas de gestão).
- Pessoal especializado (operadores, assistentes, chefes, gerentes e diretores).

Uma vez definida sua atividade principal e delineada sua estrutura principal, a empresa pode dividir sua estrutura geral em três partes, a saber: área, departamento e setor (ou seção).

a. **Área:** compõe o primeiro nível da empresa, normalmente composta de presidência e diretoria. Compreende uma abrangência maior envolvendo o controle de departamentos, setores e seções.

EXEMPLO: área comercial, que abrange os departamentos de compras, vendas, marketing, pós-vendas etc. Nesse primeiro nível de organização é que são tomadas as decisões gerais que serão repassadas aos demais níveis da empresa.

b. **Departamento:** compõe o segundo nível da empresa, normalmente composto de gerentes, que abrange setores e seções a eles subordinados. Nesse nível, são tomadas as decisões e ações intermediárias, sempre levando em conta as decisões gerais formuladas no primeiro nível.

EXEMPLO: departamento de Recursos Humanos, que envolve outros setores e seções como: Recrutamento e Seleção e Setor de Pessoal.

c. **Setor/Seção:** compõe o terceiro e último nível da empresa, normalmente composto de chefes, supervisores e os operadores, visto que os setores e seções vão compor o departamento. Nesse nível, são tomadas as decisões locais, relacionadas à operacionalização dos trabalhos.

EXEMPLO: setor de Corte e Colagem que é ligado ao Departamento de Produção. Nesse caso, pode-se ainda criar o setor de corte, e dentro deste, a seção de corte do produto X, e seção de corte do produto Y. Também pode ser criada uma outra seção de acabamento, dependendo da necessidade da empresa.

HIERARQUIA

O conceito de hierarquia está totalmente ligado à questão do comando e das relações de autoridade, poder e controle. A administração copiou este modelo do exército, na qual essa relação é bem clara. Existe uma escala na hierarquia de comando, do menor até o mais elevado grau. Max Weber, idealizador da Teoria

CAPÍTULO 3: ESTRUTURA ORGANIZACIONAL **87**

da Burocracia, em seus estudos, analisou a relação do poder e da autoridade nas organizações. Weber (1982, p. 231) ressalta que **a autoridade e o poder são dados ao cargo** que a pessoa ocupa e seu poder deriva dele. Sobre o controle, a empresa estabelece padrões para as diversas tarefas operacionais por meio de estabelecimento de normas, regulamentos e comunicações formais.

Nesse sentido, o controle passa a exercer uma operação enfática e fundamental, de modo a tentar eliminar ao máximo a existência de incerteza, para que a organização possa operar sem interrupções. Os sistemas de controle também possuem a tarefa de conter conflitos existentes entre os funcionários, nesse ambiente, não existe espaço para que as pessoas conversem sobre seus problemas. Ao contrário, normalmente a atmosfera é fechada e fortemente controlada, priorizando o desenrolar do trabalho. Essa obsessão pelo controle justifica a existência de uma assessoria na manutenção das regras de poder.

Além da estrutura de assessoria, existem três principais níveis na organização que constituem a formação, manutenção e estrutura do poder e da autoridade:

a. **Nível Superior:** cabem aos principais gestores da organização, nos cargos de presidente e diretores, que irão compor a cúpula administrativa, a estruturação e manutenção do poder e autoridade. São esses que vão elaborar, manter e controlar todas as regras gerais da organização. O poder descende desse grupo e é passado aos níveis inferiores aos quais devem acatar e cumprir as ordens recebidas.

b. **Nível Intermediário:** a linha intermediária é altamente desenvolvida e diferenciada por unidades funcionais (departamentos). Uma das principais funções dos gerentes da linha intermediária é tratar dos problemas entre os trabalhadores, uma vez que a padronização inibe a comunicação entre as unidades altamente especializadas.

Como a maioria desses conflitos surge entre trabalhadores que atuam um ao lado do outro (em uma linha de montagem, por exemplo), a tendência é colocar trabalhadores sob uma mesma supervisão. Outra importante tarefa da linha intermediária é a atuação desses gerentes no papel de interligação com os analistas e órgãos de assessoria, responsáveis pela padronização. Uma terceira tarefa é dar suporte ao fluxo vertical na estrutura: levando informações hierarquia acima e descendo com planos de ação hierarquia abaixo.

c. **Nível Operacional:** as tarefas executadas pelo nível operacional, normalmente, são repetitivas e simples, com um mínimo de treinamento exigido, e são fortemente especializadas tanto vertical quanto horizontalmente. Existe uma coordenação na padronização do processo de trabalho, tornando a formalização do comportamento um parâmetro chave para o planejamento. A padronização dos processos diminui a autonomia de autoridade e de poder no nível operacional e reduz o poder dos chefes e supervisores de primeira linha.

DICA

Veja que existe uma diferença entre cargo e função.

Cargo: posição que uma pessoa ocupa dentro da organização.

Função: são as tarefas e as responsabilidades ligadas ao cargo.

ORGANOGRAMA

As organizações são estruturadas de acordo com as funções exercidas pelos seus respectivos órgãos e instâncias, bem como do relacionamento hierárquico e funcional entre eles. É importante ressaltar que não existe um modelo ideal de estrutura organizacional, o importante é que ela funcione de maneira eficaz, atingindo seus objetivos e metas. De fato, o modelo organizacional mais recomendável para cada empresa vai depender da sua realidade e características que lhe são próprias.

A formalização desse modelo denomina-se organograma, ou seja, é a representação gráfica, de forma ordenada, organizada e hierarquizada da estrutura da empresa.

No organograma estão representados os diversos elementos do grupo funcional, ou seja, todos os órgãos e os seus respectivos cargos, que compõem a estrutura da empresa e suas relações hierárquicas. Os órgãos são considerados unidades administrativas, com espaço físico determinado para seu funcionamento adequado dentro das estratégias estabelecidas, possuem funções bem claras e definidas e um líder com cargo nomeado.

Esse líder pode ser um diretor, gerente, chefe, supervisor, dependendo da extensão do seu órgão dentro da estrutura empresarial. Como exemplo de órgãos, podemos ter: Departamento de Compras, Departamento Financeiro, Setor de Produção, Recepção etc.

O organograma é uma ferramenta útil, de rápida e fácil visualização para definir os cargos representativos das diversas áreas de atuação. Como exemplos de cargos, demonstramos os mais comuns na área e departamento comercial:

- Diretor Comercial.
- Gerente Comercial.

- Supervisor de Vendas.
- Vendedor.
- Assistente Administrativo de Vendas.

Perceba que cada empresa pode criar sua própria estrutura e tipo de organograma, levando-se em conta seu porte, suas características próprias, seus cargos, seus produtos e/ou serviços. Por isso é normal vermos diferentes modelos de organogramas entre as empresas, às vezes até do mesmo segmento.

Na sequência são apresentados três modelos mais comuns existentes nas organizações:

ESTRUTURA LINEAR

FIGURA 3.2: ORGANOGRAMA COM ESTRUTURA LINEAR

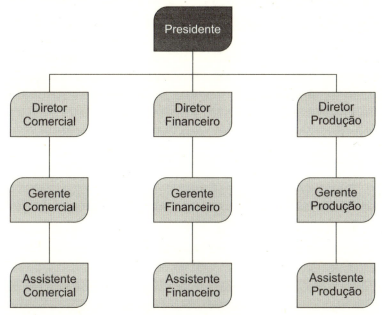

Fonte: Elaborado pelos autores (2020).

Esse tipo de estrutura linear é muito comum em empresas de menor porte, em que não há muita diversificação do trabalho, pouca especialização, e atividades que demandam pouca complexidade. Percebe-se que, nesse modelo, os órgãos são subordinados a uma única linha de comando, gerando uma centralização do poder e das principais decisões.

ESTRUTURA FUNCIONAL

FIGURA 3.3: ORGANOGRAMA COM ESTRUTURA FUNCIONAL

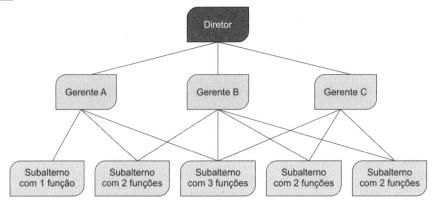

Fonte: Elaborado pelos autores (2020).

É aquela em que se encontra uma chefia para cada função, de modo que os subordinados exerçam mais de uma função, ficando sob o comando de mais de um superior. A organização se divide segundo diferentes funções como: produção, finanças, recursos humanos, marketing etc., e todos os níveis de execução se subordinam aos seus correspondentes níveis de comando funcional.

ESTRUTURA DEPARTAMENTAL POR PROJETOS

FIGURA 3.4: ORGANOGRAMA COM ESTRUTURA POR PROJETO

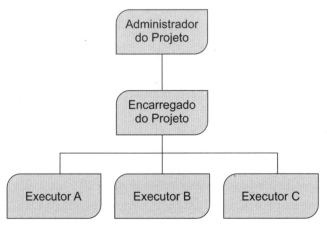

Fonte: Elaborado pelos autores (2020).

Nesse tipo de organograma, as pessoas recebem tarefas temporárias, uma vez que o projeto possui data de início e término. Finalizado o projeto, as pessoas retornam às suas atividades normais.

Existem ainda outros modelos de organograma que podem ser usados conforme as necessidades da empresa, segundo suas características próprias, levando em consideração alguns fatores como seu porte, quantidade de cargos, tipos e diversidades de produtos e serviços etc.

EXERCÍCIOS

1. Relacione quais são os recursos necessários para uma empresa fazer suas operações e atingir seus objetivos.

2. Sobre o enquadramento jurídico das empresas, na modalidade de sociedades empresárias, explique a diferença entre Sociedade Ltda. e Sociedade S.A.

3. Sobre o nome comercial das empresas, explique a diferença entre os conceitos de razão social e nome fantasia.

4. Descreva os conceitos de área, departamento e setor.

5. Sobre os tipos de organograma, mencione qual é o tipo de estrutura em que se encontra uma chefia para cada função, na qual os subordinados exercem mais de uma função, ficando sob o comando de mais de um superior.

CAPÍTULO 4

SISTEMAS E FERRAMENTAS NA ADMINISTRAÇÃO

As ORGANIZAÇÕES PRECISAM ESTAR BEM PREPARADAS E ESTRUTURADAS PARA ATENDER DE forma satisfatória os mercados que estão cada vez mais exigentes. Portanto, se faz necessário oferecer produtos e serviços de melhor qualidade, com agilidade e custos menores. Para que possam preparar-se bem, devem fazer uso de diversos instrumentos e ferramentas adequados para obtenção e alcance dos seus objetivos. A seguir, vamos conhecer alguns desses instrumentos e formas de organização dos trabalhos a serem desenvolvidos.

CRONOGRAMA

Toda organização é composta de pessoas, processos e produtos para que haja um correto funcionamento de sua estrutura, por isso são necessários processos e etapas que corroboram para atingir suas finalidades. Podemos descrevê-los em três partes:

- a. **Estrutura:** composta e desenhada na forma de organograma.
- b. **Processos:** refere-se à descrição das atividades a serem desenvolvidas por cada área, departamento, setor ou seção.
- c. **Resultados:** registro dos objetivos, ou seja, aonde a empresa quer chegar. Esses objetivos, na forma de resultados esperados, são definidos no planejamento estratégico.

Uma vez definida a estrutura básica de ação no plano estratégico, incluindo seus processos, as empresas devem agir em busca de seus resultados. Por isso, vamos conhecer agora mais uma ferramenta de grande utilidade para as organizações.

93

A palavra cronograma tem origem no grego *khrónos*, que significa tempo, *grámа* significa escrita, texto. Portanto, cronograma é a composição do tempo x escrita.

 FIGURA 4.1: RELÓGIO — CRONOGRAMA

Fonte: Disponível em: pixabay

Para as ciências administrativas, cronograma está relacionado ao desenvolvimento das atividades com relação ao tempo necessário para executá-las. Trata-se, portanto, de uma importante ferramenta gerencial.

A montagem do cronograma permite ao administrador não só planejar as atividades a serem desenvolvidas em determinado período de tempo, mas também fazer a gestão do controle do tempo demandado para cada atividade, a fim de verificar e controlar se está sendo executada no tempo adequado, conforme demonstrado no cronograma.

Por meio de um cronograma detalhado é possível acompanhar, por exemplo, cada etapa de execução de um projeto e, dessa forma, verificar se os trabalhos estão adiantados ou atrasados. A partir desta visualização, caso o projeto esteja atrasado, é possível tomar ações preventivas no sentido de fazer ajustes e correções necessárias durante a vigência do projeto, evitando-se, assim, transtornos, como multas por atraso na entrega do projeto, perdas ou extravios de recursos matérias dentre outros inconvenientes.

MODELOS DE CRONOGRAMA

Basicamente, o cronograma é representado graficamente por dois eixos, em que o eixo vertical demonstra as atividades e o eixo horizontal o tempo. Existem vários formatos de cronograma que podem variar de acordo com a natureza do trabalho, das etapas e complexidades envolvidas. Vejamos a seguir dois exemplos:

No primeiro exemplo, temos a representação de um projeto que deve ser desenvolvido em seis etapas distintas e deve iniciar e finalizar no período de nove meses.

FIGURA 4.2: MODELO DE CRONOGRAMA

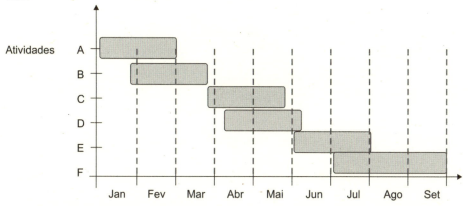

Fonte: Elaborado pelos autores (2020).

Podemos notar que uma determinada atividade pode ser iniciada mesmo antes de se ter finalizada a etapa anterior, mas isso só será possível se todos os recursos estiverem planejados e organizados para tal fim.

EXERCÍCIO PRÁTICO 1: ELABORAÇÃO DE UM CRONOGRAMA DE TCC

Vamos, agora, preparar um cronograma de execução de um projeto de pesquisa acadêmica, um Trabalho de Conclusão de Curso (TCC).

1º Passo: descrever as principais atividades que consistem nas etapas do TCC.

Atividades:

1. Levantamento de textos (literatura) - Atividade: A
2. Elaboração do roteiro do projeto de pesquisa - Atividade: B
3. Pesquisa de campo – coleta de dados - Atividade: C
4. Análise e tabulação dos dados - Atividade: D
5. Elaboração do relatório final - Atividade: E
6. Revisão textual - Atividade: F
7. Entrega e apresentação do TCC - Atividade: G

2º Passo: determinar o prazo de início e término do TCC que culmina com a data de entrega e apresentação do projeto.

Tempo a ser desenvolvido: seis meses.

3º Passo: Elaboração do cronograma

Agora que já conhecemos as etapas a serem cumpridas e o tempo necessário, vamos elaborar o cronograma, conforme demonstrado a seguir.

SOLUÇÃO:

FIGURA 4.3: CRONOGRAMA TCC

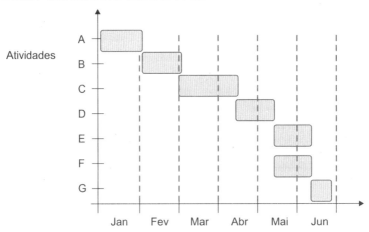

Fonte: Elaborado pelos autores (2020).

O cronograma pode livremente ser adaptado para qualquer tipo de situação e de trabalho e pode ser usado em projetos específicos, por exemplo:

 a. Realização de um trabalho em determinado cliente.
 b. Inauguração de uma filial.
 c. Mudança na empresa.
 d. Elaboração e apresentação de relatórios gerenciais.

Um fator importante é que o cronograma deve ser sempre acompanhado, atualizado e divulgado para todos os interessados, inclusive para as pessoas encarregadas da parte operacional.

FLUXOGRAMA

O fluxograma é outra importante ferramenta administrativa, a qual consiste na representação gráfica da sequência de atividades dentro da organização. O fluxograma demonstra de forma clara e precisa todo o fluxo das atividades (entrada — processamento — saída). De forma detalhada, é possível visualizar o que é realizado em cada etapa do processo, que necessariamente envolve três aspectos nas mais diversas atividades:

   a. Materiais, serviços e documentos.
   b. As pessoas envolvidas no processo.
   c. As decisões a serem tomadas.

Para a construção, visualização e análise das atividades desenvolvidas, o fluxograma é elaborado em representação gráfica, com uso de símbolos e seus respectivos significados.

SÍMBOLOS DO FLUXOGRAMA

Vamos conhecer agora os principais símbolos que compõem o fluxograma.

SÍMBOLOS DE UM FLUXOGRAMA

1. **Quadrado:** indica uma etapa do processo e quem a executa. Devem ser registrados no interior do retângulo.

2. **Losango:** indica a tomada de decisão a ser feita dentro do processo. Deve ser registrada no interior da imagem a questão (pergunta) criada.

3. **Setas:** indicam o sentido e a sequência das etapas do processo.

4. **Limites:** indicam o início ou fim do processo.

DICA
Os símbolos do fluxograma estão disponíveis nos programas editores de texto para elaboração do fluxograma.

OBJETIVOS E VANTAGENS

O fluxograma tem como objetivo principal padronizar a representação dos métodos e procedimentos administrativos em determinado departamento, setor ou seção. Essa padronização é muito útil, pois acaba trazendo algumas vantagens, tais como:

   a. Facilidade de leitura e compreensão das atividades.
   b. Maior visualização e rapidez na descrição das atividades a serem desenvolvidas.
   c. Facilitação da comunicação entre as pessoas envolvidas no processo.
   d. Facilitação da análise e do entendimento do processo e até identificar oportunidades de melhoria.

Como podemos perceber, o uso desta ferramenta é um excelente modo de controle de todas as atividades de determinado processo dentro da organização. Pode ser elaborada para todos os departamentos e setores da organização, e dela podem ser extraídos inúmeras vantagens no sentido de aperfeiçoar processo, o que gera economia de recursos vitais da empresa, traz maior clareza nas informações e maior agilidade nos processos.

PRINCIPAIS MODELOS

Existem fluxogramas com diversos formatos e simbologias diferenciadas. Portanto, o fluxograma pode ser classificado de acordo com suas formas de apresentação. A seguir veremos algumas formas mais comuns usadas pelas empresas.

   a. **Fluxograma ou diagrama de bloco:** também conhecido como fluxograma linear, é uma espécie mais simples, composto apenas de blocos e não envolve tomada de decisões. Muito utilizado em instruções de trabalhos simples.

CAPÍTULO 4: SISTEMAS E FERRAMENTAS NA ADMINISTRAÇÃO 99

FIGURA 4.4: FLUXOGRAMA DE BLOCO

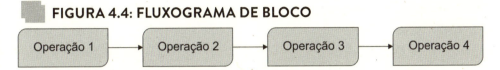

Fonte: Elaborado pelos autores (2020).

b. **Fluxograma de processos simples:** consiste em um diagrama de blocos acrescido da etapa de decisão. Útil para indicar uma sequência de operação simples que dependa apenas de uma condição de resposta para executar um tipo de tarefa.

FIGURA 4.5: FLUXOGRAMA DE PROCESSO SIMPLES

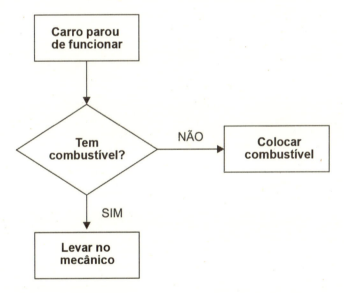

Fonte: Elaborado pelos autores (2020).

c. **Fluxograma funcional:** mostra a sequência das atividades de um processo entre os setores, seções ou departamentos por onde ele flui. É útil para demonstrar processos que não se completam em um único setor.

Como exemplo, temos a atividade de encomenda de uma pizza que ocorre em três fases:

1. Pagamento (financeiro)
2. Preparação (produção)
3. Entrega da pizza (expedição)

FIGURA 4.6: FLUXOGRAMA FUNCIONAL

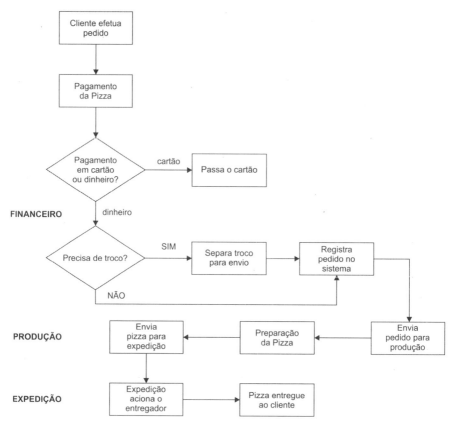

Fonte: Elaborado pelos autores (2020).

SISTEMA DE ARQUIVOS

Outra importante ferramenta, que tem como finalidade o controle em uma organização, é a composição, disponibilização e organização do sistema de arquivos e seus documentos.

Arquivo é um conjunto de documentos de propriedade da própria organização, que fica arquivado (guardado) para fins de consulta, prova e pesquisa. Ao longo de sua existência, a empresa vai gerar vários documentos, os quais deverão ser conservados como comprovação dos seus atos.

Por tratar-se de diversos documentos com finalidades diversas, deverão ser adotados alguns critérios, tais como: instalação, segurança, acesso etc., para que, uma vez organizados, os arquivos e seus respectivos documentos possam

CAPÍTULO 4: SISTEMAS E FERRAMENTAS NA ADMINISTRAÇÃO **101**

ser acessados e consultados com rapidez, eficiência, segurança, sendo usados para fins públicos, privados, jurídicos, dentre outros.

Existem diversos critérios para organização, composição e classificação de todos os documentos, bem como os cuidados que se deve ter para a forma correta de guardar e mantê-los em bom estado físico ao longo do tempo.

Os arquivos das organizações são de caráter interno e particular, uma vez que todos os documentos são gerados por ela e a ela pertence. Por isso, os documentos são acessados somente por pessoas internas, ou a quem a empresa conceder permissão de acesso. Como exemplo, podemos mencionar um laboratório farmacêutico, que pode abrir seus arquivos para outros pesquisadores, a fim de conhecer a história da organização e dos seus produtos, no entanto, não vai disponibilizar as fórmulas dos seus medicamentos.

Vamos agora conhecer alguns tipos de arquivos e suas vantagens; entendendo desde já que cada organização compõe o sistema de arquivos conforme suas necessidades e interesses.

TIPOS DE ARQUIVOS

Os arquivos, segundo suas características, classificam-se em:

a. Arquivo Vertical

b. Arquivo Horizontal

c. Arquivo Rotativo

d. Arquivo Externo

e. Arquivo Eletrônico

A seguir, vamos analisar os principais tipos de arquivos e conhecer suas características, bem como suas vantagens e estratégias de acordo com as necessidades da organização. É importante ressaltar que não existe um modelo único ou ideal, uma mesma organização pode possuir mais de um tipo de sistema de arquivo, de acordo com suas conveniências.

ARQUIVO VERTICAL

O arquivo vertical é a estrutura mais comum, usada por grande parte das empresas, desde as pequenas até as de maior porte. De forma geral são de estrutura metálica, com sistema de gavetas para colocação dos documentos em pastas para fácil localização e consulta, sem precisar mexer com outros documentos. Sua vantagem consiste em se obter qualquer documento de fácil acesso e quando organizado, possibilita uma rápida localização do documento desejado.

Este tipo de arquivo é conhecido também como arquivo temporário, como veremos mais adiante.

ARQUIVO HORIZONTAL

Este tipo de arquivo, ao contrário do arquivo vertical, os documentos são colocados de forma horizontal, uns sobre os outros. Normalmente são arquivados em pastas ou caixas e ficam depositados em estantes ou escaninhos. Estrategicamente este tipo de arquivo é mais usado para documentos de grande porte, como desenhos, mostruário de alguns tipos de produtos (como tecidos) e também pode ser usado para arquivo de mapas e plantas de engenharia (elétrica, hidráulica e outras), que não necessitem de consulta constante.

ARQUIVO ROTATIVO

O sistema de arquivo rotativo é aquele em que os documentos se encontram apoiados e presos a um eixo vertical rotativo, que permite o acesso dos seus usuários aos documentos que desejam consultar, bastando apenas fazer um pequeno giro para acessar o documento pretendido. Um exemplo típico deste sistema é muito visto em algumas lojas que oferecem livros ou revistas dispostos nesse formato, em que o consumidor vai girando até acessar o livro ou revista desejada. Estrategicamente este é um tipo menos usual, por ter um maior custo, além de ocupar maiores espaços.

ARQUIVO EXTERNO

Neste tipo de classificação de arquivos, a empresa, por questões estratégicas, contrata outra empresa para gerenciar seus arquivos ou parte deles. Este serviço também é conhecido como guarda ou custódia de documentos. Esta modalidade oferece algumas vantagens, dentre elas:

a. Maior disponibilização de espaço físico na empresa contratante.

b. Eliminação do gerenciamento e da manutenção dos arquivos.

c. Garantia de manutenção da organização do arquivo.

As principais desvantagens são:

a. Custos na contratação de uma empresa terceirizada.

b. Tempo maior para acessar o documento, uma vez que ele não se encontra nas dependências da empresa.

c. Encontrar uma empresa de confiança e qualidade na guarda de seus documentos.

Esta modalidade de arquivo não é adequada para todas as empresas, é preciso antes planejar e analisar algumas questões, tais como: tamanho do acervo, análise de custos, quais documentos poderão ou não ser enviados aos cuidados de outra empresa.

ARQUIVO ELETRÔNICO

Forma muito usada atualmente pelas empresas, este sistema ocorre por meio de processos de arquivamento de documentos por meios digitais. Praticamente todos os documentos não precisam mais ser arquivados em papel, mas por meios digitais.

Alguns desses meios digitais mais usados são, por exemplo, pelo processo de cópias de segurança (*backup*), que podem ser realizados dentro ou fora da empresa; também pelo processo de digitalização de documentos, e ainda por outros meios.

Esta modalidade traz uma grande vantagem sobre o arquivo físico em papel, porque possibilita a empresa reduzir drasticamente sua estrutura física de arquivos, contando com a vantagem de ter fácil acesso ao documento desejado e, se for necessário, pode ainda realizar sua impressão.

Como exemplo de documentos digitais, há as notas fiscais de entradas e saídas (de compra ou serviço), que hoje são salvas em arquivos no formato XML, não sendo mais necessário seu arquivo físico pelo fisco.

INSTALAÇÃO

A implantação e instalação de um sistema de arquivos dentro da organização devem ser muito bem planejadas pela administração. Um arquivo bem planejado, instalado e ajustado traz muitos benefícios, tais como:

- a. Segurança e sigilo das informações.
- b. Agilidade na consulta de documentos.
- c. Organização do espaço físico adequado.
- d. Boa conservação dos documentos ao longo do tempo.

Ao contrário quando o arquivo não é planejado ou realizado de forma displicente, o que ocorre ainda hoje em muitas empresas, as quais não dão a devida atenção, e acabam comprometendo a segurança e a qualidade das informações, gerando desperdícios de tempo tanto na localização de determinado documento quanto em retrabalhos.

Para que o arquivo seja instalado de modo a trazer benefícios à empresa, devem-se seguir algumas regras básicas:

- a. Não deve ser instalado nas áreas de acesso (entrada) da organização, ao contrário, deve ser instalado no ambiente interno por questões de segurança e sigilo.
- b. Deve ficar o mais próximo possível dos departamentos e setores que fazem uso constante dele.

c. As instalações devem ser amplas, arejadas e com entrada de luz solar, tornando o ambiente seco e protegendo os documentos de insetos, fungos e bactérias. Vale aqui ressaltar que somente o ambiente deve estar exposto à luz solar direta e não os documentos.
d. Deve ser instalado em local de fácil acessibilidade, evitando-se: locais estreitos, com excesso de escadas ou muito distante dos seus usuários.

ESTRUTURA FÍSICA

A implantação de um sistema de arquivos em uma organização deve, antes de qualquer ação, ser bem planejado. O primeiro passo é dimensionar corretamente o espaço físico que será destinado aos arquivos. Este espaço não pode ser reduzido, pois, neste caso, corre o risco de simplesmente não conseguir guardar toda a documentação.

 FIGURA 4.7: ARQUIVO PERMANENTE

Fonte: pixabay

Também não pode ser demasiado ampliado, já que será um espaço perdido e que poderia ser utilizado para outras importantes áreas, como o estoque.

Uma vez definida e mapeada a área na qual será instalado o arquivo, deve-se preparar um *layout*, ou seja, uma planta de como ficará à disposição dos equipamentos, corredores e materiais necessários, bem como toda a documentação a ser arquivada.

CAPÍTULO 4: SISTEMAS E FERRAMENTAS NA ADMINISTRAÇÃO **105**

Outro aspecto importante é dimensionar a quantidade e os locais em que ficarão os equipamentos para o correto funcionamento do arquivo. São listados a seguir alguns equipamentos:

a. Estantes.

b. Prateleiras.

c. Escadas.

d. Equipamentos de proteção contra incêndio.

e. Corredores.

f. Mesas e cadeiras.

g. Caixas organizadoras.

MANUTENÇÃO E SEGURANÇA

Pensar na organização, manutenção e segurança no sistema de arquivos de uma empresa é fundamental para que ela possa obter o máximo de rendimento e benefício. Para isso precisa programar e investir na área, afinal estará cuidando dos seus registros e controles além do registro da sua história.

Na questão da instalação, conforme mencionado, os arquivos devem ficar em locais de fácil acesso e devem ser amplos, limpos, arejados e com entrada de luz solar. O setor de arquivos é parte integrante da área administrativa das organizações e, assim como todas as demais áreas, deve ser um ambiente organizado. No entanto, muitas vezes ele é instalado em lugares totalmente inadequados e não se atribui a sua devida importância, o que pode acabar trazendo prejuízos futuros.

É o caso, por exemplo, de uma empresa que coloca todos os seus documentos de forma desordenada, em um ambiente fechado, pequeno e úmido. É certo que, em pouco tempo, quando precisar buscar um documento para atender uma fiscalização, o documento poderá estar inutilizado e a empresa vai arcar com uma eventual multa por falta de informações ao poder público.

Algumas empresas, por não terem a devida preocupação com seus arquivos, acabam os instalando de forma inadequada ou não cuidando de sua adequada manutenção, isto é, a limpeza e conservação. Decorre que, ao longo do tempo, com a falta de manutenção, os documentos reunidos e pouco acessados começam a juntar poeira e, dessa forma, serão danificados, além de causar danos ao ambiente e ao responsável pelos arquivos.

Para que se tenha uma boa manutenção preventiva, aconselha-se que a empresa efetive de forma constante e programada os seguintes procedimentos:

a. Limpar de forma constante, incluindo áreas pouco acessadas e uso de produtos adequados.

b. Deixar o ambiente com ventilação apropriada.

c. Permitir a entrada de luz solar, evitando-se ambientes com mofo.

d. Programar higienização contra pragas e insetos.

Conforme Barreto (2017, p. 81), a questão de segurança é tão importante quanto à manutenção, por isso deve-se atentar aos seguintes cuidados:

1. **Proteção contra perda e furto:** em arquivos mal organizados, é muito comum o desaparecimento de documentos e até de furtos de documentos sigilosos. Isto ocorre justamente pela falta de organização do arquivo, o que gera a falta de controle de entrada e saída.

   Para evitar as perdas e a falta de controle dos documentos, é necessário estabelecer algumas regras:

   - Organizar o arquivo e documentos de forma clara, simples e objetiva.
   - Sinalizar as diversas áreas do arquivo, por assunto, setor, data etc.
   - Implantar sistema de protocolo para retirada e devolução de documentos.
   - Escolher locais com mais segurança para arquivo de documentos sigilosos.

   Sem dúvida, essas ações vão gerar maiores custos às empresas, no entanto, trata-se de medidas de pequeno impacto, mas que auxiliam para evitar uma série de problemas posteriores.

2. **Proteção contra incêndios:** antes de tudo, é bom lembrar que a proteção contra incêndios não é uma opção que se apresenta a empresa, é requisito obrigatório, portanto, deve-se ter as instalações contra incêndio não só na área dos arquivos como em todo o ambiente da empresa, com extintores, alarmes contra fogo, portas contra fogo e outros instrumentos que auxiliam na prevenção e no combate ao incêndio. É importante ressaltar, também, que os funcionários devem ser treinados no uso dos equipamentos em caso de necessidade.

3. **Proteção contra vazamentos e enchentes:** deve-se ainda tomar alguns cuidados com relação às instalações das tubulações de água e esgoto, evitando que estejam muito próximas ao arquivo, pois, caso um cano venha a se romper, trará prejuízos certos. Também o arquivo não pode ficar em local muito baixo e suscetível a alagamentos.

PESSOAL

Todos os procedimentos para que a empresa possua um bom gerenciamento de documentos e de seu sistema de arquivos passam pelos cuidados de uma boa instalação, localização, organização, manutenção, equipamentos adequados e a devida segurança. Para que isto ocorra, é preciso que se tenham pessoas qualificadas e capazes de desenvolver essas atividades de forma eficiente.

Para Barreto (2017, p. 82), para que se tenha uma boa gestão documental, faz-se necessário que as empresas tenham pessoal qualificado. No caso de empresas de médio e grande porte, os profissionais que estarão à frente do planejamento e controle são os arquivistas, que, no uso de suas atribuições, irão aplicar os conceitos da arquivística, as quais são as normas e técnicas usadas na instalação, organização, manutenção, segurança e desenvolvimento das atividades de utilização dos arquivos.

Para as empresas de pequeno porte ou de sistemas mais simplificados de arquivos, esta regra não se aplica, pois aqui estamos falando de um sistema de arquivos de grande porte, no qual se faz necessário a utilização de uma equipe de profissionais devidamente qualificados. Sabemos que a maioria das empresas de pequeno porte não vai exigir uma grande estrutura neste sentido.

Nestes casos, normalmente o gerenciamento de arquivos fica a cargo de um chefe ou de um líder, e este designa um assistente administrativo para desempenhar essas funções. No entanto, vale lembrar que tanto o superior quanto o assistente precisam igualmente reunir alguns conhecimentos mínimos de arquivística e reunir algumas características para o bom gerenciamento dos arquivos, caso contrário, poderá trazer prejuízos significativos à organização.

Um bom profissional arquivista deve possuir o seguinte perfil:

a. Ter vocação para o desempenho dessas atividades.
b. Possuir boa capacidade de atenção, ser metódico e organizado.
c. Ter bom poder de análise, síntese e bom senso.
d. Ser ético e discreto.
e. Ter calma e diplomacia.

DICA

Na maioria das vezes, principalmente em empresas de pequeno porte, coloca-se um estagiário, aprendiz ou assistente neste setor, passando uma falsa imagem de que ninguém deseja ficar nos arquivos. Simplesmente os colocam nesta função sem nenhum tipo de treinamento adequado. Trata-se de um trágico duplo erro que terá consequências posteriores, não só com a documentação da empresa, mas também na formação do profissional iniciante.

DOCUMENTOS

Parte integrante dos sistemas de arquivos e a principal razão de sua existência são os documentos e a documentação que irão compor esses arquivos.

> **DOCUMENTO:** é um objeto, normalmente em suporte material (papel), que registra informações, para fins de consulta, prova ou pesquisa.
>
> **DOCUMENTAÇÃO:** conjunto de documentos que trata de determinado assunto, com finalidade de consulta, prova ou pesquisa. Na documentação, encontramos um conjunto de informações que traz respostas e ajuda a esclarecer certos fatos.

Os documentos, e sua respectiva documentação, pertencentes a uma empresa, devem ser organizados e sistematizados, a fim de se ter uma gestão eficiente, ou seja, administrar o que fazer com cada documento, separá-los por categorias, que são: temporalidade; guarda; segurança, bem como sua destinação final.

CLASSIFICAÇÃO

Veremos agora quais são as principais classificações de documentos constantes em uma empresa:

    a. Documentos Oficiais.

    b. Documentos Empresariais.

    c. Documentos Artificiais.

    d. Documentos Descartáveis.

1. **Documentos Oficiais:** são os documentos de caráter formal com aprovação dos poderes públicos e por esse motivo tornam-se oficiais, que podem ser:

   - Atas ou contratos: instituição da empresa e alterações no decorrer do tempo de sua existência.
   - Contratos diversos: aluguel, fornecedores, bancos, seguradoras etc.
   - Laudos e atestados: corpo de bombeiros, laudo de energia elétrica, laudo ergonômico, prevenção de acidentes etc.
   - Licenças e certificações: alvará de licença e fiscalização, certificações: CETESB, Inmetro e outros.
   - Diplomas e premiações: prêmios por destaques na sociedade, gestão social, ambiental e outros.
   - Procurações: com finalidades e poderes específicos aos representantes da empresa perante órgãos públicos.

2. **Documentos Empresariais:** são os documentos relativos à empresa, que podem ser gerados internamente ou externamente a ela e contêm informações relativas a atos e fatos administrativos, contábeis e fiscais, que podem ser:
    - correspondências internas: comunicados, cartilhas, instruções e comunicações de uso interno.
    - correspondências externas: cartas e comunicados a agentes externos à empresa, tais como: clientes, fornecedores, sindicatos e outros.
    - documentos contábeis e fiscais: notas e livros fiscais, folha de pagamento, recibos, boleto bancário, cheques, extrato bancário e outros.
    - documento de pessoal: cartas de rescisão de contrato de trabalho, aviso de férias, recibos de pagamento, registro de ponto e outros.
    - documentos jurídicos: contratos, escrituras, leis e decretos, dentre outros.
    - documentos técnicos: projetos, plantas de engenharia e arquitetura, relatórios etc.

3. **Documentos Artificiais:** são os documentos gerados no todo ou em parte com base nos documentos originais e que podem ser:
    - Gráficos, desenhos, mapas.
    - Impressos em geral, como folhetos e catálogos.
    - Fichas e registros.
    - Filmes comerciais.
    - Artigos em revistas.

4. **Documentos Descartáveis:** neste caso, trata-se dos documentos que perdem sua validade legal em período muito curto de tempo, por esse motivo não exige rigor nas técnicas de arquivo, por não representar valor a empresa e que deverá ser descartado. Alguns exemplos nessa categoria, temos:
    - Orçamentos.
    - Catálogos e folhetos promocionais.
    - Pedido de compras e de vendas.

DICA

Quando um documento for destinado ao arquivo de forma permanente, deve-se evitar o uso de clipes e grampos, pois, com o passar do tempo, eles enferrujam e danificam os documentos.

MÉTODOS DE ARQUIVO

Para arquivar documentos existem formas e critérios que auxiliam para se obter maior eficiência na sua guarda e consulta dentro de um arquivo. No sentido de facilitar esses trabalhos, procedem-se ao uso das regras de princípios de arquivamento.

O processo de arquivo de documentos passa por diversas etapas, sendo a primeira delas a seleção e o exame do documento a ser arquivado, pois nesta etapa examina-se o documento para averiguar sua necessidade ou não de ser arquivado, caso não seja necessário, ele já pode ser descartado, e, em caso de ser arquivado, deve-se obedecer a alguns princípios, os quais podemos classificar da seguinte forma:

- a. Simplicidade.
- b. Flexibilidade.
- c. Acessibilidade.
- d. Uniformidade.

1. **Princípio da simplicidade:** a forma de arquivamento adotada deve ser a mais simples possível, a fim de tornar possível a todos os envolvidos identificar o documento facilmente, conhecendo as regras de como consultar o arquivo.

2. **Princípio da flexibilidade:** esta etapa deve propiciar a flexibilidade das instalações do arquivo, para que, em determinado momento, se necessário, ele possa ser expandido; ou também no sentido de se poder retirar um determinado documento com rapidez e facilidade sem alterar a estrutura programada.

3. **Princípio da acessibilidade:** tem como objetivo específico o de se encontrar o documento solicitado com a máxima rapidez e agilidade. Para isso, é preciso que o arquivo esteja bem organizado em suas seções internas, e os documentos guardados na ordem estabelecida. Para este princípio, não se pode colocar documentos em excesso em um mesmo local, fazendo com que fique excessivamente lotado e com dificuldades para acesso.

4. **Princípio da uniformidade:** o arranjo dos documentos deve se dar de forma homogênea e uniforme, isto é, documentos de um mesmo tema ou assunto devem estar reunidos em um mesmo local, e ainda alocados por subcritérios, como data, região, dentre outros.

Além de seguir os princípios para arquivo, para conhecer os métodos de arquivamento de documentos, é preciso selecionar o documento que será ou não arquivado, na sequência, analisar o tipo do documento, para que se possa passar para a última etapa, que consiste em classificar e codificar o documento, e, assim, ser finalmente arquivado na forma correta.

CAPÍTULO 4: SISTEMAS E FERRAMENTAS NA ADMINISTRAÇÃO 111

O método a ser adotado pode variar um pouco entre as empresas, porém é fundamental que, uma vez estabelecido o método, ele seja seguido à risca, para que possa **manter um padrão de arquivo**. Os métodos mais comumente usados são:

- Alfabético nominal.
- Numérico Simples.
- Alfanumérico.
- Geográfico.
- Tema ou Assunto específico.

Uma vez determinado o método, outro passo importante na gestão de arquivos é a escolha correta dos acessórios para a guarda dos documentos, a fim de auxiliar não somente no aspecto da fácil e rápida localização, mas também na manutenção da qualidade do documento ao longo do tempo. Os acessórios são diversos, sendo os mais comumente usados: pastas suspensas; classificadores; guias; projeções; ferragens e caixas de transferência.

CICLO DE VIDA

Todo documento, com o passar do tempo, pode ter seu valor e sua utilidade aumentados ou diminuídos em função da sua importância; portanto, todo documento possui um ciclo de vida em função de sua relevância. Por esse motivo, os arquivos são classificados segundo sua temporalidade, ou, como também é conhecido, de acordo com o ciclo das três idades dos arquivos, que são eles:

- a. Arquivos correntes.
- b. Arquivos intermediários.
- c. Arquivos permanentes.

1. **Arquivos correntes:** são os denominados arquivos de primeira idade, formados por documentos que estão em curso, ou seja, que circulam com muita frequência e seu uso é constante. Estão no fluxo de suas rotinas, entre um setor e outro. Exemplo: um pedido de compras que ainda não encerrou o fluxo dentro da empresa.

2. **Arquivos intermediários:** são os arquivos de segunda idade, formados por documentos que deixaram de ser frequentemente consultados e já completaram o fluxo de suas rotinas. No entanto, ainda podem ser consultados para resolver um problema surgido ou usado como exemplo para novas situações que venham a surgir na empresa. Exemplo: nota fiscal de compra para verificar os itens que foram comprados para fazer uma nova solicitação, ou ainda confirmar se a nota fiscal foi paga ao fornecedor.

3. **Arquivos permanentes:** são os arquivos de terceira idade, formados por documentos que já encerraram seu fluxo e rotinas e não são mais consultados.

Nesta etapa, já perderam seu valor de natureza administrativa e estão encerrados, servem agora somente de referência histórica e, portanto, são arquivados de forma definitiva. Exemplo: pedido de compras e nota fiscal em que já decorreu um período acima de um ano.

Os dois primeiros tipos de documentos ficam junto aos departamentos, setores e seções para consultas constantes, o último tipo vai compor o arquivo em local separado, que é conhecido também como arquivo morto.

DESTINAÇÃO

É comum, com o tempo, as atividades administrativas e seus respectivos documentos se acumularem e criarem grande volume, por isso, é absolutamente necessário instituir um procedimento de destinação dos documentos, sabendo-se exatamente para onde vai cada documento após determinado período. De forma geral, os documentos terão três destinos:

1. Destruição.
2. Transferência para arquivos temporários.
3. Transferência para arquivo permanente.

Para que se possa ter um conhecimento efetivo e fazer a destinação correta dos documentos, é preciso efetuar uma análise cuidadosa do conteúdo e da importância do documento. Após esta etapa, os documentos seguem para uma das três categorias da seguinte forma:

1. **Documentos a serem destruídos:** são os documentos cuja finalidade já se expirou e não há mais necessidade de mantê-los em arquivo, seja por questões legais ou por outras motivações. Nesta categoria, podemos mencionar os rascunhos, as comunicações internas já encerradas, os pedidos de compras e vendas já finalizados dentro de um espaço de tempo determinado pela empresa.

2. **Documentos a serem destinados para arquivos temporários:** são aqueles que, após encerrarem seu ciclo normal de utilidade, ainda possuem razões para consultas futuras e uso administrativo e legal. É o caso de pedidos de compras e vendas recentes que, apesar de já terem sido entregues ou recebidos e quitados, ainda são fonte de referência para fechamento de mês, de apuração de impostos ou ainda de consulta para clientes e fornecedores.

3. **Documentos a serem destinados para arquivo permanente:** são destinados os documentos que serão consultados de forma muito eventual e rara, não havendo necessidade de ficarem em arquivos temporários e correntes. Como exemplo, temos os documentos de valor institucional, como contratos e alteração de contrato social, escrituras e procurações não vencidas,

CAPÍTULO 4: SISTEMAS E FERRAMENTAS NA ADMINISTRAÇÃO   113

documentos de departamento de pessoal, que precisam ser guardados por um longo prazo de acordo com a legislação.

O processo de transferência dos documentos, de acordo com os tipos de arquivos, deve seguir instruções precisas de acordo com as regras definidas pela empresa, a fim de se evitar erros de envios ou até mesmo destruir documentos de forma indevida.

As empresas que se organizam para este fim, procuram, ao menos uma vez por ano, fazer uma revisão geral em seus arquivos, com o propósito de eliminar aqueles documentos que não são mais necessários e mantendo somente aqueles de interesse próprio e os que exigem um prazo legal mínimo de guarda.

A seguir, podemos observar uma tabela geral de alguns documentos com o tempo mínimo que devem ficar nos arquivos da empresa.

QUADRO 4.1: QUADRO DA TEMPORALIDADE DE DOCUMENTOS

Documento	Tempo de Arquivo	Fundamentação Legal
Nota fiscal	5 anos	Lei nº 5172 — CTN art. 173
Livros Fiscais	5 anos	Art. 221 do RICMS
Depósito e extrato bancário	5 anos	Lei nº 5172/66 — art. 173
Tributos em geral	5 anos	Lei nº 5172/66 — art. 173
Declaração de Imposto Renda	5 anos	Art. 25 da I.N da RFB nº 146/99
Folha de Pagamento	10 anos	Art. 32 e 45 Lei nº 8.212/91 e Dec. 3048/99 — art. 348
Guia da Previdência Social (GPS)	10 anos	Itens 2 e 3 do Manual de Preenchimento da GPS
Recibo de Pagamento de Salário, Férias e 13º Salário	10 anos	Inciso XXIX, art. 7º CF e art. 11 CLT
Guia de recolhimento FGTS (GRE)	30 anos	Art. 23 Par. 5º Lei nº 8036 de 11 de maio de 1990
Livros Contábeis	Permanente	Art. 174 e 195 do CTN
Escritura de imóveis,	Permanente	
Contrato social, Estatuto Social, Atas de órgãos colegiados.	Permanente	
Notas fiscais de aquisição do ativo permanente.	Permanente	

Observação: Esta tabela visa apresentar uma visão geral e não contempla todos os documentos empresariais. Em virtude de mudanças nas legislações federais, estaduais e municipais, recomenda-se ter bastante cautela e consulta à legislação antes de proceder a destruição de um documento.

Fonte: Elaborado pelos autores (2020).

SISTEMAS DE GESTÃO INTEGRADOS

Nos dias atuais, todas as organizações, até mesmo as que possuem atividades e porte mais simples, possuem um sistema de gestão informatizado, com a finalidade de registrar e integrar todas as etapas dos processos administrativos. Por isso, usar um sistema de gestão integrado, além de necessário, já é parte integrante de todas as empresas.

Para que a empresa possa ter um sistema de acordo com seu perfil, porte e necessidades pontuais, ela precisa antes possuir um estrutura de automação, que envolve equipamentos de informática e de comunicação, além de toda a logística que envolve esses equipamentos e sistemas, ao qual damos o nome de TI, Tecnologia da Informação.

Comunicação, registro e integração das informações das empresas ocorrem de forma interna, por meio de equipamentos e programas (hardware e software), e de forma externa à empresa, pela internet, com os seus respectivos equipamentos móveis (notebook, tablet e outros).

Portanto, percebe-se que é necessário manter uma estrutura bem articulada tanto interna quanto externa à empresa, já que ela pratica muitas atividades, em especial de forma externa, como o comércio eletrônico, as vendas online, sites, comunicações com fornecedores, vendedores e clientes externos, por meio das mais variadas opções e ferramentas oferecidas pelo mercado.

SISTEMAS DE GESTÃO EMPRESARIAL

O Sistema de Gestão Empresarial (SGE), ou como também é conhecido pela sua sigla no inglês ERP (*Enterprise Resource Planning*), é um software (programa) que permite o registro de todas as etapas dos processos existentes na empresa e ainda de forma integrada, ou seja, o programa interliga os processos de cada departamento ou setor, criando uma rede única de informação para acesso a todos os envolvidos, até mesmo com acesso fora do âmbito da empresa.

O SGE hoje é disponibilizado e comercializado no mercado por várias empresas e de forma totalmente versátil, conseguindo atender a todos os perfis de empresas, pois o programa possui tratativas diferenciadas e específicas para atividades industriais, comerciais e de prestação de serviços. Além disso, existem programas específicos para empresas de grande, médio e pequeno porte, de modo que até mesmo as empresas de pequeno porte possam adquirir a custos bem menores os programas voltados à sua estrutura, que normalmente é mais enxuta.

Uma das vantagens do SGE é que ele é modular, ou seja, o programa pode ser adquirido e implantado por módulos, como exemplo, módulos: financeiro, contábil, fiscal, faturamento, comercial (compras e vendas), estoques, logística,

CAPÍTULO 4: SISTEMAS E FERRAMENTAS NA ADMINISTRAÇÃO **115**

departamento de pessoal, comércio exterior e outros. Outra característica muito importante é que o programa oferece um módulo de relatórios, os quais podem ser gerados de forma automática, trazendo informações relevantes para o auxílio dos gestores no processo de tomada de decisão. São inúmeros relatórios gerados e ligados a todos os departamentos e setores, por exemplo: relatório de vendas, faturamento, compras, fluxo de caixa, demonstrações contábeis, geração de folha de pagamento, dentre outros.

Outros benefícios gerados pelo SGE:

a. **Visão ampla:** visão geral da empresa por meio das informações geradas por todos os setores.

b. **Centralização:** centraliza todas as informações em um único banco de dados.

c. **Flexibilidade:** fácil adequação a todo tipo de negócio, porte e segmento empresarial.

d. **Racionalidade:** não sendo necessário criar diversas planilhas em diversos ambientes.

e. **Agilidade:** faz todos os registros de forma automática, alimentando as etapas seguintes.

Além do SGE, existe hoje no mercado uma infinidade de novos sistemas voltados a segmentos mais específicos, que permitem trazer informações específicas a cada atividade de negócio. São alguns exemplos desses programas:

a. **Sistemas Logísticos:** SCM — *Supply Chain Management* (Gerenciamento da Cadeia Logística), WMS — *Warehouse Management System* (Sistema de Gerenciamento de Armazém), e TMS — *Transportation Management System* (Sistema de Gerenciamento de Transportes), além de todos os equipamentos voltados à atividade logística, como leitores de código de barras e outros.

b. **Sistemas Produtivos:** MRP I — *Material Requeriment Planning* (Planejamento das Necessidades de Materiais), e MRP II — *Manufacturing Resource Planning* (Planejamento dos Recursos de Manufatura).

c. **Sistemas Comerciais:** CRM — *Customer Relationship Management* (Gerenciamento de Relacionamento com o Cliente).

Existe uma enorme quantidade de programas e de equipamentos que podem auxiliar em todos os segmentos de negócios, trazendo informações úteis e relevantes a fim de que as empresas possam se manter no mercado de forma competitiva.

IMPLANTAÇÃO E PARAMETRIZAÇÃO DE SISTEMAS

Uma vez que os gestores decidem pela aquisição de um sistema é preciso levar em considerações alguns fatores importantes que, se não forem planejados, podem trazer enormes prejuízos financeiros, já que custo de um sistema é elevado e impacta diretamente no resultado.

O primeiro passo é estimar o custo total envolvido e se a empresa terá condições de absorver este custo, que é composto de:

a. **Custo de aquisição do sistema:** valor do software, que envolve a aquisição de quantidade de licenças por usuários.

b. **Custo de novos componentes de informática:** deve mensurar os novos equipamentos necessários para suportar o novo sistema, tais como: servidores, redes, internet e outros itens.

c. **Custo de implantação do sistema:** determinado pela quantidade de horas de implantação necessária, que envolve a parametrização dos dados da empresa no sistema.

d. **Custo de atualização do sistema:** cobrado por meio de uma mensalidade, que tem por finalidade atualizar o sistema em novas versões.

e. **Custo de treinamento dos usuários:** envolve uma quantidade de horas na fase inicial para treinar todos os usuários para operarem no novo sistema.

Como podemos perceber, há um conjunto de fatores, como os custos a serem levados em conta, e não somente o custo do programa em si. É preciso que haja um grande envolvimento e sinergia entre todas as áreas e os gestores envolvidos, afinal de contas, um novo paradigma vai abraçar a empresa e muitas rotinas terão impactos significativos na forma como desenvolvem suas atividades.

Após os acertos da compra, na fase de negociações com a empresa que vai ofertar o novo sistema, a empresa deve se preparar muito bem, pois, além dos custos, haverá o tempo envolvido em cada etapa da instalação do programa. O novo sistema vai afetar de forma direta todas as rotinas já estabelecidas pela empresa, bem como agregará tempo para adaptação às mudanças que ocorrerão com o novo sistema. Resistência por parte de colaboradores é fator comum, por isso se deve gerenciar de forma estratégica esta fase.

A fase de implantação do sistema envolve a parametrização, ou seja, é o momento em que o sistema será colocado no servidor da empresa que o adquiriu, visto que estará, neste momento, completamente vazio, oco, sem nenhum tipo de informação. É nesse momento que ele será completado com todas as informações que nortearão o sistema para realizar as operações, cálculos e fórmulas, bem como a geração de relatórios. São diversas informações a serem inseridas: financeiras, contábeis, fiscais, trabalhistas e outras pertinentes às particularidades da empresa.

TREINAMENTOS E CAPACITAÇÕES

Outra etapa que ocorrerá é a do treinamento dos usuários no novo sistema. É o momento em que a empresa que o vendeu vai demonstrar aos colaboradores como devem acessar e usar o sistema e dele tirar as informações para suas atividades no dia a dia. Por isso, este treinamento deve ocorrer por módulos e por turmas em dias e horários específicos para que todos possam não só conhecer, mas também utilizar o sistema para verificar sua efetividade.

O treinamento ocorre junto a um consultor da empresa que vendeu o sistema e pode ser realizado tanto na empresa que vendeu quanto na empresa que o adquiriu, sendo esta última opção mais interessante, já que a empresa detém todos detalhes e informações do seu negócio e tem a facilidade de acessá-los.

Vale aqui ressaltar que a fase de treinamento ocorre em módulo de "teste", ou seja, os funcionários, por não conhecerem ainda o sistema, farão as operações no módulo de testes, podendo cometer alguns erros, mas que depois serão descartados, dessa forma, não prejudicam o histórico de informações da empresa. E a versão oficial só será colocada após todos estarem aptos a usarem o novo sistema.

DICA

Na fase de treinamento, é importante que haja um líder, o qual, além de aprender com maior profundidade, poderá ser o responsável por replicar o treinamento a novos funcionários que entrem na empresa após o período de implantação.

SEGURANÇA E ATUALIZAÇÕES

Para que se obtenha o máximo rendimento do sistema, a empresa precisa ter alguns cuidados relativos à segurança das informações que estarão nele. O conjunto de dados que irá compor o histórico de informações, as quais envolvem relacionamento com clientes e fornecedores, parte fiscal, contábil e trabalhista, configura-se em um ativo de valor considerável.

Imaginemos, por um instante, se ocorrer um problema e a empresa, de repente, perder todo o sistema e o histórico das informações? Como fazer para recuperar? Quanto tempo levaria para refazê-los? Que custo teria? Sem dúvida, ninguém quer que isso ocorra; portanto, alguns procedimentos deverão ser adotados, a fim de proteger as informações, eliminando o risco de perdê-las.

As ações envolvem realizar um *backup* (cópia de segurança) do sistema, fazendo uma cópia de segurança do sistema em um banco de dados alternativo, o qual pode ser em outro servidor dentro ou fora da empresa. Recomenda-se que seja fora da empresa em um dispositivo móvel ou por meio do *cloud computing*, que consiste em um servidor na "nuvem", no qual as informações estarão protegidas em um servidor de dados de grande porte em outra empresa especializada para este fim e acessada de forma automática.

> ## DICA
>
> A periodicidade de salvar as informações em cópia de segurança será definida pela própria empresa em virtude da quantidade de informações que ela gera por dia ou por hora. Recomenda-se no mínimo que seja feito uma vez por dia, mas há situações em que ocorre de forma automática a cada hora.

Para que o desempenho de um sistema perdure ao longo do tempo, é preciso que sempre haja atualizações de suas versões, que são desenvolvidas pela empresa que o vendeu.

As atualizações de versões ocorrem por várias razões, visando sempre propiciar melhorias e trazendo maior agilidade, por exemplo, no processamento das informações, no aumento da capacidade do banco de dados ou ainda por questões fiscais ou outras razões que motivem a atualização. Uma vez programada, a versão nova deve ser imediatamente instalada no banco de dados da empresa que adquiriu o sistema, assim ela poderá desfrutar das novas alterações.

AVANÇOS TECNOLÓGICOS

O avanço da tecnologia ocorre de forma cada vez mais rápida e intensa, fazendo com que uma tecnologia considerada atual seja rapidamente substituída por uma nova. Há determinados produtos que essa substituição ocorre a cada ano, como as novas versões de aparelhos celulares.

Especialmente nas fábricas, estamos agora vivendo a era da chamada indústria 4.0, ou a Quarta Revolução Industrial, em que já existem as chamadas "fábricas inteligentes", as quais terão capacidade e autonomia para agendar

CAPÍTULO 4: SISTEMAS E FERRAMENTAS NA ADMINISTRAÇÃO **119**

manutenções, prever falhas nos processos e se adaptar a requisitos e mudanças não planejadas na produção, isso tudo de forma automática com o uso de tecnologia de ponta.

Esse cenário também envolve as empresas, que devem estar preparadas para essas mudanças e atualizações em suas estruturas operacionais, dado que essas condições lhes são impostas, não há alternativa a não ser sempre acompanhar e implantar inovações, caso contrário, perderão espaço no mercado e podem até desaparecer.

EXERCÍCIOS

1. Descreva os conceitos de cronograma e fluxograma.
2. Explique o que representam as figuras: retângulo, losango e seta, dentro de um fluxograma.
3. Sobre os arquivos, informe qual é tipo mais usado nas empresas e o por quê.
4. Sobre as idades dos tipos de arquivos, explique o significado de arquivo permanente.
5. Explique o conceito de ERP (*Enterprise Resource Planning*).

PARTE 2

GESTÃO **FINANCEIRA,** CONTÁBIL E DE **PESSOAS**

CAPÍTULO 5

ADMINISTRAÇÃO FINANCEIRA E TRIBUTÁRIA

SISTEMA FINANCEIRO NACIONAL

No Brasil, podemos comparar o Sistema Financeiro Nacional, como se fosse uma grande empresa multinacional com os seus diversos setores como:

- Compras
- Contabilidade.
- Recursos Humanos (RH).
- Contas a Pagar e a Receber.
- Marketing, entre outros.

Para que essa grande empresa multinacional possa funcionar é necessário que tenha muitas pessoas qualificadas para que funcione diariamente com uma grande harmonia.

Para que essa harmonia seja completa é necessário que exista os Gerentes, Coordenadores e Diretores que comandam esse grande número de pessoas para realizarem suas determinadas tarefas, como se fossem uma grande orquestra. E a pessoa mais importante desta orquestra o Maestro (regente), como na grande empresa será o *CEO (Chief Executive Officer)*.

Podemos considerar o Sistema Financeiro Nacional (SFN), como o Maestro (regente) ou o *CEO*, que acompanha o que ocorre na economia nacional, fazendo as regulamentações e fiscalizando e determinando os caminhos do sistema econômico brasileiro.

O **Sistema Financeiro Nacional** é um conjunto de instituições financeiras e instrumentos financeiros que tem como objetivo regulamentar, fiscalizar e executar as operações relacionadas à gestão da moeda e do crédito, e é orientado por três órgãos normativos:

- Conselho Monetário Nacional.
- Conselho Nacional de Seguros Privados.
- Conselho Nacional de Previdência Complementar.

Segundo o art. 192 da Constituição Federal:

O sistema financeiro nacional, estruturado de forma a promover o desenvolvimento equilibrado do País e a servir aos interesses da coletividade, em todas as partes que o compõem, abrangendo as cooperativas de crédito, será regulado por leis complementares que disporão, inclusive, sobre a participação do capital estrangeiro nas instituições que o integram.

ASPECTO HISTÓRICO

Em 1920, foi criada a Inspetoria Geral dos Bancos, que objetivava fiscalizar as instituições financeiras, porém não se tratava de um órgão que tinha como responsabilidade a normatização e o controle do mercado financeiro. Este controle passou a ocorrer com a criação da Superintendência da Moeda e do Crédito (SUMOC), em 1945;

No ano de 1952, foi fundado o Banco Nacional de Desenvolvimento Econômico (atual Banco Nacional de Desenvolvimento Econômico e Social [BNDES]).

Em 1964, aconteceu a chamada reforma bancária, com o propósito de diversificar instrumentos e instituições do sistema, dentre outros aspectos. Tal reforma dispôs sobre a Criação do Conselho Monetário Nacional, a mudança da SUMOC para Banco Central da República do Brasil (atual Banco Central do Brasil [BACEN]), e a composição original do Sistema Financeiro Nacional;

Entre 1964–1965, foi criado o Sistema Financeiro de Habitação (SFH), que tinha como principal operador o Banco Nacional de Habitação (BNH) (extinto em 1986 e tendo suas atribuições transferidas para a Caixa Econômica Federal).

Em 1986, foi encerrada a conta movimento do Banco do Brasil perante o Banco Central, o que iniciou o processo de mudança de atribuições do BB ao BACEN.

No ano de 1995, foi instituído o Programa de Estímulo à Reestruturação (PROER) do Sistema Financeiro Nacional.

Em 1996, foi criado o Comitê de Política Monetária (COPOM), com o objetivo de analisar a situação macroeconômica e estipular uma meta de taxa de juros para os títulos da dívida pública.

ESTRUTURA DO SISTEMA FINANCEIRO NACIONAL

O Sistema Financeiro Nacional é dividido em:

 a. Subsistema de Supervisão.
 b. Subsistema Operativo.

SUBSISTEMA DE SUPERVISÃO

Sistema normativo formado por instituições que estipulam as regras de funcionamento do mercado financeiro e das instituições que o compõem. Tem como função estabelecer os parâmetros para a intermediação financeira e fiscalizar as instituições operativas. O Subsistema de Supervisão tem a seguinte composição:

 1. Conselho Monetário Nacional.
 2. Banco Central do Brasil.
 3. Comissão de Valores Mobiliários.
 4. Superintendência de Seguros Privados.
 5. Secretaria de Previdência Complementar.
 6. Instituições Especiais (Banco do Brasil, BNDES e Caixa Econômica Federal).

SUBSISTEMA OPERATIVO

Sistema de intermediação, sua função é operacionalizar a transferência de recursos entre os poupadores e os tomadores, a partir dos parâmetros definidos pelo subsistema de supervisão. É composto de:

 1. Instituições Financeiras Bancárias ou Monetárias.
 2. Instituições Financeiras não Bancárias ou não Monetárias.
 3. Sistema Brasileiro de Poupança e Empréstimo.
 4. Agentes especiais.
 5. Intermediários Financeiros ou Auxiliares.

AUTORIDADES DO SISTEMA FINANCEIRO NACIONAL

As autoridades do Sistema Financeiro Nacional podem ser divididas em:

 a. **Autoridades Monetárias.**
 b. **Autoridades de Apoio.**

AUTORIDADES MONETÁRIAS

As Autoridades Monetárias são entidades responsáveis tanto pela normatização quanto pela execução das operações referentes à emissão de moeda. As principais Autoridades Monetárias no Brasil são:

1. Conselho Monetário Nacional (CMN): entidade superior do Sistema Financeiro Nacional. Exerce a função de órgão regulador e é responsável pela fixação das diretrizes da política monetária, creditícia e cambial;

2. Banco Central do Brasil (BACEN): tem a função de cumprir e fazer cumprir as normas que regem o SFN expedidas pelo CMN. Atua como uma espécie de protetor da moeda nacional, para garantir o equilíbrio do mercado financeiro e da economia do país.

AUTORIDADES DE APOIO

As Autoridades de Apoio são instituições que podem atuar tanto como instituições financeiras normais, auxiliando na execução da política monetária, como na normatização de um setor específico – como por exemplo a Comissão de Valores Mobiliários. As principais Autoridades de apoio no Brasil são:

- Comissão de Valores Mobiliários (CVM): vinculada ao governo federal, é um órgão normativo voltado para a fiscalização e desenvolvimento do mercado de valores mobiliários;

- Banco do Brasil (BB): embora seja um banco comercial comum, ainda opera como agente financeiro do governo federal, sendo o principal executor dos serviços bancários de interesse do governo;

- Banco Nacional de Desenvolvimento Econômico e Social (BNDES): principal instituição financeira de fomento do Brasil, impulsiona o desenvolvimento econômico, reduz desequilíbrios regionais e é o encarregado de gerir o processo de privatização das empresas estatais;

- Caixa Econômica Federal (CEF): é a instituição financeira que funciona como instrumento governamental, pois é caracterizada por operacionalizar as políticas do governo federal para financiamento habitacional e saneamento básico, além de ser banco de apoio ao trabalhador de baixa renda.

INSTITUIÇÕES FINANCEIRAS

Instituições Financeiras são pessoas jurídicas, públicas ou privadas que exercem a intermediação financeira ou aplicação de recursos financeiros próprios ou de terceiros, além de minimizar os riscos, proporcionando segurança e agilidade no julgamento e previsão de melhores retornos. Alguns dos principais tipos de instituições financeiras são:

- **Bancos Comerciais:** intermediários financeiros que transferem recursos dos agentes superavitários para os deficitários. Organização que gera moeda por meio do efeito multiplicador.
- **Bancos de Desenvolvimento:** agentes de financiamento do governo federal que apoiam empreendimentos e contribuem no desenvolvimento do país.
- **Cooperativas de Crédito:** geralmente atuam em setores primários da economia facilitando a comercialização dos produtos rurais; ou atuam nas empresas oferecendo crédito aos funcionários que contribuem para a manutenção da mesma.
- **Bancos de Investimentos:** atuam na captação de recursos, que são direcionados a empréstimos e financiamentos.
- **Associações de Poupança e Empréstimo:** são sociedades civis em que os associados têm direito à participação nos resultados e têm como principal objetivo o financiamento imobiliário.
- **Agências de Fomento:** atuam na concessão de financiamento de capital fixo e capital de giro.
- **Bancos Cooperativos:** bancos comerciais que surgiram a partir de cooperativas de crédito.

FIGURA 5.1: ORGANOGRAMA DO SISTEMA FINANCEIRO NACIONAL

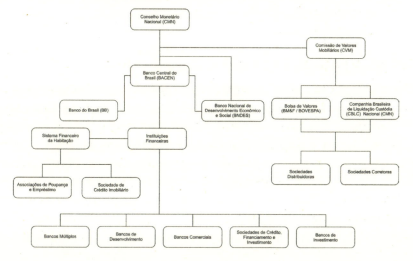

Fonte: www.bcb.gov.br/estabilidadefinanceira/sfn (adaptado pelos autores [2020]).

DICA

Você poderá obter maiores informações no Site para consulta:
www.bcb.gov.br/estabilidadefinanceira/sfn

ESTRUTURA DO DEPARTAMENTO FINANCEIRO

Independentemente do tamanho da empresa, seja micro, pequena, média ou grande precisará de uma estrutura do departamento financeiro que seja organizado, competente e acima de tudo com muita agilidade. Essa estrutura poderá ser enxuta, podendo ser desempenhado por uma única pessoa, porém que funcione dentro dos padrões de qualidade e com harmonia.

Toda empresa precisa de uma estrutura do departamento financeiro que seja ágil, competente e acima de tudo organizado. Como a maioria das empresas no Brasil ainda é de micro, pequeno e médio porte, essa estrutura se mostra enxuta, na qual uma única pessoa assume várias funções no departamento.

O importante, mesmo que a estrutura do departamento financeiro seja pequena, é que funcione dentro dos padrões de qualidade do desenvolvimento do trabalho.

Por isso, aqui segue um modelo de estrutura do departamento financeiro, que poderá ser adaptada a cada situação nas empresas

Departamento Financeiro:
- Setor de Contas a Pagar.
- Setor de Contas a Receber.
- Setor de Tesouraria.

CONTAS A PAGAR, RECEBER E TESOURARIA

O Departamento de contas a pagar é em si mesmo muito simples. Contas a pagar significa o dinheiro que a empresa deve, em contas e obrigações. Do mesmo modo, contas a receber tem o significado inverso, ou seja, é o dinheiro que outros devem à empresa. Em contas a pagar estão incluídas as dívidas contraídas com fornecedores de matérias-primas e insumos, obrigações com o fisco, salários a pagar e outras saídas previstas de dinheiro. Em contas a receber estão incluídos todos os valores que deverão ser recebidos pela empresa. Simplificando: despesas e receitas.

CAPÍTULO 5: ADMINISTRAÇÃO FINANCEIRA E TRIBUTÁRIA **129**

Apesar de ser um conceito extremamente simples, é de fundamental importância para o bom andamento de um negócio que despesas e receitas sejam estimadas, avaliadas, monitoradas e controladas para que o negócio seja lucrativo. Contas a pagar e contas a receber são, via de regra, discriminadas no chamado fluxo de caixa. O fluxo de caixa lista e registra os valores recebidos e gastos em uma empresa dentro de um período previamente estabelecido.

O fluxo de caixa é, portanto, o retrato da saúde financeira de uma empresa e sua elaboração e acompanhamento cuidadosos revelam-se ferramentas essenciais para a tomada de decisões e o planejamento estratégico. No fluxo de caixa, podem ser percebidos e avaliados os custos fixos e os custos variáveis, e medidas para o controle mais eficaz de gastos e receitas podem ser tomadas.

Esse controle financeiro é absolutamente primordial para que a empresa possa diagnosticar problemas, estabelecer metas e buscar soluções. Uma tesouraria eficiente exerce esse controle financeiro, gerenciando os recursos financeiros da empresa, estabelecendo regras para o uso racional dos recursos disponíveis e sugerindo formas de aumentar as receitas e diminuir as despesas, inclusive com o investimento de recursos financeiros do caixa ou com a captação de recursos no mercado para suprir déficits. Os processos de controle financeiro exercidos pela tesouraria devem ser transparentes e embasados em conhecimento técnico e atualizado.

Em resumo: a tesouraria deve ser capaz de gerenciar de forma eficaz contas a receber e contas a pagar, crédito cobrança, controles bancários, conciliação de caixa, controle de numerário, aplicações financeiras, empréstimos e financiamentos. Como área-chave do gerenciamento empresarial e base da lucratividade das empresas, o controle financeiro precisa ser executado por profissionais especializados, treinados e competentes. Além disso, grande parte dos processos de controle financeiro de uma tesouraria tem hoje em dia o suporte de softwares específicos que facilitam a coleta, consolidação e análise de dados e informações financeiras de vários setores da empresa.

Desde os mais simples programas de planilhas de contas a pagar até sistemas integrados de controle financeiro, existem inúmeras opções para a informatização dos processos e tarefas de uma tesouraria. As soluções mais adequadas irão depender, obviamente, do porte da empresa, seu faturamento, tipo de negócio e outras particularidades que devam ser observadas. Diretores financeiros, *controllers* e tesoureiros estão aptos a escolher os programas mais adequados para a empresa, tendo em vista necessidades e tipo de demanda existente.

DOCUMENTOS FINANCEIROS – TÍTULOS DE CRÉDITO

LETRA DE CÂMBIO

A letra de câmbio é uma ordem de pagamento à vista ou a prazo, dada ao sacado, pelo emitente em favor do benefício. Participam da relação jurídica original:

- Sacador = emite o título.
- Sacado = devedor principal.
- Tomador = credor do título.

NOTA PROMISSÓRIA

Promessa de pagamento à vista ou prazo, feita pelo emitente do título em favor do beneficiário, participam da relação jurídica original:

- Sacador = emitente e devedor.
- Beneficiário = é o credor, terá posse do documento.

CHEQUE / ENDOSSO

Ordem de pagamento à vista dada ao sacado pelo emitente contra provisão de fundos, em poder do próprio sacado. Participam da relação jurídica original:

- Sacador = banco.
- Beneficiário = credor.

Endosso é o ato pelo qual o credor transfere o crédito a um terceiro. Qualquer título poderá ser objeto de endosso. Exemplo: descontar um cheque.

DUPLICATA / BOLETO

Saque efetuado pelo emitente, a partir de um contrato de compra e venda mercantil, ou de prestação de serviço, participam da relação jurídica original:

- Sacador = Vendedor ou prestador de serviços (credor).
- Sacado = Comprador ou tomador dos serviços.

As duplicatas estão sendo gradativamente substituídas pelo boleto, mas para a contabilidade ainda utilizamos a descrição "duplicatas".

ADMINISTRAÇÃO FINANCEIRA

Ao Gerenciar um pequeno negócio não é brincadeira, os pequenos empreendedores estão, geralmente, correndo de um lado para o outro e tentando cumprir as tarefas de vários setores ao mesmo tempo, inclusive do departamento financeiro. E fazem isso sempre focando a produção e a venda dos produtos,

CAPÍTULO 5: ADMINISTRAÇÃO FINANCEIRA E TRIBUTÁRIA **131**

com intervalos para cuidar das rotinas diárias e de demandas urgentes que parecem nunca acabar.

A gestão financeira do negócio fica em segundo plano ou para "quando sobrar um tempinho", momento que, bem sabemos, nunca chega. Porém, deixar a organização financeira da empresa de lado é extremamente perigoso para a saúde do negócio, principalmente para quem vislumbra ou busca crescimento e aumento da entrada de dinheiro no empreendimento.

Em um dado momento, anotar seu fluxo de caixa em um papelzinho e guardá-lo no bolso fará com que você perca o controle e, pior ainda, dinheiro. Sem uma boa gestão financeira, não será possível projetar investimentos, reduzir custos e manter os gastos da empresa dentro dos limites.

Por isso, para continuar crescendo e lucrando, é preciso dar valor à organização e à coordenação das finanças empresariais, não misturando as finanças da empresa com as despesas do empreendedor ou proprietário.

A administração financeira é uma ferramenta utilizada pelas organizações para controlar de maneira eficaz as finanças da empresa, seja com relação à análise de investimentos, ao planejamento dos gastos e vendas, ao controle do estoque ou à concessão de crédito para clientes.

Dependendo de como for utilizada, essa é uma ferramenta que pode impulsionar ou mesmo quebrar um negócio. E é por esse motivo que ela é tão importante. Seu objetivo é justamente desenvolver a empresa, estudando os caminhos possíveis para captar recursos e otimizar a aplicação do capital, evitando gastos desnecessários e pensando sempre na melhor forma de conduzir os recursos.

Administrar com eficiência e equilíbrio essas atividades é, portanto, a chave para o sucesso. A falta de informações financeiras precisas, geralmente devido à falta de organização ou planejamento, é a causa da falência de muitas pequenas e médias empresas (PMEs). Logo, a importância da gestão financeira é inegável.

A administração financeira oxigena todos os setores da empresa, oferecendo os recursos necessários para seu funcionamento. Quanto melhor é feito o planejamento financeiro, maiores as chances de o negócio crescer e se desenvolver.

O departamento financeiro, se comparado com o corpo humano, pode ser denominado como o coração da empresa, pois deverá ser eficiente e saudável, para que o corpo possa sobreviver, ou seja, a empresa também. Seu trabalho está ligado diretamente com as finanças e cálculos, por este motivo exige um alto nível de concentração e atenção, pois é fundamental para a sobrevivência de ambos (corpo humano e empresa).

Podemos encontrar nas empresas de médio e grande porte, um profissional, *CFO (Chief Financial Officer)*, que controla o departamento ou setor financeiro, este profissional é o diretor que responde por todas as atividades e terá sob sua responsabilidade:

1. Tesouraria.
2. Controladoria.
3. Fiscal.

TESOURARIA

O departamento, ou setor, é o responsável pela administração de todas as entradas e saídas de numerários (dinheiro) da empresa, sua função principal é a gestão do caixa e das contas bancárias, em que estão os recursos de curto prazo ou os disponíveis da empresa. Suas principais funções são:

a. Contas a pagar e receber.
b. Administração do fluxo de caixa.
c. Aplicação e captação.

CONTAS A PAGAR E RECEBER

Este setor é o responsável pela administração de todas as obrigações que a empresa tenha com os seus fornecedores, salários a pagar, impostos a recolher, empréstimos e financiamento, e o que a empresa tenha com o direito de receber de seus clientes das vendas realizadas a prazo.

Para que a empresa não tenha inadimplência ou seja clientes devedores, este setor também fica responsável por analisar o cadastro de novos clientes e dos que estão com atraso nos pagamentos, verificando junto a empresas fornecedoras de informações sobre o crédito, tais como: o SERASA Experian ou Serviço de Proteção ao Credito (SPC) e outros fornecedores desses clientes.

ADMINISTRAÇÃO DO FLUXO DE CAIXA

O setor de administração do fluxo de caixa, recebe as informações do contas a pagar e do contas a receber e de posse destas informações desenvolverá a verificação de necessidades financeiras da empresa, sendo uma importante ferramenta para auxiliar o gestor em sua tomada de decisões. Poderão ser utilizadas planilhas eletrônicas ou mesmo sistemas informatizados.

APLICAÇÃO E CAPTAÇÃO.

Pela análise das entradas e das saídas de dinheiro do caixa em um determinado período, é possível adotar medidas que possam assegurar a disponibilidade de

CAPÍTULO 5: ADMINISTRAÇÃO FINANCEIRA E TRIBUTÁRIA 133

recursos para a manutenção das atividades da empresa ou instituição (recursos necessários) ou mesmo no caso de sobras ou excedentes (superávit) de caixa poderá ser aplicado para posterior utilização, e no caso de falta (déficit) de caixa poderá ser captado no mercado financeiro, como empréstimo de curto prazo.

As funções comuns do setor de tesouraria nas atividades de administração do fluxo de caixa são:

a. Recebimento das informações do total das entradas e o total das saídas.

b. Elaborar e ajustar as projeções das informações de entrada e saída de caixa.

c. Realizar as simulações e os cenários da situação do fluxo de caixa.

d. Consolidar as situações bancárias da empresa diariamente.

e. Gerar as previsões para a aplicação dos excedentes ou captação de recursos necessários.

f. Elaborar as análises sobre as principais informações apuradas pelo fluxo de caixa.

g. Fechamento diário do caixa.

h. Captar e ou aplicar os recursos financeiros necessários ou excedentes.

Com o avanço das novas tecnologias, a tesouraria é uma das áreas mais impactadas por essas mudanças e que passam por constantes processos de melhorias e aperfeiçoamento em suas práticas. Um exemplo clássico e que está em andamento é a substituição significativa do uso de documentos na forma de papel pelo uso dos meios digitais, seja por meio do uso de planilhas eletrônicas, pelos sistemas financeiros ou ainda pelo uso do internet banking, que consiste na gestão de operações bancárias de pagamentos e recebimentos na internet pelos sites dos bancos. De fato, todas essas mudanças são motivadas na busca contínua pelo aumento de produtividade e agilidade nas operações da tesouraria, beneficiando a empresa como um todo.

CONTROLADORIA

Este setor é o responsável pela contabilidade da empresa ou da instituição, fornecendo dados e informações de qualidade para que os gestores utilizem nas tomadas de decisões que melhor refletem a lucratividade da empresa ou instituição. Executa todos os controles contábeis, os lançamentos e os registros, sempre observando os custos de produção e utilizando os dados e informações de outros departamentos ou setores, como:

a. Fluxo de Caixa.

b. Demonstrativo de Resultados.

c. Balanço Patrimonial.

FLUXO DE CAIXA

Para simplificar em termos de conceito, o fluxo de caixa é o mais básico para uma boa gestão financeira. Permite medir todos os valores pagos e todos os valores recebidos em determinado período.

Podemos afirmar que um dos objetivos principais da administração financeira é manter o fluxo de caixa sempre positivo, ou seja, ter mais recursos entrando no caixa da empresa do que saindo. A observação desse fluxo deve ser um processo contínuo, pois ele é essencial para todas as atividades da PME.

DEMONSTRATIVO DE RESULTADOS

Pelo diagnóstico do demonstrativo de resultados, podemos verificar a saúde financeira do negócio. Indica, que a partir de um volume de vendas, do custo dos produtos vendidos e das despesas variáveis e fixas, qual o lucro líquido da empresa, e por meio dele que é possível enxergar os custos que devem ser diminuídos e os pontos que precisam de investimento para manter o negócio sempre competitivo e crescendo.

BALANÇO PATRIMONIAL

Por último, mas não menos importante, o balanço patrimonial no qual podemos analisar os indicadores de ativos (bens e direitos) e de passivos (obrigações) da organização. Essa conta tem como resultado o patrimônio líquido da empresa, indicando quais são os seus recursos próprios.

O balanço patrimonial é obrigatório por lei e essa demonstração financeira é normalmente realizada no final de cada ano, sendo o seu objetivo demonstrar quais são e quanto valem os dois lados da companhia: primeiro, seus bens e direitos; e segundo, suas obrigações e participações dos quotistas ou acionistas.

A denominação "balanço" vem da possibilidade de enxergar, por intermédio dessa comparação, se há uma situação de equilíbrio entre as partes.

Todo sucesso de uma empresa ou instituição ou mesmo de um empreendimento não depende somente do controle financeiro, mas de como ele é executado. Por isso, é importante conhecer vários conceitos e ferramentas que otimizam toda essa atividade, com a finalidade de auxiliar a gastar (investir) seu dinheiro de maneira sábia para aumentar os lucros.

Em resumo:

As principais atividades de um departamento financeiro são:

- **Planejamento financeiro:** permite a criação de estratégias, para desenvolver os meios de atingir os objetivos e a resolução de problemas financeiros de uma

CAPÍTULO 5: ADMINISTRAÇÃO FINANCEIRA E TRIBUTÁRIA **135**

empresa ou instituição. A ferramenta utilizada poderá ser o fluxo de caixa, no qual poderá buscar alternativas de investimentos e ou financiamentos e analisar a estrutura de capital da empresa ou da instituição.

- **Controle bancário:** o objetivo principal é controlar diariamente todas as movimentações bancárias e verificar a disponibilidade dos recursos, para que a empresa ou instituição possa tomar decisões mais efetivas, no dia a dia da empresa.
- **Contas a receber:** controla todos os direitos (créditos) que a empresa tenha a receber de seus clientes, oriundos das vendas realizadas.
- **Contas a pagar:** controla as obrigações que a empresa deve aos seus fornecedores, impostos diversos, salários dos colaboradores, financiamentos e empréstimos, entre outros.
- **Tesouraria:** controla toda a contabilidade e a disponibilidade (caixa e bancos) do dinheiro da empresa.
- **Faturamento:** área que cuida de todas as vendas (emissão dos DANFE's [Documento Auxiliar da Nota Fiscal Eletrônica]) que a empresa realizou durante um determinado período.
- **Auditoria:** revisa e avalia todos os controles financeiros da empresa para assegurar a confiabilidade e a fidelidade dos registros e proporcionar credibilidade aos relatórios administrativos e financeiros.

FISCAL

Com o excesso de tributos existentes e as inúmeras obrigações acessórias que são impostas às empresas pelo fisco, todo o gerenciamento e controle fiscal devem ser realizados de forma cuidadosa e correta, caso contrário podem trazer consequências negativas à empresa, por isso se faz necessário um bom planejamento e execução das atividades operacionais.

No departamento fiscal, os procedimentos de cálculo, escrituração e emissão de todos os tributos e obrigações acessórias são executados, e essas informações servem de base para apurar os impostos, cumprir as exigências fiscais e, principalmente, o controle das receitas e despesas da empresa.

O departamento fiscal é o responsável por manter todos os documentos organizados e em segurança, evitando problemas de inconsistências na hora de apresentar qualquer tipo de informação à fiscalização, lembrando que a legislação tributária exige a guarda de documentos por no mínimo, cinco anos. Por isso atente-se a um correto controle de tais fatos, evitando problemas futuros com o fisco.

RELATÓRIOS FINANCEIROS

Por meio dos relatórios financeiros, podemos monitorar as rotinas diárias das operações de compras, vendas, aplicações dos excedentes, investimentos entre outras e como aplicar os recursos de curto prazo disponíveis para saldar os compromissos (obrigações) dentro do prazo estabelecido.

Uma ferramenta útil, que permite ao gestor ou administrador financeiro utilizar para controlar os seus recursos disponíveis é o fluxo de caixa.

O fluxo de caixa auxilia o gestor ou administrador a planejar, organizar, coordenar, dirigir e controlar os recursos financeiros da empresa ou instituição, o qual detectará as mudanças ou alterações ocorridas nas origens das aplicações dos recursos obtidos nas atividades da empresa ou instituição.

QUADRO 5.1: MODELO DE FLUXO DE CAIXA

Fluxo de Caixa do mês: _____ ano: _____

Descrição	Semana 1	Semana 2	Semana 3	Semana 4	Total
Entradas					
Vendas à Vista					
Vendas Boleto Bancário					
Vendas Cartão Crédito					
Vendas Cartão Débito					
Vendas Cheques					
Venda de Imobilizado					
Receitas de Aplicações					
Empréstimos Bancários					
A) Total das Entradas					
Saídas					
Fornecedores					
Fretes					
Impostos sobre Vendas					
Comissões sobre Vendas					
Salários e Encargos					
Água/Luz/Telefone/Internet					
Despesas com Viagens					

CAPÍTULO 5: ADMINISTRAÇÃO FINANCEIRA E TRIBUTÁRIA 137

Juros/Despesas Bancárias					
Despesas Material Limpeza					
Despesas Material Escrit.					
Pagto. Empréstimo Bancário					
Despesas Diversas					
B) Total das Saídas					
C) Saldo do Dia (A-B)					
D) Saldo Inicial (Anterior)					
E) Saldo Final (C+D)					

Fonte: Elaborado pelos autores (2020).

EXERCÍCIO PRÁTICO 1

a. Elabore o Fluxo de Caixa, conforme informações a seguir, considerando o saldo inicial em caixa de R$650,00.

Semana	Evento	Valor
1	Venda à Vista	600,00
1	Venda Cheques	300,00
1	Fornecedores	450,00
1	Telefone	300,00
2	Venda Boleto Bancário	1.100,00
2	Venda Cartão Crédito	500,00
2	Salários	2.500,00
3	Venda Boleto Bancário	1.000,00
3	Venda Cartão Débito	400,00
3	Fornecedores	900,00
3	Impostos sobre vendas	300,00
3	Comissões sobre vendas	300,00
4	Venda à Vista	600,00
4	Venda Cartão Débito	700,00
4	Vendas Cheques	200,00
4	Impostos sobre vendas	700,00
4	Despesas material escritório	500,00

ADMINISTRAÇÃO – NOVAS PERSPECTIVAS

Fluxo de Caixa do mês: _____ ano: _____

Descrição	Semana 1	Semana 2	Semana 3	Semana 4	Total
Entradas					
Vendas à Vista	600,00			600,00	1.200,00
Vendas Boleto Bancário		1.100,00	1.000,00		2.100,00
Vendas Cartão Crédito		500,00			500,00
Vendas Cartão Débito			400,00	700,00	1.100,00
Vendas Cheques	300,00			200,00	500,00
Venda de Imobilizado					
Receitas de Aplicações					
Empréstimos Bancários					
A) Total das Entradas	**900,00**	**1.600,00**	**1.400,00**	**1.500,00**	**5.400,00**
Saídas					
Fornecedores	450,00		900,00		1.350,00
Fretes					
Impostos sobre Vendas			300,00	700,00	1.000,00
Comissões sobre Vendas			300,00		300,00
Salários e Encargos		2.500,00			2.500,00
Água/Luz/Telefone/Internet	300,00				300,00
Despesas com Viagens					
Juros/Despesas Bancárias					
Despesas Material Limpeza					
Despesas Material Escrit.				500,00	500,00
Pagto. Empréstimo Bancário					
Despesas Diversas					
B) Total das Saídas	**750,00**	**2.500,00**	**1.500,00**	**1.200,00**	**5.950,00**
C) Saldo do Dia (A-B)	**150,00**	**(900,00)**	**(100,00)**	**300,00**	**(550,00)**
D) Saldo Inicial (Anterior)	**650,00**	**800,00**	**(100,00)**	**(200,00)**	**650,00**
E) Saldo Final (C+D)	**800,00**	**(100,00)**	**(200,00)**	**100,00**	**100,00**

Fonte: Elaborado pelos autores (2020).

EMPRÉSTIMOS E FINANCIAMENTOS
CONCEITO DE EMPRÉSTIMOS E FINANCIAMENTOS

A empresa ou instituição normalmente não poderá utilizar de seus recursos circulantes, ou seja, sua quantia disponível em caixa e bancos para comprar ou expandir os negócios, mas tem a possibilidade de firmar empréstimos ou financiamentos se necessário.

- **Empréstimo:** com o auxílio de uma instituição financeira, a empresa pode firmar empréstimo objetivando sanar suas necessidades. Todas as instituições financeiras emprestam dinheiro mediante pagamento de juros, podendo o empréstimo ser de curto ou longo prazo. Como exemplo, temos empréstimos para a quitação de dívidas ou mesmo para composição de capital de giro.

- **Financiamento:** nesta operação utilizam-se os recursos para investimentos específicos em máquinas, equipamentos, veículos, imóvel, entre outros, contudo, isso é previamente acordado entre a empresa e a instituição financeira e o recurso só poderá ser usado para esta finalidade.

Dessa forma, o empréstimo se diferencia do financiamento justamente porque no primeiro a empresa utiliza o recurso como bem quiser, mas no financiamento ela é obrigada a utilizar o recurso captado conforme previamente estabelecido em contrato.

IMPORTÂNCIA DE TER AS CONTAS EQUILIBRADAS

Na atualidade, ter um negócio sempre em crescimento é uma das características mais importantes para se ter sucesso nos negócios, afinal de contas, ter poucas despesas fixas e capacidade para atender mais clientes significa apenas aumento dos ganhos, entretanto, para atingir esse ponto, é preciso encontrar o equilíbrio financeiro.

Seja para contratar tecnologias de otimização de recursos, seja para aumentar o estoque para atender uma oportunidade que surge, um empréstimo poderá ajudar na busca desse ponto ideal, desde que seja muito bem planejado.

Quem deseja progredir sabe que não existe um negócio sem despesas mensais. A ideia é fazer com que elas caibam no orçamento em vez de sufocarem seus esforços (equilíbrio).

SITUAÇÕES EM QUE O EMPRÉSTIMO TRAZ RETORNOS AO NEGÓCIO

Considerando que é possível conquistar esse equilíbrio contratando um empréstimo, vejamos algumas situações em que eles entrarão no planejamento da empresa de maneira positiva.

- Investir em novas tecnologias para a otimização da produção e redução de custos.

A todo instante, surgem inovações que são capazes de otimizar processos produtivos, agilizar as vendas e as entregas e ao mesmo tempo reduzir os custos e aumentar a qualidade de nossos serviços que chegam ao mercado — aumentando a eficiência e a eficácia.

- Pagamento de dívidas mais caras.

Na economia brasileira, estamos acostumados "nos altos e baixos", em que as empresas e as instituições, são obrigadas a tomarem decisões mais difíceis com o objetivo de minimizar problemas. Os juros praticados pelas instituições financeiras são altos. Podemos, muitas vezes, trocar uma dívida com uma taxa de juros muito alta por uma que nos permita diminuir nossas obrigações, liberando a empresa a tornar a investir.

ADMINISTRAÇÃO TRIBUTÁRIA

CONCEITO DE TRIBUTO

Nos antigos impérios, o rei para governar necessitava de uma corte para o servir e um exército para defender seu povo. No entanto, para sustentar os custos da corte e dos exércitos o rei tinha a liberdade de cobrar tributos dos seus súditos. Desta forma, como podemos perceber o tributo é muito antigo e sua função básica é dar sustento ao governo.

Nos dias atuais não é diferente, temos um governo instituído que precisa por sua vez pagar seus funcionários, fornecedores e prestadores de serviços, e para isso precisa cobrar tributos da população na forma de pessoa física e pessoa jurídica. O conceito atual de tributo é regido pelo Código Tributário Nacional (CTN) que diz no seu artigo 3º:

Tributo é toda prestação pecuniária compulsória, em moeda ou cujo valor nela se possa exprimir, que não constitua sanção de ato ilícito, instituída em lei e cobrada mediante atividade administrativa plenamente vinculada.

Os tributos são instituídos por meio de Lei e é cobrado de todas as pessoas físicas e jurídicas, sendo as últimas constituídas em suas atividades administrativas.

Para as pessoas físicas, são cobrados tributos sobre:

a. Renda, na forma de salários, aluguéis, rendimentos de aplicações e outros.
b. Patrimônio, na forma de bens de alto valor como: casas, apartamentos, veículos e outros.
c. Consumo de bens e serviços.

Para as pessoas jurídicas, são cobrados tributos sobre suas atividades administrativas que recaem sobre:

a. Faturamento.
b. Patrimônio.
c. Folha de pagamento.
d. Rendimentos na forma de lucro.

A criação de tributos e sua cobrança são de caráter obrigatório para sustentar o governo em suas ações que devem ser pautadas em favor da sua população, por meio de serviços de proteção, saúde, educação, transporte e outros.

Atualmente, no Brasil, existem aproximadamente uma centena de tributos, cada qual com sua finalidade específica de cobrança e cada um deles possui uma determinada importância. Sempre foram motivos de discussão entre a população e seus governantes, pois, sabe-se que a carga tributária é excessiva quando comparada a de outros países.

CARACTERÍSTICAS, ELEMENTOS E COMPETÊNCIA DO TRIBUTO

Vamos conhecer agora quais são as características, os elementos e a competência de gestão dos tributos.

Características do tributo

O tributo para ter validade jurídica, e para que possa ser cobrado, deve reunir algumas características que veremos a seguir:

a. **Obrigatório:** o tributo não pode ser alternativo para uma pessoa, ou grupo de pessoas ou organizações; também não pode fazer distinção de pessoas. Em primeira análise é universal, tanto para pessoas físicas quanto pessoas jurídicas. Sabe-se que há algumas exceções, mas estas são também permitidas por Lei, porém não muda a característica de ser obrigatório.
b. **Pecuniário:** relativo à pecúnia, que quer dizer, dinheiro. É desta forma que o tributo deve ser quantificado e arrecadado, salvo as exceções também previstas em Lei.

c. **Lei:** o tributo só pode ser criado, extinto, e modificado por uma lei, devidamente sancionada pelos poderes públicos. Não pode ser feito por outra via senão por Lei.

d. **Atividade Administrativa:** o tributo é cobrado mediante atividade administrativa, entenda-se como tal as compras, vendas, faturamento, lucros, circulação de mercadorias, prestação de serviços e outros.

e. **Não Punitivo:** o tributo não possui fim punitivo, pois como já vimos ele possui função de sustentar o governo. Exceto quando falamos dos valores das multas e juros pelo atraso ou não pagamento do tributo. Nesse caso, as multas e juros são considerados punição pelo ato do não pagamento do tributo, porém o valor do tributo em si, não é punitivo, pois tem como finalidade, retornar para a sociedade na forma de serviços prestados pelos poderes públicos aos seus cidadãos.

Elementos do Tributo

Para ter uma compreensão, vamos conhecer os elementos fundamentais do tributo. Como se dá sua identificação, arrecadação e principais obrigações dos responsáveis tanto pelo pagamento quanto pelo recebimento dos tributos, portanto, vejamos a seguir algumas definições.

a. **Credor:** sujeito ativo, Pessoa Jurídica de direito público, titular da competência para exigir o cumprimento da obrigação tributária, que só pode ser órgãos públicos da União, Estados, Municípios e Distrito Federal. Artigo 119 do CTN.

b. **Devedor:** sujeito passivo pode ser Pessoa Física ou Jurídica, conhecido também como contribuinte, este é obrigado ao pagamento do tributo junto ao Governo, seu credor. Art. 121 do CTN.

c. **Fato Gerador:** é a situação definida em Lei como necessária e suficiente para dar origem à obrigação tributária. No momento de sua ocorrência nasce a obrigação do pagamento do imposto. Artigos 114 e 115 do CTN.

Temos como exemplo de fatos geradores:

- Prestar serviços (teremos o ISS).
- Receber renda (teremos o IR).
- Fazer circular mercadorias (teremos o ICMS).

d. **Base de Cálculo:** é o valor que se toma como base para o cálculo do tributo devido, é sobre este valor que será aplicada a alíquota (percentual) para apurar este tributo. Art. 146 da Constituição Federal de 1988.

CAPÍTULO 5: ADMINISTRAÇÃO FINANCEIRA E TRIBUTÁRIA **143**

Exemplos de Base de Cálculo:

- IRPJ — Base de Cálculo: Lucro.
- PIS — Base de Cálculo: Faturamento Mensal.

e. **Alíquota:** é o percentual definido em Lei, que aplicado sobre a base de cálculo, determina o valor do tributo a ser pago.

Exemplos de Alíquotas:

- IRPJ — 15%; COFINS — 7,60%; ICMS — 18%; ISS — 5%.

f. **Adicional:** além do imposto devido, apurado pela aplicação da alíquota sobre a base de cálculo, às vezes, a Lei determina uma alíquota adicional.

Exemplo: adicional do IRPJ — além da alíquota normal de 15%, sobre o lucro apurado no trimestre, há ainda uma alíquota adicional de mais 10% sobre o valor do lucro real que exceder a R$60.000,00 no trimestre.

Competência do Tributo

Competência Tributária é a aptidão para criar tributos, bem como alterá-los, modificá-los ou extingui-los. Pela Constituição Federal de 1988, este poder de tributar cabe somente aos Poderes Públicos, nos seus três níveis:

1. Federal.
2. Estadual e Distrital.
3. Municipal.

Portanto, cabem somente, e exclusivamente, aos poderes públicos a competência e a gerência sobre o tributo, que deve ser feito obrigatoriamente por Lei sancionada que assim o determine. Como nos mostra a Constituição Federal de 1988 nos seus artigos 153, 155 e 156.

1. Art. 153 da Constituição Federal de 1988: **Compete a União Federal** instituir impostos sobre:
   - Imposto de Importação (II): importação de produtos estrangeiros.
   - Imposto de Exportação (IE): exportação de produtos nacionais ou nacionalizados.
   - Imposto de Renda (IR): renda e proventos de qualquer natureza.
   - Imposto sobre Produtos Industrializados (IPI).
   - Imposto sobre Operações Financeiras (IOF): operações de crédito, câmbio e seguros ou relativas a títulos e valores mobiliários.
   - Imposto sobre a Propriedade Territorial Rural (ITR).
   - Imposto sobre Grandes Fortunas (IGF).

2. Art. 155 da Constituição Federal de 1988: **Compete aos Estados e Distrito Federal**, instituir impostos sobre:
   - Imposto sobre a Propriedade de Veículos Automotores (IPVA).
   - Imposto sobre Transmissão Causa Mortis e Doação (ITCMD): transmissão e doação de quaisquer bens ou direitos.
   - Imposto sobre operações relativas a Circulação de Mercadorias e prestação de Serviços de transporte interestadual, intermunicipal e de comunicação (ICMS).

3. Art. 156 da Constituição Federal de 1988: **Compete aos Municípios**, instituir impostos sobre:
   - Imposto Predial e Territorial Urbano (IPTU).
   - Imposto sobre Serviços de qualquer Natureza (ISS).
   - Imposto sobre a Transmissão Intervivos de Bens Imóveis (ITBI).

ESPÉCIES DE TRIBUTOS: PRINCIPAIS TRIBUTOS

No Brasil o tributo é classificado em 5 espécies, sendo que a grande maioria dos tributos hoje em vigor (quase cem tributos) são aplicados somente nas três primeiras espécies. Vamos conhecê-las e também alguns exemplos desses tributos, bem como demonstrar sua competência tributária, sua finalidade e aplicabilidade.

São elas:

- Imposto.
- Taxa.
- Contribuições Sociais.
- Contribuições de Melhoria.
- Empréstimo Compulsório.

IMPOSTO

É a principal fonte de arrecadação dos governos, consta no artigo 16 do CTN.

Imposto é o tributo cuja obrigação tem por fato gerador uma situação independentemente de qualquer atividade específica, relativa ao contribuinte.

Como representam a grande maioria da quantidade dos tributos existentes, bem como do valor total arrecadado pelo governo. Nesta espécie, veremos exemplos de impostos nos três níveis de governo: federal, estadual ou distrital e municipal.

Impostos Federais

IMPOSTO SOBRE A RENDA E PROVENTOS DE QUALQUER NATUREZA (IRPF OU IRPJ)

Imposto calculado e cobrado sobre a composição de renda de pessoa física, denominado **Imposto de Renda Pessoa Física (IRPF)**, ou da pessoa jurídica, denominado **Imposto de Renda Pessoa Jurídica (IRPJ)**. Em ambos os casos são cobrados sobre a composição de renda, que na pessoa física pode ser renda oriunda de salários, aluguéis, rendimentos sobre aplicações ou da venda de imóvel, por exemplo. No caso da pessoa jurídica, a composição da renda se dá por meio do lucro obtido em suas operações empresariais.

No IRPF, a cobrança do tributo ocorre mediante a aplicação de uma tabela progressiva com base de cálculo de acordo com os rendimentos. Quanto maior for a renda do contribuinte, maior será a alíquota e o valor do imposto a pagar.

No IRPJ, a cobrança do imposto ocorre mediante um percentual fixo de 15% a ser aplicado sobre o total do lucro da empresa. Existe ainda uma segunda alíquota fixa de 10% denominada de alíquota adicional, que é aplicada sobre o valor do lucro da empresa que ultrapassar R$20.000,00 no mês ou R$60.000,00 no trimestre.

IMPOSTO SOBRE PRODUTOS INDUSTRIALIZADOS (IPI)

Esse imposto recai sobre todos os produtos que passam pelo processo de industrialização, ou seja, que em sua etapa o produto sofra algum tipo de transformação, modificação e embalagem. As empresas e as pessoas físicas que importam produtos do exterior também estão sujeitas ao IPI. As alíquotas variam de acordo com cada produto, não tendo, portanto uma alíquota fixa.

IMPOSTO SOBRE OPERAÇÕES DE CRÉDITO, CÂMBIO E SEGURO, OU RELATIVAS A TÍTULOS OU VALORES MOBILIÁRIOS (IOF)

Esse imposto recai sobre as operações de crédito, câmbio, seguro, operações com ouro e títulos imobiliários. Na prática o imposto é cobrado pelos bancos, financeiras e seguradoras, que devem repassar o valor do imposto ao governo. Portanto, a cada operação de empréstimo, contrato de câmbio ou contratação de um seguro o contribuinte paga pelo respectivo serviço, além das taxas aos prestadores de serviços e os respectivos impostos.

Citamos aqui apenas três impostos federais, lembrando que os impostos de competência do governo federal não se resumem a estes.

DICA

Para conhecer os demais impostos federais, você pode consultar o site da Receita Federal do Brasil em: www.receita.fazenda.gov.br/acesso-rapido/tributos.

Impostos Estaduais

IMPOSTO SOBRE OPERAÇÕES RELATIVAS À CIRCULAÇÃO DE MERCADORIAS E SOBRE PRESTAÇÃO SERVIÇOS (ICMS)

Esse imposto de competência dos governos estaduais e do Distrito Federal recai sobre a circulação de mercadorias e alguns tipos de prestação de serviços, mais especificamente sobre serviços de transporte e comunicação. Quando se adquire um produto de um estabelecimento, o imposto incide a partir do momento em que ele circula, ou seja, que ele sai do estabelecimento para outro determinado local. Esta regra vale também não só para operações de compra e venda, mas também para operações de transferências de mercadorias entre filiais ou devoluções, pois nessas situações também haverá a circulação de mercadoria. As regras de aplicações do imposto e alíquotas são diversas cabendo a cada Estado determinar as regras aplicáveis desse imposto.

IMPOSTO SOBRE A PROPRIEDADE DE VEÍCULOS AUTOMOTORES (IPVA)

Esse imposto recai sobre a propriedade de veículos automotores, na forma de veículos de passeio, de transporte de passageiros e de cargas, motocicletas e também recai sobre aeronaves e embarcações. As alíquotas variam de acordo com o tipo de veículo e a potência do motor. Por ser de competência estadual, cabe a cada Estado definir as regras de cobranças e as alíquotas.

IMPOSTO SOBRE TRANSMISSÃO "*CAUSA MORTIS*" E DOAÇÃO (ITCMD)

Esse imposto recai sobre os bens (na sua maioria bens imóveis) que são transmitidos de uma pessoa para outra na forma de doação ou de herança. Essa transmissão deve ocorrer em cartório e no momento de lavrar o documento de transferência, o contribuinte paga as taxas do cartório e também o imposto sobre essa transmissão. A alíquota é aplicada sobre o valor venal do bem, e varia para cada Estado.

Citamos aqui apenas três impostos estaduais, lembrando que os impostos de competência do governo estadual não se resumem a estes.

DICA

Para conhecer os demais impostos estaduais, você pode consultar os sites da Secretaria de Estado da Fazenda de cada Estado.

Impostos Municipais

IMPOSTO SOBRE A PROPRIEDADE PREDIAL E TERRITORIAL URBANA (IPTU)

Esse imposto recai sobre a propriedade, um bem imóvel, situada em área urbana de um município, podendo ser um terreno, casa, apartamento, comércio, indústria e outros. O valor do imposto é calculado sobre o valor venal do imóvel e aplicado uma alíquota que varia de acordo com o valor venal do imóvel. Por ser um imposto municipal, cabe a cada prefeitura determinar as alíquotas a serem aplicáveis.

IMPOSTO SOBRE SERVIÇOS DE QUALQUER NATUREZA (ISS)

Esse imposto recai sobre a prestação de serviços de qualquer natureza, exceto os serviços de transporte e comunicação que fazem parte do ICMS. Como é de competência dos municípios legislar sobre esse tributo, a alíquota é aplicada sobre o valor total do serviço prestado, mediante alíquota que varia conforme a atividade do serviço e o município onde o contribuinte está situado.

IMPOSTO SOBRE A TRANSMISSÃO DE BENS IMÓVEIS E DE DIREITOS A ELE RELATIVOS (ITBI)

Esse imposto recai sobre as transmissões de bens imóveis, que se originam nas operações de compra e venda de bens imóveis que são efetivadas em cartórios. No momento do registro da transmissão do bem é cobrado o imposto que é de competência municipal. O valor do imposto é calculado sobre o valor venal do imóvel, no qual é aplicada uma alíquota percentual sobre este. Normalmente o imposto é pago pelo adquirente, mas pode ser pago pelo vendedor, desde que isso seja acordado entre as partes e mencionado no contrato de compra e venda.

Citamos aqui apenas três impostos municipais, lembrando que os impostos de competência do governo municipal não se resumem a estes.

DICA

Para conhecer mais sobre este imposto, você pode acessar o site do município, procurando a seção de impostos e ITBI.

TAXA

Taxa corresponde a uma espécie de tributo que também está regulado em Lei, no CTN artigos 77 e 78, em que afirma que a taxa tem como fato gerador de cobrança a utilização efetiva do serviço público que é específico e divisível prestado ao contribuinte que o solicitar.

Ainda de acordo com o artigo 77, o CTN vai afirmar que "a taxa não pode ter base de cálculo ou fato gerador idênticos aos que correspondam a imposto nem ser calculada em função do capital das empresas" ou seja, não se pode cobrar uma taxa sobre a mesma base de cobrança de um imposto. Por exemplo, não se pode cobrar uma taxa sobre o lucro das empresas, pois já existe um imposto que cumpre esta função.

Exemplos:

Alguns exemplos de taxas existentes:

a. Taxa para emissão de Passaporte (União Federal).

Uma taxa que pode ser cobrada do contribuinte é taxa da União Federal para confecção de passaporte. Note que o uso do serviço público é específico e somente a quem solicitar o passaporte.

b. Taxa de licenciamento anual de veículo (Estadual).

Nesse segundo exemplo temos a taxa de licenciamento anual de veículo que será cobrada somente de quem possuir um determinado veículo.

c. Taxa de Licença de Funcionamento (TLF) (Municipal).

Por fim, nesse terceiro exemplo, temos uma taxa no nível municipal, a Taxa de Licença de Funcionamento. Ela é cobrada anualmente, a fim de que o município verifique se o estabelecimento está funcionando regularmente. Para isso o governo precisa destinar pessoal e recursos com o objetivo de verificar esta empresa em específico.

Ainda existem outras taxas:

- Taxa de Coleta de Lixo.
- Taxa para emissão de 2ª Via de Registro Geral (RG).
- Taxa de Conservação e Limpeza Pública.
- Taxa de Controle e Fiscalização Ambiental (TCFA).
- Taxa de Fiscalização da Aviação Civil (TFAC).

Vale a pena ressaltar que para todas as taxas em vigor, existe uma Lei que a criou, bem como estabeleceu critérios de valores de forma de pagamento, entre outros aspectos pertinentes.

CONTRIBUIÇÃO SOCIAL

Outra espécie de tributo existente são as contribuições sociais, e como o próprio nome diz, trata-se de uma espécie de tributo com finalidade específica, ou seja, sua arrecadação destina-se para o custeio e manutenção da previdência, saúde e assistência social e como todo tributo sua base legal. Está na Constituição Federal de 1988 no seu artigo 195.

Exemplos de Contribuições Sociais:

- Contribuição Patronal Previdenciária (CPP).
- Fundo de Garantia por Tempo de Serviço (FGTS).
- Programa de Integração Social (PIS).
- Contribuição Social para Financiamento da Seguridade Social (COFINS).
- Contribuição Social sobre o Lucro Líquido (CSLL).

CONTRIBUIÇÃO DE MELHORIA

Trata-se de outra espécie de tributo. A contribuição de melhoria está regulada no CTN, nos artigos 81 e 82, em que afirma que a contribuição de melhoria é instituída para fazer face ao custo de obras públicas de que decorra valorização imobiliária ao contribuinte.

Exemplos de contribuições de melhoria:

- Pavimentação asfáltica.
- Construção de esgotos pluviais, pontes, túneis, viadutos.
- Construção de sistemas de trânsito rápido: Metrô, BRT (*Bus Rapid Transit, Transporte Rápido por Ônibus*) e outros do gênero.

Cabe comentar que ao término dessas obras, elas acabam proporcionando uma valorização imobiliária dos contribuintes situados próximos a essas obras de melhoria, o que permitiria aos governos instituir a cobrança da contribuição de melhoria. No entanto, devido a já elevada carga tributária, os governos optam por realizar as obras com os recursos dos tributos já existentes sem exigir este novo tributo do contribuinte.

EMPRÉSTIMO COMPULSÓRIO

Este tipo de tributo, que é de responsabilidade da União Federal, está regulado no artigo 148 da Constituição Federal de 1988 e no artigo 15 do CTN.

A União Federal poderá instituir empréstimos compulsórios para atender despesas extraordinárias decorrentes de calamidade pública, de guerra externa ou sua iminência e também no caso de investimento público de caráter urgente e de relevante interesse nacional. Uma característica desta espécie de tributo é que por ser na modalidade de empréstimo, deverá ser restituído ao final de determinado tempo também estipulado em Lei.

Exemplos:
Trata-se de um tributo, de raros casos de criação e de cobrança. Tivemos um exemplo que ocorreu entre os anos 1986–1989, no qual foi instituído o empréstimo compulsório sobre os combustíveis, além dos já ora existentes. Nesse caso, a finalidade foi de fornecer recursos para a dinamização do desenvolvimento nacional e apoio à iniciativa privada na organização e ampliação de suas atividades econômicas.

EXERCÍCIO PRÁTICO 2

Calcule os tributos a seguir da empresa prestadora de serviços ABC Ltda., de acordo com as informações fornecidas, informando o total a pagar dos tributos.

Tributos a serem calculados: **IPTU, IPVA, ISS**.

Informações para cálculos:

a. Valor Venal do Imóvel R$2.500.000,00 — alíquota: 1,5%.
b. Valor Venal dos Veículos: R$255.300,00 — alíquota: 3%.
c. Valor dos Serviços Prestados: R$1.958.760,00 — alíquota 2,5%.

Solução:

a. IPTU = Valor venal do Imóvel × alíquota (varia de município para município ou mesmo a região de localização).

R$2.500.000,00 × 1,5% = R$37.500,00

b. IPVA = Valor venal do Veículo × alíquota (baseada por decisão de cada estado).

R$255.300,00 × 3% = R$7.659,00

c. ISS = Valor dos Serviços Prestados × alíquota (varia de município para município).

R$1.958.760,00 × 2,5 % = R$48.969,00

Total dos Tributos = IPTU + IPVA + ISS

R$37.500,00 + R$7.659,00 + R$48.969,00 = R$94.128,00

REGIMES TRIBUTÁRIOS NO BRASIL

Cabe ao credor da obrigação tributária, que é o Governo em suas três esferas, a criação e a regulação dos tributos que abrange vários aspectos como: fato gerador, base de cálculo, alíquotas e demais aspectos. A fim de organizar a base

CAPÍTULO 5: ADMINISTRAÇÃO FINANCEIRA E TRIBUTÁRIA **151**

arrecadadora e seu funcionamento, o Governo Federal instituiu três regimes oficiais de cobrança dos tributos que são conhecidos como Regimes Tributários. São eles:

- Regime do Simples Nacional.
- Regime do Lucro Presumido.
- Regime do Lucro Real.

As regras para que as empresas possam optar pelo melhor regime dependerão de diversos fatores, como o setor em que atuam, o montante do seu faturamento e outros aspectos que veremos adiante.

REGIME DO SIMPLES NACIONAL

Criado pela Lei Complementar nº. 123/2006, o Regime do Simples Nacional é um regime compartilhado de arrecadação, cobrança e fiscalização de tributos aplicável às Microempresas e Empresas de Pequeno Porte. Abrange a participação de todos os entes federados (União, Estados, Distrito Federal e Municípios).

Um grande diferencial desse regime é que ele procura simplificar a apuração e pagamento de tributos em especial às empresas de menor porte. No regime de tributação do Simples Nacional há a Unificação dos seguintes tributos:

- Imposto de Renda Pessoa Jurídica (IRPJ).
- Contribuição Social sobre o Lucro Líquido (CSLL).
- Programa de Integração Social (PIS).
- Contribuição para Financiamento da Seguridade Social (COFINS).
- Imposto sobre Produtos Industrializados (IPI).
- Contribuição Patronal Previdenciária (CPP).
- Imposto sobre Circulação de Mercadorias e Serviços (ICMS).
- Imposto sobre Serviços de Qualquer Natureza (ISS).

Esses tributos em vez de serem apurados e recolhidos de forma individual são recolhidos mensalmente por meio de uma única guia de recolhimento chamada Documento de Arrecadação do Simples Nacional (DAS), o que traz uma simplificação do registro, apuração e recolhimento desses tributos por parte das empresas.

No regime do Simples Nacional existe uma classificação das empresas da seguinte forma:

- Microempreendedor Individual (MEIs). Lei Complementar nº 128/2008.
- Microempresas (MEs). Lei Complementar nº 123/2006.
- Empresas de Pequeno Porte (EPPs). Lei Complementar nº 123/2006.

Basicamente essa classificação é definida de acordo com o seu faturamento:

- MEI: Possui faturamento anual de até R$81.000,00.
- ME: Possui faturamento anual de até R$360.000,00.
- EPP: Possui faturamento anual de até R$4.800.000,00.

No entanto, não poderão enquadrar-se nesse regime as empresas que:

- Possuam faturamento anual acima de R$4.800.000,00.
- De cujo capital participe outra pessoa jurídica.
- Filial de pessoa jurídica com sede no exterior.
- Possuam atividade no segmento financeiro (bancos, corretoras, financiadoras, sociedades de crédito e outras).
- Que tenha sócio domiciliado no exterior.
- Que possua débito com os governos.
- Que exerça atividades automotivas.
- Que seja empresa constituída na forma S.A. (Sociedade por Ações).

Nesses casos as empresas devem fazer a opção por um dos outros dois regimes tributários: Regime do Lucro Presumido ou Regime do Lucro Real.

DICA

Para conhecer melhor o Regime do Simples Nacional, suas condições, vantagens oferecidas e demais informações você pode acessar o site: www8.receita.fazenda.gov.br/SimplesNacional

REGIME DO LUCRO PRESUMIDO

A modalidade de tributação pelo Regime do Lucro Presumido consiste na apuração do lucro a partir do faturamento da empresa e sobre o seu faturamento aplica-se uma alíquota percentual para se chegar a um determinado lucro, ou seja, tem-se a chamada "presunção de lucro" e sobre este lucro é que se calculam os tributos, no caso o Imposto de Renda Pessoa Jurídica (IRPJ) e a Contribuição Social sobre o Lucro Líquido (CSLL).

De acordo com o decreto 9580/2018, o percentual a ser aplicado sobre o faturamento da empresa vai depender da sua atividade principal. Como exemplo, uma empresa que tenha atividade comercial ou industrial, a alíquota para determinar o lucro presumido é de 8% sobre o faturamento dessa empresa. Já a empresa que explora a atividade de prestação de serviços tem alíquota de 32% sobre o seu faturamento.

CAPÍTULO 5: ADMINISTRAÇÃO FINANCEIRA E TRIBUTÁRIA

A vantagem de pertencer a esse regime é a facilidade de apuração dos tributos a serem recolhidos e das obrigações de registros contábeis e fiscais.

A empresa pode optar por esse regime desde que seu faturamento anual não ultrapasse o valor de R$78.000.000,00, e caso ultrapasse deverá por imposição da lei se enquadrar no regime de lucro real.

Vale destacar que todas as empresas possuem um lucro real de suas operações e quando elas optam por pagar os tributos sobre um "lucro presumido" podem estar ganhando ou perdendo com essa opção, por isso é necessário antes de se fazer essa opção, efetuar um cuidadoso planejamento tributário que lhe seja mais vantajoso.

DICA

O lucro presumido é interessante principalmente para empresas que conseguem obter lucro superior ao da média nacional, ou seja, aquele que é presumido pelo governo. E para garantir uma economia no pagamento de tributos é importante realizar um planejamento tributário.

LUCRO REAL

O Regime do Lucro Real consiste na apuração dos tributos, de forma completa, pelos resultados apurados na sua Demonstração de Resultado do Exercício (DRE), por meio da apuração das receitas com as deduções das despesas, dos custos e os ajustes no lucro conforme determinação da legislação do Imposto de Renda. Nessa modalidade, o registro contábil e fiscal e as obrigações fiscais acessórias são mais exigentes e detalhadas, conforme consta no Decreto 9580/2018.

As empresas que faturam acima de R$78.000.000,00 ao ano e as que pertencem ao segmento financeiro (instituições financeiras, seguradoras, corretoras) e as empresas de capital aberto são obrigadas a se enquadrar neste regime. As demais empresas podem fazer a opção de ficar nesse regime ou optar pelo regime do lucro presumido.

Além dos três regimes, existe ainda uma quarta opção denominada de Lucro Arbitrado, que consiste no arbitramento pelo fisco das regras de cobrança dos tributos de empresas, em que não seja possível sua apuração pelos três regimes normais, sejam por razões de fatalidades, como perda de documentação comprobatória de receitas, compras, lucros e outros, seja por desclassificação do fisco devido a diversos erros cometidos pela empresa, seja em virtude de erros comuns ou de razões motivadas por fraudes. Nesses casos, o próprio fisco arbitra uma margem de lucro para cobrar a empresa que se encontra nesta situação. Vale ressaltar que se trata de casos bem específicos e raros, e que as margens de cobrança costumam ser mais elevadas do que os três regimes oficiais.

IMPORTÂNCIA DO PLANEJAMENTO DE ESCOLHA DO REGIME TRIBUTÁRIO

Tendo o devido conhecimento, a empresa sabe exatamente quais os tributos a que ela está sujeita, podendo planejar suas ações de compras, vendas, faturamento. É fundamental o conhecimento exato e atualizações constantes, não só pela correta contabilização, mas para orientar toda a empresa de suas obrigações, visando uma economia tributária dentro das regras permitidas pela Lei e aumentando sua margem de lucratividade.

DICA

Para a empresa obter maiores informações e atualizar-se, recomenda-se a leitura de:

1 - Jornais: *Folha de São Paulo, Estado de São Paulo, Valor Econômico* e outros.

2 - Revistas especializadas: *Veja, Exame, Pequenas Empresas Grandes Negócios, Você S/A, Vencer* e outras que abordem o tema.

3 - Diário Oficial: (união, estado, município).

4 - Sites: Específicos na internet nas áreas de economia e finanças.

EXERCÍCIOS

1. Quais são os três órgãos normativos do Sistema Financeiro Nacional?
2. O Sistema Financeiro Nacional é dividido em Subsistema de Supervisão e Subsistema Operativo. Informe qual é a composição de cada subsistema.
3. Cite 3 (três) documentos financeiros, conhecidos como títulos de crédito.
4. Quais as principais atividades do departamento financeiro?
5. Cite quais são os Regimes Tributários no Brasil.

CAPÍTULO 6

ADMINISTRAÇÃO DE PESSOAL

GESTÃO DE PESSOAS

As organizações estão cada vez mais competitivas e isso decorre de fatores como: globalização, avanço tecnológico, redução de custos, maior exigência dos clientes, entre outros, o que faz com que as empresas busquem uma atuação estável entre seus concorrentes e qualidade nos seus produtos e serviços (DUTRA, 2004).

Os maiores ativos das empresas deixam de ser físicos, tais como prédios, instalações, sistemas. O capital intelectual, por meio dos indivíduos, torna-se elemento imprescindível para o incremento de estratégias voltadas à maximização de resultados e, principalmente, de valores distintivos. Para as empresas permanecerem neste competitivo mercado e lograr êxito, os colaboradores passam a ser fator determinante (OHMAE, 1996).

Boutellier e Karyotis (2010) afirmam que o Capital Intelectual envolvem três dimensões:

1. Humana (conhecimento do assunto e capacidade de execução).
2. Estrutural (organização dos processos, trabalho em equipe).
3. Relacional (relacionamento com os clientes e fornecedores).

Sobre o capital intelectual, Chiavenato (2009, p. 2) afirma:

A era da informação colocou o conhecimento humano como o mais importante recurso organizacional: uma riqueza intangível, invisível, mas fundamental para o sucesso das organizações. E isso trouxe situações completamente inesperadas. Uma delas é a crescente importância do capital intelectual como riqueza organizacional.

O segredo do sucesso nas organizações é saber captar valores humanos e integrá-los em suas atividades laborais, conforme preconiza Chiavenato (2009, p. 2) ao afirmar que:

O segredo das organizações bem-sucedidas é saber agregar valores humanos e integrá-los e alinhá-los em suas atividades. Saber buscar pessoas no mercado que tenham condições de ajudar a organização a navegar pelas turbulências dessa nova era. Nesse aspecto o subsistema de desenvolvimento de recursos humanos constitui o principal meio de melhorar e acrescentar conhecimentos, habilidades e competências às pessoas e transformá-las em verdadeiros talentos humanos capazes de formar o cérebro, a inteligência e o sistema nervoso da organização moderna.

De acordo com Stédile e Fumagalli (2017, p. 64): "Gestão de pessoas não se restringe a um determinado setor encaixado na estrutura organizacional, mas diz respeito a todos os que formal ou informalmente conduzem processos de trabalho que envolvem a valorização de pessoas, tendo em vista que o capital humano se caracteriza como o grande diferencial dentro das organizações."

O processo de gestão de pessoas precisou se modernizar e atualizar, ele não é mais visto como um setor ou departamento, mas uma estrutura que agrega as pessoas, seus processos de trabalho, e a valorização do potencial humano de cada colaborador dentro da organização, visando à valorização do capital humano e suas potencialidades. Apesar desse contexto, Bhattacharya et al. (2009) alega que o papel do gestor de RH, na visão de liderança responsável, até agora tem sido negligenciado, e afirma que isso é um paradoxo, devido à liderança responsável por pessoas dificilmente poder ser alterada sem transformações motivadoras que envolvam atitudes gerenciais e de valores.

ESTRUTURA DO DEPARTAMENTO DE RECURSOS HUMANOS

A área de recursos humanos deve administrar as relações entre a organização e as pessoas que a compõe. As pessoas passam a ser consideradas não mais como números ou meros negócios, mas como parceiros estratégicos (Ribeiro, 2012).

Para corroborar, afirma Ribeiro (2012, p. 5):

A área dos recursos humanos deve estar voltada, permanentemente para ajudar a organização a alcançar seus objetivos e a realizar suas missões tornando-a competitiva. Além disso, também tem de prover empregados bem treinados e bem motivados, ao mesmo tempo que desenvolve e mantém a qualidade de vida no trabalho, administra as mudanças e incentiva políticas éticas e o comportamento socialmente responsável.

Cabe, portanto, a área de recursos humanos, administrar e gerir da melhor forma possível o principal recurso de que dispõe, as pessoas. Pensando desta forma, a empresa deve criar uma estrutura bem elaborada e consistente do departamento de recursos humanos.

Para melhor realizar as várias e complexas atividades, o departamento, divide essas atividades em dois grupos:

1. Recursos Humanos.
2. Departamento de Pessoal.

Vejamos, a seguir, as principais atividades a serem desenvolvidas em sua estrutura:

1. Estrutura de Recursos Humanos:

   a. Recrutamento e Seleção.
   b. Treinamento e Desenvolvimento de Pessoas.
   c. Programas de Liderança e Motivação.
   d. Planejamento de Cargos, Salários e Benefícios.

2. Estrutura do Departamento de Pessoal:

   a. Contratação e Demissão de Pessoal.
   b. Elaboração da Folha de Pagamento.
   c. Medicina e Segurança no Trabalho.

Como podemos observar, trata-se de um grande desafio, gerenciar pessoas em todos os seus aspectos (físicos, emocionais, profissionais), a fim de obter o máximo rendimento de cada um para a organização, além de atender uma série de legislações, fiscais, trabalhistas e previdenciárias. Por isso, as empresas constantemente necessitam de bons profissionais que venham agregar valores e que possam auxiliar a superar estes desafios.

RECRUTAMENTO E SELEÇÃO

Consiste na fundamental atividade de recrutar e selecionar as pessoas no mercado que estejam mais preparadas e alinhadas com a cultura da empresa. Trata-se de um grande desafio para as empresas, pois, o período de recrutar e selecionar geralmente é curto devido à urgência de colocar o profissional no posto de trabalho, principalmente quando a necessidade não foi planejada ou porque houve um desligamento não programado. Ao mesmo tempo selecionar a pessoa certa, com as características certas para o posto de trabalho certo, demanda tempo para analisar, testar e comprovar se o candidato de fato será o ideal para preencher a vaga. Um erro nesse processo seguramente custará caro para a empresa.

Esse processo ocorre em duas fases:

a. **Fase de recrutamento:** consiste em recrutar ou atrair pessoas, visando à necessidade da empresa de preencher um posto de trabalho.

b. **Fase de seleção:** consiste em verificar entre os candidatos recrutados, aquele ou aqueles que atendam o perfil desejado para a vaga.

RECRUTAMENTO

A fase do recrutamento ocorre após a empresa detectar a necessidade de preenchimento de um posto de trabalho, no qual o departamento ou setor requisitante deve apresentar, por meio de um documento ou uma requisição, a necessidade e as razões para a contratação, e esta deve ser direcionada ao departamento de pessoal, que é responsável pela etapa do recrutamento.

O recrutamento pode ser realizado de duas formas:

1. **Recrutamento Interno:** a empresa vai buscar internamente se existe alguém com o perfil desejado para a vaga. Normalmente esse procedimento é realizado pela análise de currículo, certificados e diplomas, entrevistas com o possível candidato e também com o superior imediato. Também podem ocorrer algum tipo de teste dependendo dos requisitos da vaga.

   A vantagem do processo de recrutamento interno é que a empresa já conhece o funcionário, portanto já possui certo grau de confiabilidade minimizando o tempo e os custos de integração, treinamento e adaptação à empresa.

2. **Recrutamento Externo:** é realizado no ambiente externo à empresa, onde esta vai recrutar possíveis candidatos à vaga, por meio de anúncios na mídia, nas redes sociais, nos ambientes acadêmicos e outros meios. Também é possível terceirizar o recrutamento externo por meio da contratação de agências de emprego.

   Apesar de ser mais custoso, também há as vantagens no processo de recrutamento externo, em que será contratada uma pessoa externa à empresa, ou seja, novo funcionário, com novas ideias e perspectivas que venham somar e agregar.

SELEÇÃO

Uma vez recrutados os possíveis candidatos, inicia-se a fase de seleção, na qual a empresa irá verificar qual ou quais atendem às necessidades previstas para a vaga a ser preenchida.

De um lado temos a empresa que necessita que o candidato possua algumas competências, habilidades e atitudes, e do outro temos os candidatos que as possuem.

FIGURA 6.1: EMPRESA X CANDIDATO

Elaborado pelos autores (2020).

A etapa de seleção de forma geral consiste em:

a. Análise de currículo.
b. Entrevistas.
c. Dinâmicas.
d. Testes específicos.

Dependendo da empresa e do cargo a ser ocupado, esse processo pode ser mais curto ou mais longo, por exemplo: se procura um cargo de gerência ou direção, será feito um processo mais longo a fim de conhecer com maiores riquezas e detalhes o perfil e as características do futuro ocupante ao cargo. Por exemplo, na fase de entrevista, pode ser necessária mais de uma entrevista, com o selecionador, com o superior imediato e até mesmo com o dono da empresa.

> **DICA**
>
> Para evitar maiores custos, algumas empresas já adotam como critérios de seleção, apresentação de currículos virtuais e seleções à distância, utilizando-se de algumas ferramentas como, por exemplo, o *Skipe*. Por isso é fundamental que o candidato conheça essas ferramentas e prepare-se bem.

TREINAMENTO E DESENVOLVIMENTO

Uma vez admitido na empresa, o novo colaborador deve passar por um processo inicial e, na sequência, de forma constante, por treinamentos e capacitações a fim de desenvolver-se e colaborar com o sucesso da empresa da qual é parte integrante. Desta forma, todos os colaboradores devem estar capacitados de forma a atender os requisitos para que a empresa também venha a adquirir suas próprias competências e assim destacar-se e manter-se no mercado. Sobre as competências das organizações, afirma PICCHIAI (2010, p. 135) em seu artigo:

> *Competências Organizacionais são as capacidades especiais que uma organização possui no intuito de atingir seus objetivos estratégicos. São adquiridas ao longo do tempo pela organização, por meio da composição de diversas competências individuais, processos internos e uma cultura organizacional.*

DICA

Recomenda-se valorizar o processo de integração de um novo colaborador, pois ainda existem muitas empresas que por pressões e urgências, não costumam dar o devido tempo e a atenção necessária a essa importante etapa no processo formativo do colaborador na empresa. É preciso que o colaborador conheça bem a cultura da nova empresa e dela faça adesão.

MÉTODOS DE TREINAMENTO E DESENVOLVIMENTO.

Também conhecido pela sigla T&D (Treinamento e Desenvolvimento), o T&D consiste no uso de diversas formas de treinamento e capacitação dos colaboradores, visando adquirir maiores competências individuais e, por conseguinte, a empresa também adquire e reforça suas competências organizacionais.

As modalidades de treinamento são diversas e iniciam-se no momento que o colaborador entra na empresa, por meio de programas de integração e o processo contínuo durante toda sua jornada laborativa, incluindo-se diversas formas, visando seu aperfeiçoamento em todas as áreas, técnicas, comportamentais e emocionais.

Vejamos a seguir alguns modelos de T&D:

1. **Programa de integração de novos colaboradores:** envolve a preparação de funcionários recém-admitidos proporcionando a estes uma integração e conhecimento inicial da organização, conhecimento da estrutura da empresa, do ambiente específico de trabalho e de toda a equipe. Essa modalidade de

treinamento é útil na manutenção do nível de motivação inicial e redução da rotatividade durante o período inicial.

2. **Palestras:** modalidade muito usual nas empresas. Elas são especialmente indicadas para a atualização profissional, podendo ocorrer dentro ou fora da empresa. Representam uma boa oportunidade de atingir grande público com custos reduzidos. As palestras internas, além de servir ao objetivo de treinamento, são poderosos instrumentos de integração, motivação e melhoria do processo de comunicação, com reflexos direto no aumento da produtividade e no desenvolvimento do próprio palestrante.

3. **Centro de desenvolvimento interno:** também conhecido como educação corporativa ou universidade corporativa, possuem como foco não só qualificar os colaboradores, mas também realizar uma apresentação de maneira totalmente nova de pensar e trabalhar, para que os colaboradores das organizações possam desempenhar papéis muito mais amplos no seu ambiente de trabalho. Sustentar a vantagem competitiva inspirando um aprendizado permanente e um desempenho excepcional é o que há de comum entre as empresas que adotam esta modalidade de treinamento.

4. **Cursos regulares:** essa modalidade oferece treinamentos com ênfase na atualização profissional e no seu desenvolvimento pessoal. É indicada para profissionais de diversos níveis até o nível gerencial. Por possuir características mais abrangentes, é preciso analisar bem as necessidades do treinamento, seus possíveis participantes e os resultados esperados após a realização do curso, para que não haja desperdício de tempo e recursos financeiros.

5. **Dinâmica de grupo:** essa modalidade possui uma técnica que envolve a criatividade, a energia e o envolvimento grupal. Basicamente visa apresentar situações problemas, muitas vezes associadas aos problemas encontrados na empresa, para que dentro de um ambiente planejado e organizado para este fim, os participantes possam oferecer soluções criativas para uma determinada situação problema. Isso leva o profissional a desenvolver suas potencialidades que podem até serem desconhecidas por ele e pela empresa até esse momento. Para a empresa, é preciso planejar com cuidado a técnica para que não fique somente no momento encenado, mas que de alguma forma possa extrair resultados.

6. **Atribuição de comissões:** trata-se de uma excelente ferramenta de treinamento e desenvolvimento e em uma oportunidade para a pessoa participar de comissões de trabalho compartilhando da tomada de decisões, aprendendo com os outros e pesquisando problemas específicos da organização, o que acaba trazendo uma visão mais abrangente da própria

organização. São exemplos clássicos de comissões: a Comissão Interna de Prevenção de Acidentes (CIPA) e a Brigada de Incêndio, que veremos mais adiante, além de comissões com assuntos e temas específicos de interesse da organização.

Existem ainda outras opções de treinamentos e capacitações: como programas específicos para estagiários e trainees, programas de *coaching* e *mentoria*, jogos empresariais, processos de dinâmicas de grupos, dramatizações, rotação no trabalho dentre outros.

Os programas, as formas, as fases e os tempos, devem ser planejados por cada empresa, conforme suas estratégias e, principalmente, diante dos recursos financeiros a serem dispendidos. Mas, sejam quais forem os programas de T&D, é fundamental que haja um processo avaliativo, não só de quem está oferecendo o treinamento mas também dos participantes.

LIDERANÇA E MOTIVAÇÃO

LIDERANÇA

A liderança é tema relevante nas organizações, por razões de suas estruturas serem baseadas no poder hierárquico, no qual as pessoas que ocupam cargos mais elevados devem emitir ordens aos seus subordinados alocados em cargos inferiores. Esta relação de comandar e comandados nem sempre é harmoniosa, pelo contrário, geralmente é repleta de conflitos, por várias razões, podendo ser desde empatia com o líder, de comunicação, de falta de objetivos claros, dentre outros.

Para que o processo de liderança surja, os efeitos benéficos e necessários à toda organização, é fundamental a preparação do líder em sua arte de comandar uma equipe de forma harmoniosa em busca dos objetivos traçados no planejamento.

O líder, portanto, tem uma missão fundamental de gerar os resultados pretendidos pela organização por meio das pessoas, ressaltando como condição básica para o desempenho do papel da liderança, que o modelo a ser seguido tenha foco nas pessoas, em seus potenciais e desempenhos, servindo como fator de oportunidades e resultados para a organização, trazendo desta forma satisfação a todos.

Estamos aqui falando de um enorme desafio, pois as pessoas pensam, sentem, percebem de maneiras e formas diferentes, e aglutinar todas as diferenças em uma unidade não é tarefa simples e fácil, mas é possível, desde que haja uma vontade do líder na arte de liderar, bem como dos comandados em seguir o líder.

CAPÍTULO 6: ADMINISTRAÇÃO DE PESSOAL **163**

O líder exerce seu papel de liderança de várias formas, conhecidas como estilos de lideranças. Existem diversos estilos, desde os mais autoritários até os mais liberais. Nesse sentido, alguns fatores podem influenciar na escolha do estilo de liderança a ser seguido. São exemplos alguns fatores, tais como:

a. Características pessoais do líder.

b. Tipo de organização.

c. Natureza do trabalho.

d. Tamanho do grupo.

e. Maturidade do grupo.

Não importa o estilo de liderança a ser adotado, pois não existe um único modelo ideal. O melhor modelo de liderança será aquele que melhor se adéqua a situação da empresa no momento.

"Posso obrigar um operário a chegar à fábrica às 7h para trabalhar, mas não posso forçá-lo a ter uma boa ideia", afirma Akio Morita, cofundador da SONY.

MOTIVAÇÃO

O conceito da palavra motivação vem do latim *"movere"*, que significa mover-se, deslocar-se. A motivação está ligada a aspectos como: desejos, necessidades, impulsos, instintos. Em suma, é uma vontade, um desejo de querer fazer algo. Trata-se, portanto, de uma força interior que impulsiona e, em ato seguinte de transformação, concretiza-se em uma ação exterior.

Por exemplo, posso ter a vontade e o desejo de ajudar alguém, e no instante seguinte executo uma ação de me "mover" para ajudar uma pessoa com dificuldades de locomoção ao atravessar a rua.

Para as organizações, a motivação é direcionada para ações concretas que visam atingir as metas e os objetivos propostos, somente e por meio das pessoas.

Vejamos o que disse Clarence Francis, importante executiva que foi presidente do Conselho de Administração da empresa *General Foods*:

Podemos comprar de um homem seu tempo, sua presença física e seus movimentos musculares por hora, para determinada produção. Mas não podemos comprar seu entusiasmo, sua iniciativa, nem sua lealdade. Não podemos comprar a dedicação de corações, mentes e almas. Só podemos ganhar essas coisas.

PLANO DE CARGOS E SALÁRIOS

As organizações que almejam obter um bom clima organizacional, qualidade de vida e bem-estar no trabalho e desejam promover um ambiente de valorização aos seus colaboradores, buscam implantar algumas ferramentas e processos. A implantação de um programa de cargos e salários está nessa direção. Trata-se de uma poderosa e valiosa ferramenta motivacional, gerando e agregando vários benefícios à organização.

Para se estruturar um plano de cargos e salários, a organização precisa conhecer bem sua estrutura interna, começando pelo seu organograma, tendo em mente os custos envolvidos e o que espera do colaborador.

Portanto, antes de oficializar um programa de cargos e salários, é preciso mapear os seguintes itens:

a. Possuir organograma preciso e detalhado: com o correto mapeamento de todas as áreas, departamentos e setores, com seus respectivos cargos.

b. Possuir um fluxograma das atividades a serem desenvolvidas por cada colaborador em um determinado cargo.

c. Conhecer todos os custos envolvidos na folha de pagamento, salários, benefícios oferecidos e os encargos sociais. É preciso levar em conta os novos custos envolvidos e se a organização terá como arcar com isso.

d. Estipular metas e objetivos específicos de cada área, departamento, setor ou seção, chegando até aos objetivos do cargo. Não é possível recompensar alguém sem ter planejado o que se espera dele.

e. Elaborar processo avaliativo, a periodicidade da avaliação, e o retorno dessas avaliações (*feedback*) aos envolvidos. Esse processo pode ser composto de questionários, entrevistas, avaliações e verificação de cumprimento de metas, dentre outros.

É notório que um plano de cargos e salários implantado é um forte fator motivacional, pois gera transparência nas relações e o principal: a possibilidade de ascensão de carreira, fazendo ainda com que retenha este colaborador que pode vir a se tornar um grande talento à organização e agregar bons resultados.

Como percebe-se não se trata de um processo simples, rápido e fácil. Trata-se de mapear várias etapas, subprocessos, critérios de desempenho e evolução, competências a serem exigidas e comparadas, dentre muitas outras variáveis. Portanto, trata-se de um procedimento detalhado, envolvendo um trabalho articulado e em equipe que não é finalizado em curto prazo. Em uma organização não é à toa que se fala constantemente de trabalho em equipe, pois os trabalhos são cada vez mais complexos e, principalmente, porque ninguém faz nada sozinho.

PLANO DE BENEFÍCIOS

Tão importante quanto à implantação de um plano de cargos e salários, será o plano de benefícios que a organização poderá ofertar aos seus colaboradores. Os benefícios não são os únicos, mas sem dúvidas, são um forte fator motivacional, que agrega valor às remunerações salariais.

De forma geral, existem três categorias de benefícios oferecidos pelas empresas:

a. **Benefícios atrelados ao exercício do cargo:** Exemplos: premiações por produtividade; gratificações; veículo oferecido pela empresa; celular; seguro de vida e outros.

b. **Benefícios no âmbito interno da empresa:** São benefícios oferecidos dentro da estrutura interna da empresa. Exemplos: refeitório, estacionamento, áreas de lazer e outros.

c. **Benefícios no âmbito externo da empresa:** Este tipo de benefício inclui a família e dependentes do colaborador. Exemplos: planos de saúde, plano odontológico, clubes sociais e outros.

Os benefícios também são classificados em outra categoria, que são os benefícios legais e os espontâneos:

a. **Benefícios Legais:** Também chamados de obrigatórios, são aqueles reconhecidos por Lei ou por convenção coletiva de trabalho. Exemplos: Férias, 13º Salário, adicionais e outros.

b. **Benefícios Espontâneos:** São os chamados não obrigatórios e se dão por concessão livre da empresa. Exemplos: refeição, convênio médico e odontológico, seguro de vida, refeição, auxílio na formação (universidades e demais cursos) e outros.

Vale destacar que a concessão de benefícios é um forte fator motivacional, no entanto, a empresa deve planejar muito bem essas ações, pois vão compor um aumento de custos na sua folha de pagamentos e uma vez atribuído o benefício, recomenda-se não retirá-lo, sob a pena de ter um efeito negativo no fator motivacional. Portanto, deve-se proceder uma boa análise da concessão do benefício, levando-se em conta os custos envolvidos e avaliar o quanto ele pode agregar valor motivacional dentro da organização.

AS RELAÇÕES E OS CONTRATOS DE TRABALHO

As relações de trabalho e emprego sempre, ao longo da sua história, evidenciaram foco de grandes tensões e conflitos, demonstrando as diferenças e distâncias das duas principais partes representadas de um lado pelos empresários (empregador) e do outro pelos trabalhadores (empregado).

A relação do trabalho e emprego passa atualmente por fortes transformações devido aos diversos aspectos que ora se apresentam, tais como:

- Processo de Globalização.
- Quarta Revolução Industrial ou Indústria 4.0.
- Ciclos de crises econômicas.
- Evolução da ciência e da tecnologia.
- Aumento da competitividade.

Diante desse cenário, sabe-se que não obstante os empresários passarem por dificuldades no sentido de se adequarem as mudanças que se apresentam, os trabalhadores são os mais atingidos, sendo a parte mais fragilizada nesse processo de adequações às transformações que ocorrem no nosso país e no mundo.

Na busca de um equilíbrio econômico, social e de justiça, faz-se necessária à intervenção de outros agentes no sentido de auxiliar esta relação.

FIGURA 6.2: RELAÇÃO EMPREGADO E EMPREGADOR: AGENTES ENVOLVIDOS

Agentes Envolvidos – Intermediadores da Relação

Fonte: Elaborado pelos autores (2020).

As normas e as regras que antes serviam de base para equilibrar as relações, hoje já não atendem de forma integral aos interesses de ambas as partes. Por isso se faz necessária uma atualização dessas regras, que passam necessariamente por dois aspectos: a desregulamentação e a flexibilização das leis e regras ora vigentes. A primeira, significa desregulamentar, ou seja, eliminar parte significativa da quantidade de leis regulamentadoras hoje existentes que mais confundem do que auxiliam e mantendo as leis que garantem e norteiam os princípios fundamentais; e a segunda significa flexibilizar, ou seja, adaptar às normas e às regras trabalhistas existentes no momento que hoje se apresentam.

FORMAS DE CONTRATO DE TRABALHO

As relações de trabalho e as formas com que o trabalho pode ocorrer são regidas pela Constituição Federal de 1988 e pela Consolidação das Leis do Trabalho (CLT), criada em 1943, no sentido de amparar e dirimir os direitos na relação de trabalho entre empregado e empregador.

Encontram-se amparados, de forma genérica, os princípios do direito do trabalho na Constituição Federal de 1988, dentre os quais podemos citar:

1. Livre exercício de qualquer tipo de trabalho, ofício ou profissão, atendidas as qualificações profissionais.
2. Não interferência do Estado na organização sindical.
3. Representação dos trabalhadores na forma de sindicatos.
4. Liberdade sindical e direito de greve.
5. Reconhecimento de convenção e acordos coletivos.
6. Irredutibilidade dos salários.
7. Proteção contra a dispensa arbitrária ou sem justa causa.
8. Igualdade nas relações do trabalho.

Na CLT são colocados de forma mais detalhada os direitos e deveres tanto do empregador quanto do empregado, no sentido de garantir a realização do trabalho em condições justas e equitativas, por meio da prestação de serviços na força de trabalho, mediante uma justa remuneração. A CLT em seus artigos 2º e 3º assim definem as partes:

Empregador: Art. 2º. É aquele que assume riscos da atividade econômica, admite, assalaria e dirige a prestação de serviços.

Empregado: Art. 3º. É a pessoa física que presta serviços ao empregador de maneira não eventual, sob a dependência deste e mediante o salário.

CONTRATO DE TRABALHO

Na relação de emprego, o direito do trabalho, estabelece que esta relação se formalize na forma de contrato. Com referência ao tempo de trabalho existem dois tipos de contrato:

a. **Contrato de Trabalho por Tempo Indeterminado:** É aquele que tem prazo certo de início, mas sem previsão de término.

b. **Contrato de Trabalho por Tempo Determinado:** É aquele que tem data certa de início e término.

De forma geral, o direito do trabalho rege para que se priorize a continuidade da relação do emprego, por isso, recomenda-se a prioridade de contratação de trabalho por tempo indeterminado e assim, de fato, é o que ocorre na maioria das contratações pelas empresas.

Visando uma maior flexibilização da Lei, a CLT no artigo 443, criou a opção da contratação por prazo determinado. No entanto, esse tipo de contratação só deve ocorrer em situações específicas, tais como:

a. Serviço cuja natureza ou transitoriedade justifique a predeterminação do prazo.

b. Atividades empresariais de caráter transitório.

c. Contrato de experiência.

Como características deste tipo de contratação, deve-se observar:

a. Com relação à duração do contrato deve possuir um prazo máximo de 2 (dois) anos.

b. Poderá ser prorrogado uma única vez respeitando, no entanto, o prazo máximo.

c. Se houver algum desrespeito do contrato, este passará a ser regido automaticamente em contrato por prazo indeterminado.

d. No encerramento do contrato, o empregado não poderá realizar um novo contrato temporário com o mesmo empregador em um período mínimo de 6 (seis) meses.

Ainda na forma de contrato por tempo determinado existe o Contrato de Experiência que tem duração máxima de 90 (noventa) dias, sendo prorrogável uma única vez dentro deste período.

MODELO DE CONTRATO DE TRABALHO POR TEMPO INDETERMINADO

O contrato de trabalho deverá conter basicamente a identificação das partes, jornada de trabalho, salário, forma de pagamento, benefícios se houver, descontos e suas possibilidades, data de assinatura das partes e tudo o mais que não contrarie a lei e as convenções e acordos coletivos de trabalho, além dos direitos e das obrigações do empregador e do empregado.

CONTRATO DE TRABALHO POR TEMPO INDETERMINADO
IDENTIFICAÇÃO DAS PARTES

Empregador: *(Razão Social/nome do empregador), com sede em (xxx), na Rua (xxx), nº (xxx), Bairro (xxx), CEP (xxx), no Estado (xxx), inscrito no CNPJ sob o nº (xxx), e no Cadastro Estadual sob o nº (xxx), neste ato representado pelo seu diretor (xxx), (Nacionalidade), (Estado Civil), (Profissão), Carteira de Identidade nº (xxx), CPF nº (xxx), residente e domiciliado na Rua (xxx), nº (xxx), bairro (xxx), CEP (xxx), Cidade (xxx), no Estado (xxx);*

Empregado: *(Nome do empregado), (Nacionalidade), (Estado Civil), (Profissão), Carteira de Identidade nº (xxx), CPF nº (xxx), Carteira de Trabalho nº (xxx) e série (xxx), residente e domiciliado na Rua (xxx), nº (xxx), bairro (xxx), CEP (xxx), Cidade (xxx), no Estado (xxx).*

As partes identificadas acima celebram entre si o presente Contrato de Trabalho por Tempo Indeterminado, regido pelas cláusulas seguintes e demais disposições legais vigentes:

I — DAS DISPOSIÇÕES LEGAIS

Cláusula 1ª — O presente contrato de trabalho por tempo indeterminado tem como fundamento a Consolidação das Leis do Trabalho (CLT).

II — DO OBJETIVO

Cláusula 2ª — O Empregador admite aos seus serviços, na modalidade de contrato de trabalho por tempo indeterminado o Empregado, na função de _____
_____ .

III — DO LOCAL E DAS CONDIÇÕES DE TRABALHO

Cláusula 3º — O local de trabalho será _____ *(sede/filial ou outro estabelecimento da empresa)*, podendo o Empregador, a qualquer momento, transferir o Empregado em caráter definitivo ou temporário, para outra unidade/filial/estabelecimento, em qualquer localidade deste Estado ou de outro dentro do país.

IV – DA VIGÊNCIA DO CONTRATO DE TRABALHO

Cláusula 4º — O presente contrato terá duração por prazo indeterminado, sendo assegurado às partes o direito de rescisão a qualquer momento, obrigando-se a parte que desejar rescindi-lo, comunicar a outra com aviso-prévio mínimo de 30 (trinta) dias.

V – DA JORNADA DE TRABALHO

Cláusula 5ª — O trabalho executado pelo Empregado consistirá na jornada diária de _____ (total das horas diárias), de _____ a _____ (especificar os dias da semana), com intervalo para repouso/refeição, das _____ a _____, perfazendo um total de _____ horas semanais.

VI – DA REMUNERAÇÃO

Cláusula 6ª — O Empregado perceberá a quantia mensal (ou diária, ou horária) de R$ _____ (por extenso), efetuados os devidos descontos permitidos por lei.

VII – DAS DEMAIS DISPOSIÇÕES

Cláusula 7ª — O empregado compromete-se a respeitar todas as normas legais da relação de emprego, bem como o regulamento interno da empresa, cuja cópia lhe será entregue no momento da celebração deste contrato, bem como de utilizar corretamente todos os equipamentos de segurança fornecidos, para fins de cumprimento das normas de segurança e medicina do trabalho.

Cláusula 8ª — Em caso de dano causado pelo Empregado, fica desde já autorizado o Empregador a efetivar o desconto da importância correspondente ao prejuízo, o qual fará, com fundamento no parágrafo único do artigo 462 da CLT, já que essa possibilidade fica expressamente prevista em contrato.

Cláusula 9ª — Por estarem assim, justos e acordados, firmam o presente contrato de trabalho por tempo indeterminado em 02 (duas) vias de igual teor, juntamente com 02 (duas) testemunhas.

_____ , _____ de _____ de 20XX.

_____

(Carimbo e razão social da empresa (sócio/diretor/proprietário))

_____

(Assinatura do empregado)

_____

(Assinatura do responsável legal (quando menor))

_____

(Nome, RG e assinatura da testemunha 1)

_____

(Nome, RG e assinatura da testemunha 2)

MODELO DE CONTRATO DE TRABALHO POR TEMPO DETERMINADO

Apresentamos, a seguir, um modelo de **contrato de trabalho por tempo determinado** no qual basicamente segue-se as mesmas regras do contrato por tempo indeterminado. Destaca-se neste a cláusula 5ª, que faz alusão ao tempo do contrato.

Pelo presente instrumento particular de contrato de trabalho por tempo determinado entre _____ estabelecida em _____, adiante designado a empresa, neste ato representada por _____, abaixo assinado; e __ _____ *(nome do empregado)*, nacionalidade _____, estado civil _____, residente em _____ _____ adiante designado empregado, fica justo e contratado o seguinte:

1 — O empregado trabalhará para a empresa nas funções de _____ _____, obrigando-se assim a fazer o serviço de _____ _____ bem como o que vier a ser objeto de cartas, avisos ou ordens, dentro da natureza do seu cargo e também o que dispensa especificações por estar naturalmente compreendido, subentendido ou relacionado ao seu cargo, não constituindo a indicação supra ou a de adendos, qualquer limitação ou restrição, considerando-se falta grave a recusa por parte do empregado em executar qualquer um dos serviços referidos, mesmo que anteriormente não os tenha feito, mas que se entendam atinentes à função para a qual fica contratado;

2 — O empregado receberá pontualmente os seus salários, o mais tardar até o 5º dia útil subsequente ao período vencido, nos termos do § único do art. 459 da CLT na base de R$ _____ (_____), por _____ *(hora, dia, semana, mês).*

3 — A empresa descontará dos salários do empregado não só o que já é de lei ou contrato coletivo ou por eles for determinado, como ainda a importância

correspondente aos danos causados pelo empregado, por dolo ou mesmo imprudência, imperícia ou negligência nos termos do § único do art. 462 da CLT.

4 — O seu horário será de _____

5 — A vigência deste contrato será pelo prazo de _____, iniciando-se em ___/___/___ e encerrando-se em ___/___/_____.

6 — Findo esse prazo a empresa poderá despedir o empregado sem estar obrigada ao pagamento de qualquer indenização, nem a lhe dar aviso prévio; entretanto, caso seja dado, apenas para ciência do empregado, não implicará no pagamento de indenização.

7 — Se durante a vigência do presente contrato o empregado der justo motivo para a dispensa poderá ser despedido sem pagamento de indenização nem aviso prévio.

8 — Se a empresa rescindir o contrato antes do prazo, sem motivo justo, pagará ao empregado nos termos do artigo 479 da CLT., e por metade, a remuneração a que teria direito o empregado até o fim do prazo; se a rescisão for da parte do empregado, nas mesmas condições fica obrigado a indenizar a empresa dos prejuízos que com esse ato lhe causar, nos termos do art. 480 da CLT.

E, por terem assim justo e contratado, assinam o presente em duas vias, diante das testemunhas abaixo assinadas.

Local e Data: _____ , _____ de _____ de 20XX.

_____

Pela empresa

_____

Assinatura do Empregado

_____

Assinatura do responsável (se empregado menor)

Testemunhas:

Assinatura: Assinatura:

_____   _____

Nome e RG: Nome e RG:

FORMAS DE CONTRATAÇÃO

Conforme CASTIGLIONI (2015), a contratação de empregado pelo empregador, a qual deve ser de acordo com a legislação vigente, pode ser dar em várias modalidades, a seguir vamos conhecer as principais:

a. **Autônomo:** Neste caso é regido pelo Código Civil e não pela CLT. A característica principal desta modalidade é a autonomia, ou seja, não pode estar subordinado à nenhuma norma do empregador, como horário fixo de trabalho. O trabalho neste caso ocorre pela contratação de um serviço específico. Como exemplo: contratação de um pintor para execução de um serviço específico de pintura.

b. **Estagiário:** É o trabalhador estudante em curso devidamente comprovado. Como parte de seu aprendizado, o estagiário atua em determinada empresa, desenvolvendo atividades correlatas a sua área de estudo. Essa modalidade é composta de 3 partes: A instituição de ensino, o estagiário (empregado) e a empresa (empregador).

c. **Aprendiz:** É o empregado trabalhador com idade entre 14 e 24 anos, que estabelece vínculo empregatício mediante contrato de aprendizagem de acordo com as regras no artigo 428 da CLT.

d. **Doméstico:** É aquele que presta serviço de natureza não econômica (sem finalidade de lucro), à pessoa ou à família (serviços relacionados com a vida do lar ou da família) e no âmbito residencial (dentro do lar ou a este relacionado). Como exemplos de empregados domésticos, podemos mencionar: babás, cozinheiras, motoristas e outros.

e. **Rural:** É toda pessoa física que presta serviço de natureza não eventual para empregador rural e sob a dependência deste, e mediante salário. O empregador rural é a pessoa física ou jurídica, proprietário ou não, que explore a atividade do agronegócio em caráter permanente ou temporário, diretamente ou por preposto, com o auxílio de empregados.

f. **Terceirizado:** É o empregado que realiza serviços em uma determinada empresa, porém possui vínculo formal com outra empresa. Neste caso, temos a figura da empresa tomadora de serviços e a empresa prestadora de serviços. Modalidade cada vez mais comum nas relações do trabalho. Um exemplo clássico é a empresa que opta por não ter funcionários próprios para determinadas atividades, tais como: limpeza, segurança e outros e realiza a contratação de outra empresa para desenvolver estas atividades que envia funcionários para realizar o serviço na empresa contratante.

ESTRUTURA DO DEPARTAMENTO DE PESSOAL

Cabe ao departamento de pessoal toda a gestão e administração dos processos que envolvem a gestão de pessoas e mais especificamente no que se refere à parte documental e fiscal, que contemplam várias etapas e processos que permeiam o antes, durante e depois da passagem do colaborador pela empresa. O departamento de pessoal consiste nas seguintes atividades:

- Admissões
- Desligamentos e homologações
- Relações com sindicatos
- Férias
- Folha de pagamento
- Controle de ponto de frequência
- Relações com fiscalização do trabalho
- Medicina e segurança do trabalho

Sua estrutura deve ser composta de: departamentos, setores e seções, com a quantidade suficiente de pessoal treinado com o apoio de sistemas informatizados, conforme o porte e as necessidades da empresa, podendo ainda passar por um processo de terceirização de parte desses serviços.

PROCESSO DE ADMISSÃO

O processo de admissão do empregado pelo empregador dá início ao contrato de trabalho, o qual ocorre mediante uma negociação entre as partes principalmente no que se refere ao serviço a ser prestado, suas condições e formas gerais e em contrapartida à remuneração advinda desta prestação de serviços, observadas as normas e regras vigentes do direito do trabalho em seus principais instrumentos, conforme rege artigo 444 da CLT:

a. CF 1988 — Constituição Federal de 1988.
b. CLT — Consolidação das Leis do Trabalho de 1943.
c. Convenção Coletiva e Acordo Coletivo.

A oficialização do contrato de trabalho se dá por meio da assinatura do contrato entre as partes e posterior registro do empregado pela empresa contratante na sua Ficha Registro de Empregados, bem como o registro na Carteira de Trabalho e Previdência Social (CTPS).

DOCUMENTOS PARA ADMISSÃO

Criada em 1932 pelo Decreto no. 21.175 a CTPS (Carteira de Trabalho e Previdência Social) é um documento obrigatório para toda pessoa que venha a prestar algum tipo de trabalho mediante emprego a outra pessoa, seja na indústria, comércio, serviços, agricultura ou ainda doméstico. É na carteira de trabalho que deve ser documentada e atualizada a vida funcional do empregado, garantindo desta forma a este os direitos trabalhistas e previdenciários.

Recentemente a CTPS ganhou uma versão digital desenvolvida pela Dataprev (Empresa de Tecnologia e Informações da Previdência Social), em que, por meio de um aplicativo, permite ao trabalhador acessar todos os dados disponíveis no documento impresso, como informações da identificação civil e dos contratos de trabalho.

DOCUMENTOS A SEREM APRESENTADOS PELO EMPREGADO NO PROCESSO DE ADMISSÃO

Para oficializar o processo de contratação, o empregado deverá apresentar os seguintes documentos atualizados, legíveis e em ordem:

a. CTPS — Carteira de Trabalho e Previdência Social

b. RG — Registro Geral

c. CPF — Cadastro de Pessoa Física

d. PIS/PASEP — Programa de Integração Social / Programa de Formação do Patrimônio do Servidor Público

e. Título de Eleitor

f. Certificado de Alistamento Militar (para o sexo masculino)

g. CNH — Carteira Nacional de Habilitação (para cargo de motorista)

h. Certidão de Casamento

i. Certidão de Nascimento dos filhos

j. Carteira de Vacinação dos filhos (menores de 6 anos)

k. Comprovante de Frequência Escolar (a partir dos 6 anos e até 14 anos)

l. Diplomas e Certificados que tenha cursado

m. Comprovante de Endereço atualizado

n. Foto 3x4

o. Atestado de Saúde Ocupacional — ASO. (Considerando empregado apto ao trabalho.)

p. Demais documentos, conforme necessidade da empresa ou da natureza do trabalho (registro em órgão de classe, passaporte e outros).

Todo esse procedimento é obrigatório para que a empresa mantenha sempre os dados do empregado de forma atualizada e completa para registro junto aos órgãos e agências governamentais de controle e fiscalização do trabalho e da previdência social.

DICA

É importante que o futuro empregado tenha todos os documentos exigidos no processo de contratação devidamente atualizados e legíveis, caso contrário poderá até perder a vaga para outra pessoa.

Uma vez apresentados todos os documentos, o empregador fará o registro e a respectiva assinatura na CTPS do empregado, bem como o preenchimento da Ficha Registro de Empregados que fica em poder da empresa. Ainda, de acordo com a CLT, este registro deverá ocorrer de forma imediata após apresentação de todos os documentos pelo empregado e em um prazo de até 48 horas.

Durante o processo de registro, citamos alguns documentos a serem preenchidos pelo empregador e que deverão ser assinados por ambas as partes devendo uma via ficar em poder do empregado.

PRINCIPAIS DOCUMENTOS A SEREM ELABORADOS E/OU PREENCHIDOS PELO EMPREGADOR:

a. CTPS registrada e assinada pelo empregador
b. Declaração de Encargos (para fins de Imposto de Renda)
c. Termo de Responsabilidade — Salário Família
d. Solicitação de Vale Transporte
e. Acordo para prorrogação de horas de trabalho
f. Recibo de entrega de EPI — Equipamento de proteção individual
g. Outros documentos que venham a ser necessários e exigidos por Lei

DICA

Na fase de contratação é fundamental a leitura completa de todos os documentos a serem assinados pelo empregado, e que se possa sanar todas e quaisquer dúvidas neste momento, para que haja clareza, transparência e se transforme em uma relação que seja boa e duradoura.

LEGISLAÇÃO TRABALHISTA E PREVIDENCIÁRIA

Todas as regras que regem a relação de trabalho entre empregado e empregador, são constituídas na forma da legislação trabalhista e previdenciária, dentre as quais as mais comuns para compreensão, análise e consulta são:

- Constituição Federal de 1988.
- CLT — Consolidação das Leis do Trabalho — 1943.
- Jurisprudência Trabalhista (conjunto uniforme de sentenças proferidas por juízes).
- Convenção Coletiva de Trabalho (CCT) e Acordo Coletivo de Trabalho (ACT), oriundos da negociação entre empregados e empregadores, representados pelos seus sindicatos.
- Regimento Interno da Empresa.

Quanto aos órgãos e agências reguladoras do trabalho e segurança do trabalho, bem como a previdência e assistência social, citamos:

- Secretaria de Trabalho, vinculada ao Ministério da Economia.
- Secretaria de Previdência, vinculada ao Ministério da Economia.
- Poder Judiciário — Justiça do Trabalho nos níveis estadual e federal.
- Ministério Público Federal e Estadual.

No sentido de amparar e colaborar no apoio às relações de trabalho, também são agentes envolvidos:

- Sindicatos dos Empregados
- Sindicatos dos Empregadores
- Órgãos Representativos de Classe

JORNADA DE TRABALHO

Considera-se jornada de trabalho como de serviço efetivo o período em que o empregado está à disposição do empregador, aguardando ou executando ordens que foram passadas (Art 4º CLT).

O período normal da jornada de trabalho não poderá exceder 8 horas diárias (Art. 58 CLT), e o Art. 59 menciona que a duração normal do trabalho poderá ser acrescida de horas suplementares (horas extras), não superior a 2 (duas horas), as quais deverão ser remuneradas em pelo menos 50% (cinquenta por cento) superior ao valor da hora normal. Há ainda exceções previstas em lei que a jornada pode se estender até 12 horas, em casos em que o término de serviços devem ser concluídos na mesma jornada, a fim de se evitar prejuízos, como exemplo podemos mencionar os comissários(as) de voo, quando estão em serviço em voos de longa duração.

Também encontramos da Constituição Federal em seu artigo 7º, que a jornada semanal será de no máximo 8 horas diárias e 44 horas semanais, facultada a compensação de horas e a redução da jornada mediante acordo coletivo de trabalho.

Como exemplo prático da distribuição da jornada máxima de trabalho com 44 horas semanais, trabalhadas em 6 (seis) dias da semana, sendo 1 (um) dia dedicado ao descanso, neste caso ficaria da seguinte forma:

Jornada Semanal Total: 44 horas

Dias de trabalho: 6 dias

(44 horas/6 dias = 7,33 horas que equivale à 7h20min por dia).

Lembrando que pode haver diversos horários de entradas e saídas durante a semana, desde que não ultrapasse ao limite de 44 horas.

INTERVALO INTRAJORNADA

Também previsto na CLT em seu art. 71º. Dispõe que em qualquer trabalho contínuo, cuja duração exceda 6 (seis) horas, é obrigatória a concessão de um intervalo para repouso e alimentação de no mínimo 1 (uma) hora e no máximo 2 (duas) horas, ou ainda em intervalos diferenciados, conforme acordado em acordo coletivo de trabalho.

De forma geral segue a seguinte forma:

a. Até 4 horas de trabalho = Não há intervalo.

b. Entre: 4 a 6 horas de trabalho = Intervalo de 15 minutos.

c. Acima de 6 horas = Intervalo de 1 hora.

Vale destacar que o período de intervalo não é computado no cálculo da jornada de trabalho.

É comum em vários ramos do trabalho, tais como metalúrgicos, bancários e outros possuírem jornada semanal de 40 horas semanais, devidamente negociados em convenção coletiva de trabalho ou acordo coletivo de trabalho.

Para as empresas que possuírem acima de 10 empregados registrados, esta deverá obrigatoriamente possuir o cartão de ponto no qual os empregados deverão assinalar a entrada e a saída da empresa.

DSR – DESCANSO SEMANAL REMUNERADO

A CLT no seu artigo 67 rege que será assegurado a todo empregado um descanso semanal de 24 horas consecutivas, o qual, salvo motivo de conveniência pública ou necessidade imperiosa de serviço, deverá coincidir com o domingo, no todo ou em parte.

Trata-se, portanto de um direito do empregado de descansar uma vez por semana por um período de 24 horas, recebendo o salário correspondente do dia, mesmo que não trabalhando.

O descanso semanal remunerado deverá ocorrer preferencialmente aos domingos, mas não obrigatoriamente. Portanto, as empresas legalmente autorizadas a funcionar aos domingos, como exemplo os shopping centers, são obrigadas a organizar escalas de revezamento, a fim de que cada empregado usufrua de pelo menos um domingo de folga no mês, sendo as restantes em outros dias da semana, conforme programado pela empresa e avisado com antecedência ao empregado.

FOLHA DE PAGAMENTO

A folha de pagamento é o relatório que sintetiza todos os componentes detalhados de remuneração e seus respectivos descontos (obrigatórios e facultativos), bem como todos os tributos e encargos sociais pertinentes. É por meio da elaboração da folha de pagamento mensal que a empresa faz sua programação financeira e na etapa seguinte a sua contabilização.

A seguir vamos conhecer os principais tipos de remunerações e descontos.

REMUNERAÇÕES

Conforme artigos 457 a 467 da CLT, remuneração é toda importância paga pelo empregador ao seu empregado como contraprestação do trabalho.

Os principais tipos de remuneração são:

- Salários
- Adicionais (hora extra, noturno, insalubridade e periculosidade)
- Gratificações
- Prêmios
- Comissões
- Participação nos Lucros ou Resultados (PLR)
- 13º Salário
- Férias

Agora vamos conhecer o conceito e a finalidade de cada tipo de remuneração e obter maior compreensão, conhecendo os seus detalhes e principalmente obter um discernimento de quando usar cada componente de remuneração e no tempo mais adequado, pois a remuneração não é o único, porém torna-se importante item aliado no componente motivacional nas organizações.

1. **SALÁRIO:** O termo salário deriva do latim *"salarium"* e *"salis"*, que significa sal, pois esta era a forma de pagamento dos romanos a quem lhe prestava algum serviço e era a forma que o Império Romano usava para pagar seus soldados.

   Na atualidade, o conceito de salário corresponde a uma importância fixa, em moeda corrente nacional, paga ao empregado pelo empregador, em decorrência do contrato de trabalho, como contraprestação do serviço.

   Nas suas formas mais comuns, o salário pode ser fixado por: mês, dia, ou hora, o que caracteriza o empregado mensalista, diarista ou horista, sendo ainda possível estipular o salário por outras formas como por tarefa, por unidade de produção e outros.

   Conforme a CLT, o valor do salário pode ser livremente estipulado entre as partes. No entanto, devem ser respeitadas as regras vigentes em leis (salário mínimo) ou ainda as convenções coletivas de trabalho e acordos coletivos de trabalho, em que constará o piso salarial mínimo a ser pago.

2. **ADICIONAIS:** São parcelas que integram o salário em decorrência do trabalho exercido em condições diferenciadas ou mais graves. Vejamos agora os tipos de adicionais:

   a. **Adicional de Horas Extras:** São as horas trabalhadas que excedem a jornada normal de trabalho e de acordo com a CLT. A hora extra equivale ao valor da hora normal acrescida de no mínimo 50% e podendo ultrapassar os 100% conforme os dias, situações e de acordo com a convenção coletiva ou acordo coletivo de trabalho. Lembrando que, para o empregado mensalista, o cálculo do valor do salário hora é dividido pelo total de 220 horas, baseado em 44 horas semanais.

   b. **Adicional Noturno:** O trabalho noturno é aquele realizado entre as 22 horas de um dia até as 5 horas do dia seguinte. Neste caso, o empregado terá direito a uma remuneração de no mínimo 20% superior à hora normal e este percentual poderá ser maior conforme convenção coletiva. Para efeito de contagem de tempo trabalhado, a contagem de cada hora é computada a 52m30s (cinquenta e dois minutos e 30 segundos), fazendo com que uma jornada noturna entre 22 horas até as 5 horas, que totalizam

CAPÍTULO 6: ADMINISTRAÇÃO DE PESSOAL **181**

7 horas (de 60 minutos), sejam pagas um total de 8 horas (art. 73 CLT). Lembramos ainda que existe uma condição diferenciada de cálculo para o trabalhador rural, em relação à duração do horário noturno e de percentual a ser aplicado.

c. **Adicional de Insalubridade:** De acordo com o artigo 192 da CLT, insalubridade é o exercício do trabalho executado em condições insalubres, ou seja, que causam danos à saúde. Para determinar se o ambiente e as condições do trabalho são insalubres e qual a sua extensão, a Secretaria do Trabalho, que é o agente regulador e fiscalizador, elaborou uma lista em 3 graus diferenciados de insalubridade que são os seguintes:

> Grau mínimo = 10% do salário mínimo
>
> Grau médio = 20% do salário mínimo
>
> Grau máximo = 40% do salário mínimo

Vale ressaltar que os valores podem ser maiores em decorrência de convenção ou acordo coletivo de trabalho.

A lista das atividades consideradas insalubres pode ser encontrada na N.R. 15 — Norma Regulamentadora número 15 da Secretaria do Trabalho.

d. **Adicional de Periculosidade:** De acordo com o artigo 193 da CLT, o adicional de periculosidade é devido ao empregado que trabalha em condições consideradas perigosas ou em contato com produtos inflamáveis ou explosivos. O valor do adicional corresponde a 30% do salário nominal do empregado não incidindo, portanto, sobre os demais tipos de remunerações. Também neste caso pode ser ampliado o percentual em virtude de convenção ou acordo coletivo de trabalho.

3. **GRATIFICAÇÕES:** São pagamentos efetuados pelo empregador de forma eventual, como gratidão e reconhecimento do serviço prestado pelo empregado e por sua natureza de liberalidade e espontaneidade, não sendo considerado salário.

4. **PRÊMIOS:** São valores pagos em caráter pessoal ao empregado em virtude de sua colaboração em determinado serviço que levou a empresa a ter bons resultados ou em virtude de uma atitude de zelo e atenção em determinada situação ou ainda por atingir uma meta de produção.

5. **COMISSÕES:** Parcela paga ao empregado em virtude do fechamento de uma negociação. É comum na área de vendas, como estímulo ao vendedor

que consegue fechar cada negócio. O valor da comissão pode ser um valor fixo ou ainda um percentual sobre o valor do negócio fechado. Por sua característica de habitualidade, integra o salário e é base de cálculo para outras remunerações como férias e 13º salário.

6. **PARTICIPAÇÃO NOS LUCROS OU RESULTADOS (PLR):** Criada pela Lei no. 10.101/2000 é o valor a ser pago ao empregado em virtude de a empresa ter alcançado metas de lucros ou resultados como produtividade entre outros, estabelecidos anteriormente. As metas e os respectivos valores a serem pagos são objetos de negociação entre o empregador e seus empregados representados pelo sindicato, em que ajustam os termos e as condições para o alcance das metas estabelecidas. A PLR é calculada e revista anualmente e pode ser paga em 2 (duas) parcelas.

7. **13º SALÁRIO:** O 13º Salário ou Gratificação de Natal foi instituído pela Lei 4.090/62 e constante também na Constituição Federal no seu artigo 7º. Trata-se de um pagamento anual a todos os trabalhadores urbanos, rurais e domésticos que fazem jus a um 13º salário adicional a uma proporção de 1/12 (um doze avos) por mês de serviço trabalhado, sendo considerado o mês trabalhado a fração igual ou superior a 15 dias.

O 13º salário pode ser pago à vista ou em duas parcelas, sendo a primeira parcela paga entre os meses de fevereiro e novembro, ou no momento em que o empregado sair de férias dentro deste intervalo, sendo o prazo máximo até o dia 30 de novembro de cada ano. Já a segunda parcela deve ser paga até o dia 20 de dezembro de cada ano.

Como exemplo de cálculo, vamos imaginar um empregado que iniciou seu trabalho no dia 13 de abril e em dezembro (que é o mês de referência de cálculo), seu salário foi de R$2.400,00.

Exercício Prático 1 — Cálculo do 13º salário

Calcule o valor do 13º salário a receber de um empregado que entrou na empresa no dia 13.04.XX até 31/12/XX, e que tenha recebido um salário de R$2.400,00 no mês de dezembro.

Solução

Total de meses trabalhados (abril a dezembro) = 9 meses

(Note-se que mesmo iniciando no dia 13 de abril fará jus a este mês por ter trabalhado 17 dias e, portanto superior à fração do mês.)

Salário no mês de dezembro = R$2.400,00

Fração mensal do salário = R$2.400,00/12 = R$200,00

CAPÍTULO 6: ADMINISTRAÇÃO DE PESSOAL 183

Fração mensal x número de meses = R$200,00 x 9 = R$1.800,00

Resposta: R$1.800,00

Portanto este empregado fará jus a um 13º salário proporcional no seu primeiro ano de trabalho no valor de R$1.800,00.

8. **FÉRIAS:** Constituem um direito social garantido na Constituição Federal e na CLT, em que, em um período após 12 (doze) meses de trabalho, o empregado fará jus a um período de descanso. Para compreendermos melhor o conceito de férias, sua finalidade e aplicabilidade, elencamos algumas definições:

   a. **Período Aquisitivo:** Refere-se ao período de 12 (doze) meses em que o empregado deve trabalhar para fazer jus ao período de férias. Este período inicia-se na data da sua admissão e termina quando completa 12 (doze) meses de trabalho na empresa.

   b. **Período de Gozo:** O período completo de férias corresponde a 30 (trinta) dias corridos de descanso (incluído neste período os feriados e dias destinados ao repouso semanal). No entanto, este período pode ser reduzido em virtude de quantidade de faltas injustificadas durante o período aquisitivo, conforme demonstrado a seguir:

> * Até 5 faltas — 30 dias de férias.
>
> * De 6 até 14 faltas — 24 dias de férias.
>
> * De 15 até 23 faltas — 18 dias de férias.
>
> * De 24 até 32 faltas — 12 dias de férias.
>
> * Acima de 33 faltas — Não tem direito a férias.

O empregador poderá conceder as férias em até 3 (três) períodos, desde que um deles seja superior a 14 dias e os demais não seja inferior a 5 dias.

   c. **Período Concessivo:** Corresponde ao período de 12 (doze) meses, que se inicia após o período aquisitivo. Durante esse período o empregador deverá conceder férias ao empregado, podendo escolher a data em que este sairá de férias conforme suas necessidades. No entanto, o empregador deverá seguir algumas regras:

   - Avisar o empregado por escrito, com antecedência mínima de 30 (trinta) dias, para que possa se programar.

- Atender ao empregado estudante menor de 18 (dezoito) anos o direito a fazer suas férias coincidirem com as férias escolares.

Vale destacar que nos demais casos o empregado pode solicitar ao empregador uma data específica para suas férias e de forma antecipada e negociada com o empregador, regidos pelo bom senso e atendendo os interesses de ambas as partes.

d. **Férias Proporcionais:** Correspondem ao período aquisitivo de férias de forma fracionada na proporção de 1/12 (um doze) avos a cada mês trabalhado ou fração de mês igual ou superior a 15 dias, semelhante ao que ocorre com a contagem para o 13º salário. Esta contagem se faz necessária em casos em que o empregado venha a ser desligado da empresa ou o faça por sua iniciativa. Em ambos os casos fará jus a receber o valor das férias no período proporcional em que tenha cumprido o período aquisitivo.

e. **Férias Coletivas:** Instrumento muito usual em empresas que em época de final e início de ano, ou ainda ocorrendo em outros períodos ao longo do ano, venham a ter uma brusca redução em suas atividades. Nessas situações podem conceder férias coletivas a todos os empregados da empresa, ou ainda de determinados estabelecimentos ou setores. Neste caso, as férias poderão ser concedidas em até 2 (dois) períodos ao longo do ano, contanto que nenhum deles seja inferior a 10 dias.

Para fazer uso dessa modalidade de férias, o empregador deverá comunicar por escrito, com pelo menos 15 (quinze) dias de antecedência constando o período de início e término das férias coletivas, à Secretaria do Trabalho, ao sindicato da categoria e aos próprios empregados.

Os empregados contratados há menos de 12 (doze) meses gozarão na oportunidade as férias proporcionais, iniciando então novo período aquisitivo.

f. **Remuneração das Férias — Adicional de Férias:** Conforme rege na Constituição Federal e na CLT o empregado ao sair de férias terá direito de receber além do valor correspondente ao seu salário nominal, acrescido de eventuais adicionais, mais uma indenização no valor de 1/3 (um terço) do seu salário. O Pagamento das férias deverá ocorrer até 2 (dois) dias antes da concessão das férias.

g. **Abono de Férias ou Abono Pecuniário:** De acordo com o art. 143 da CLT, é facultado ao empregado converter 1/3 (um terço) do período de férias a que tiver direito em abono pecuniário, no valor da remuneração que lhe seria devido nos dias correspondentes.

DESCONTOS

Os descontos são os valores a serem deduzidos das remunerações em casos específicos em que possam ser aplicados. Em seu art. 462, a CLT afirma que ao empregador é vedado efetuar qualquer desconto nos salários dos empregados, salvo quando este resultar de adiantamentos ou de dispositivos estipulados em lei. Quanto aos principais tipos de descontos, eles se classificam em duas categorias:

a. **Obrigatórios:** São aqueles estipulados em lei que rege a relação trabalhista e independe de autorização do empregado. Como exemplos, podemos citar:

- Adiantamento de Salário
- Contribuição Previdenciária.
- Imposto de Renda Retido na Fonte (IRRF)
- Pensão Alimentícia (amparada em decisão judicial)
- Faltas
- Atrasos
- Descanso Semanal Remunerado (DSR)

b. **Facultativos:** São aqueles em que o empregado autoriza o desconto.

- Empréstimos
- Vale Transporte
- Convênios (farmácia, assistência médica, odontológica e outros)
- Contribuição Sindical
- Seguro de Vida
- Auxílio Alimentação

Para que esta relação de remunerações e descontos fique bem clara para o empregado e o empregador, é formalizado o Recibo de Pagamento de Salário, no qual constam todas as remunerações e descontos de forma detalhada e o valor líquido que o empregado receberá.

TABELAS

Para calcular a folha de pagamento, rescisões contratuais e pagamentos eventuais por prestação de serviços, é preciso fazer uso das tabelas de descontos da previdência social e do imposto de renda que apresentamos a seguir:

TABELA 1: REGIME GERAL DA PREVIDÊNCIA SOCIAL (RGPS)

TABELA DE CONTRIBUIÇÃO DOS SEGURADOS EMPREGADO, EMPREGADO DOMÉSTICO E TRABALHADOR AVULSO PARA PAGAMENTO DE REMUNERAÇÃO A PARTIR DE 1º DE MARÇO DE 2020

Até 1.045,00	7,5%
De 1.045,01 a 2.089,60	9%
De 2.089,61 a 3.134,40	12%
De 3.134,41 a 6.101,06	14%
Acima de 6.101,06	R$713,10 Teto (pela aplicação das alíquotas progressivas).

Portaria SEPT/ME 3.659/2020 de 10.02.2020
Esta tabela pode ser visualizada no link: http://www.previdencia.gov.br/2020/02/novas-aliquotas-da-previdencia-entram-em-vigor-em-marco/

Tabelas para fins didáticos, pois sofrem alterações de acordo com legislação em vigor.

TABELA 2: IMPOSTO DE RENDA RETIDO NA FONTE (IRRF)

Base de cálculo	Alíquota	Parcela a deduzir
Até 1.903,98	isento	
De 1.903,99 a 2.826,65	7,5%	142,80
De 2.826,66 a 3.751,05	15%	354,80
De 3.751,06 a 4.664,68	22,5%	636,13
Acima de 4.664,68	27,5%	869,36

Conforme Media Provisória 670/2015, convertida na Lei 13.149/2015.

Para o cálculo de Imposto de Renda sobre o rendimento do trabalho é permitido deduzir da renda bruta:

a) O valor integral da contribuição previdenciária.

b) O valor integral referente à pensão alimentícia.

c) O valor de R$189,59 por cada dependente informado.

Esta tabela pode ser visualizada no link: http://receita.economia.gov.br/acesso-rapido/tributos/irpf-imposto-de-renda-pessoa-fisica#calculo_mensal_IRPF

Tabelas para fins didáticos, pois sofrem alterações de acordo com legislação em vigor.

CAPÍTULO 6: ADMINISTRAÇÃO DE PESSOAL **187**

■ EXERCÍCIO PRÁTICO 2: RECIBO DE PAGAMENTO DE SALÁRIO

Calcule os totais das remunerações e descontos que um determinado empregado tenha direito a receber da empresa em que trabalha, demonstrando os rendimentos bruto, líquido e valor do FGTS, de acordo com as informações fornecidas:

Remunerações

- a. Salário Mensal: R$2.750,00
- b. Horas extras realizadas: 8 horas extras a 60%.
- c. Adicional de Insalubridade no nível médio.

Descontos

- a. INSS
- b. IRRF (este empregado não possui dependentes e nem paga pensão alimentícia).
- c. Convênio Médico — total de R$120,00.

Solução

Remunerações

- a. Salário Mensal = **R$2.750,00.**
- b. Horas Extras 8h = R$2.750,00/220 horas/mês = R$12,50 valor por hora. R$12,50 x 1,60 = R$20,00 hora extra com 60%.

R$20,00 x 8 = **R$160,00.**

- c. Insalubridade nível médio = 20% do salário mínimo = Salário mínimo: R$1.045,00 x 20% = **R$209,00.**

Total das Remunerações: R$2.750,00 + R$160,00 + R$209,00 = **R$3.119,00.**

Descontos

- a. **INSS** (conforme uso da tabela progressiva do INSS). R$3.119,00 x 7,5%, x 9% e x 12%

  - 1ª Faixa R$1.045,00 x 7,5% = R$78,37.
  - 2ª Faixa R$1.044,60 x 9,0% = R$94,01.
  - 3ª Faixa R$1.029,40 x 12% = R$123,52.

INSS total: R$78,37 + R$94,01 + R$123,52 = **R$295,90**

- b. **IRRF** (conforme uso da tabela progressiva do IRRF).
(Rendimento bruto – valor do INSS = Base de cálculo do IRRF.)

R$3.119,00 – R$295,90 = R$2.823,10

Base de cálculo IRRF x alíquota do IR – parcela a deduzir = valor IR a pagar

R$2.823,10 x 7,5% = R$211,73 – R$142,80 = **R$68,93.**

c. **Convênio Médico**
Valor total = **R$120,00**

Total dos descontos

INSS   : R$295,90

IRRF   : R$ 68,93

Convênio   : R$120,00

Total   : R$484,83

Rendimento Bruto   : R$3.119,00

(-) Descontos   : R$ 484,83

Líquido a Receber   : R$2.634,17

FGTS = R$3.119,00 x 8% = R$249,52

(a ser depositado pela empresa em conta vinculada em nome do empregado).

Veja a seguir como fica o resumo dentro de um Recibo de Pagamento de Salário.

EMPREGADOR			**Recibo de Pagamento e Salário**		
Nome				Referente ao Mês / Ano	
Endereço				xx/xxxx	
CNPJ					
CÓDIGO NOME DO FUNCIONÁRIO Fulano de Tal			CBO	FUNÇÃO Analista Y	
Cód.	Descrição		Referência	Proventos	Descontos
	1. Salário Mensal		2.750,00		1. INSS 295,90
	2. Horas Extras 8h.		160,00		2. IRRF 68,93
	3. Ad. Insalubridade		209,00		3. Convênio 120,00
MENSAGENS				Total dos Vencimentos 3.119,00	Total dos Descontos 484,83
				Líquido a Receber	2.634,17
Salário Base Base Cálc. INSS Base Cálc.FGTS 0,00 0,00 0,00			FGTS do Mês 249,52	Base Cálc. IRRF 0,00	Faixa IRRF 0

1ª VIA - EMPREGADOR

BENEFÍCIOS SOCIAIS

Ao empregado trabalhador — urbano, rural ou doméstico — é assegurado, além dos direitos trabalhistas, alguns benefícios sociais garantidos por Lei. Alguns dos principais benefícios:

a. FUNDO DE GARANTIA POR TEMPO DE SERVIÇO (FGTS)

Criado em 1966, o Fundo de Garantia por Tempo de Serviço (FGTS) é uma garantia ao empregado trabalhador, constituído de uma conta bancária vinculada em nome do empregado e gerida pelo seu ente regulador a Caixa Econômica Federal (CEF), em que o empregador realiza depósitos mensais na proporção de 8% (oito por cento) do total da remuneração devida ao empregado. O valor do FGTS vai se acumulando mensalmente acrescido de juros.

O FGTS é um instrumento social com finalidade de amparar e proteger o empregado trabalhador e sua família, na forma de indenização por tempo de serviço, em situações de desligamento da empresa, no momento de sua aposentadoria e em outras situações previstas em lei, como a possibilidade de usar o fundo para aquisição de moradia.

Como se trata de uma conta vinculada, o empregado não poderá sacar o recurso do FGTS, exceto em poucas situações previstas na lei, tais como:

- Dispensa pelo empregador sem justa causa.
- Extinção da empresa.
- Término do contrato de trabalho por prazo determinado.
- Aposentadoria.
- Idade superior a 70 anos.
- Aquisição de casa própria ou financiamento imobiliário.
- Doença grave.
- Morte do trabalhador.

b. PIS/PASEP: PROGRAMA DE INTEGRAÇÃO SOCIAL (PIS) e PROGRAMA DE FORMAÇÃO DO PATRIMÔNIO DO SERVIDOR PÚBLICO (PASEP)

Benefícios voltados aos empregados da iniciativa privada e aos servidores públicos. Trata-se de programas sociais visando promover a integração na vida e no desenvolvimento dos trabalhadores. Mediante uma contribuição mensal das empresas na forma de tributos, os valores são alocados em fundo com finalidade específica de financiar o seguro desemprego, programas de desenvolvimento econômico e pagamento de abono salarial anual no valor de 1 (um) salário mínimo vigente aos trabalhadores que tenham recebido salário médio anual de até 2 (dois) salários mínimos no ano anterior.

c. SEGURO DESEMPREGO

Trata-se de um benefício de caráter temporário concedido pelo Governo ao trabalhador dispensado sem justa causa. Para requerer o benefício, é preciso atender as seguintes condições:

1. Ter recebido salários consecutivos nos últimos 6 (seis) meses.
2. Não possuir outra fonte de renda própria.
3. Não ser Microempreendedor Individual (MEI) ou proprietário de Microempresa (ME), mesmo que não esteja em operação.
4. Não receber outro benefício continuado da previdência, exceto auxílio-acidente ou pensão por morte.

O benefício é pago pela Caixa Econômica Federal (CEF) em até 5 (cinco) parcelas mensais que varia entre 1 (um) salário mínimo e a média salarial dos últimos 3 (três) meses do trabalhador, bastante limitada porém a um valor fixo determinado em tabela que não alcança 2 (dois) salários mínimos.

Vale ressaltar que a partir do momento em que o empregado consegue novo emprego o benefício é imediatamente suspenso.

Para conhecer melhor as características desse benefício, acesse o site: http://www.caixa.gov.br/beneficios-trabalhador/seguro-desemprego/Paginas/default.aspx

d. SALÁRIO FAMÍLIA

Benefício assegurado ao trabalhador(a) empregado(a) que tenha filhos até a idade de 14 anos, conforme a tabela a seguir:

Tabela Salário Família 2020

Por filho até 14 anos
R$48,62 até R$1.425,56

Portaria SEPT/ME 3.659/2020 de 10/02/2020, http://www.previdencia.gov.br/2020/02/novas-aliquotas-da-previdencia-entram-em-vigor-em-marco/

e. SALÁRIO e LICENÇA MATERNIDADE/PATERNIDADE

Benefício oferecido à empregada gestante e que se tornará mãe. Durante o período do nascimento do filho(a), ela poderá ficar afastada por um período entre 120 (cento e vinte) até 180 (cento e oitenta dias), tendo sua remuneração calculada e paga pelo Instituto Nacional de Seguridade Social (INSS) e retornando após este período ao trabalho com estabilidade prevista em lei.

Também o pai terá direito a uma licença paternidade entre 5 (cinco) até 20 (vinte dias) corridos.

   f. **DEMAIS AUXÍLIOS**

   Existem ainda outros benefícios estipulados por lei. Alguns:

   - Auxílio Doença ou acidente de trabalho
   - Auxílio Reclusão
   - Pensão por Morte

DICA

Para conhecer com maiores detalhes todos os benefícios estudados, você pode acessar o site da Previdência Social em www.previdencia.gov.br

RESCISÃO DO CONTRATO DE TRABALHO

As relações de trabalho entre empregado e empregador são regidas e amparadas na lei e inicia-se no mercado de trabalho em que o empregador busca o empregado por meio da etapa de recrutamento e seleção, e uma vez selecionado e escolhido, na etapa seguinte passa pelo processo de admissão. Assim, durante o período de vínculo formal, o empregado e o empregador terão direitos e deveres a cumprir. No entanto, em determinados momentos ou situações, previstas ou não, essas relações formais podem ter um fim, ou seja, pode-se haver o momento de término dessas relações, culminando com o rompimento do contrato de trabalho. Denominamos esse processo de Rescisão de Contrato de Trabalho.

A rescisão do contrato de trabalho é classificada em duas modalidades:

1. Rescisão por iniciativa do empregador.
2. Rescisão por iniciativa do empregado.

1) A RESCISÃO POR INICIATIVA DO EMPREGADOR PODERÁ OCORRER EM DUAS SITUAÇÕES DISTINTAS:

   a. **Rescisão sem justa causa:** Ocorre quando o empregador opta por desligar o empregado sem motivo ou causa aparente, mas simplesmente o faz, por sua vontade. Neste caso, o empregado é informado da rescisão do contrato e o empregador deverá fazer as indenizações previstas em lei, que são as chamadas verbas rescisórias.

b. **Rescisão com justa causa:** Ocorre quando o empregador opta por desligar o empregado por motivo declarado, ou seja, por uma razão ou causa aparente. A legislação trabalhista prevê todas as situações que se podem enquadrar a rescisão por justa causa. Também neste caso o empregado é informado da rescisão do contrato e o empregador deverá fazer as indenizações previstas em lei, mas cabe ressaltar que, nesta situação, não serão as mesmas da modalidade de rescisão sem justa causa.

2) A RESCISÃO POR INICIATIVA DO EMPREGADO

Poderá ocorrer quando o mesmo solicita diretamente ao empregador, podendo ou não alegar suas motivações. O pedido deve ser feito preferencialmente por escrito e com 30 (trinta) dias de antecedência. Neste caso, o empregado também fará jus à algumas verbas rescisórias.

A rescisão de contrato de trabalho poderá ocorrer em outras situações, tais como:

a. Extinção da empresa.

b. Aposentadoria compulsória do empregado.

c. Falecimento do empregado ou empregador (empresário individual).

d. Término do contrato de trabalho por tempo determinado.

No processo de rescisão há algumas situações previstas na lei que garantem uma estabilidade no emprego. Portanto, nessas situações, o empregador deverá respeitar o prazo mínimo para poder desligar o empregado, ou se o fazendo deverá pagar indenizações extras referentes ao período de estabilidade a que o empregado tem direito. Os períodos de estabilidade variam conforme as situações. Vejamos alguns exemplos de estabilidade:

a. Empregado membro eleito da Comissão Interna de Prevenção de Acidentes (CIPA).

b. Empregada gestante.

c. Empregado que sofreu acidente de trabalho.

d. Empregado que se torna dirigente sindical.

AVISO PRÉVIO

O aviso prévio consiste em um aviso formal, por escrito, de forma prévia, ou seja, antecipada, no caso em 30 (trinta) dias, para que tanto o empregado possa ter tempo de procurar outro emprego quanto o empregador de contratar e treinar outro empregado para a vaga a ser deixada pelo empregado. Este é um

CAPÍTULO 6: ADMINISTRAÇÃO DE PESSOAL **193**

importante instrumento de segurança para ambas as partes. No caso de descumprimento, as partes terão obrigações a cumprir, na forma de:

a. **Aviso prévio indenizado:** Neste caso, o empregador deverá pagar 30 (trinta) dias adicionais com base no salário vigente do empregado nas verbas rescisórias.

b. **Aviso prévio descontado:** Neste caso, se o empregado não comunicar com antecedência e desejar se desligar de forma imediata, o aviso prévio de 30 (trinta) dias poderá ser descontado pelo empregador no momento de receber suas verbas rescisórias.

Vale ressaltar que o aviso prévio só ocorrerá nas modalidades de dispensa sem justa causa e no pedido de demissão. Durante o período de aviso, o empregado poderá escolher entre sair 2 (duas) horas antes da jornada normal de trabalho ou cumpri-la integralmente e reduzir em 7 dias o período do aviso. Isto ocorre por razão do empregado poder ter um período de tempo para procurar novo emprego, de acordo com o artigo 488 da CLT.

VERBAS RESCISÓRIAS

No momento da rescisão do contrato de trabalho, o empregador deverá realizar o cálculo e o pagamento das verbas rescisórias de acordo com o tempo de contrato e com as motivações. De forma geral, relacionamos as principais verbas a serem pagas pelo empregador. São elas:

a. Saldo de salário

b. 13º Salário Proporcional

c. Férias Vencidas

d. Férias Proporcionais

e. Aviso Prévio Indenizado

f. PLR

g. Autorização para saque do FGTS

h. Multa de 40% do saldo do FGTS

i. Autorização para receber seguro desemprego

j. Demais indenizações, conforme convenção coletiva ou acordo coletivo de trabalho

Sobre as verbas a serem calculadas, haverá também os descontos obrigatórios por lei, referente aos tributos incidentes bem como os descontos autorizados pelo empregado no momento da sua contratação ou durante o contrato de trabalho.

Quanto ao prazo de pagamento, deverá ocorrer até o primeiro dia útil, se o empregado cumpriu o período do aviso prévio ou até 10 (dez) dias caso o aviso prévio tenha sido indenizado.

Antes da Lei 13.467/17, que trata da reforma trabalhista, a empresa era obrigada a fazer a homologação da rescisão de contrato de trabalho de todos os trabalhadores que tivessem acima de 1 ano de trabalho, perante a entidade sindical representativa do trabalhador ou na Secretaria do Trabalho. Com a entrada em vigor da lei, nenhuma rescisão contratual está sujeita a homologação, exceto onde há normas que exigem este ato em convenção coletiva ou acordo coletivo de trabalho que assim estabeleça.

SISTEMA DE ESCRITURAÇÃO DIGITAL DAS OBRIGAÇÕES FISCAIS, PREVIDENCIÁRIAS E TRABALHISTAS (E-SOCIAL)

O Sistema de Escrituração Digital das Obrigações Fiscais, Previdenciárias e Trabalhistas, popularmente conhecido como e-Social, foi criado em 2014 pelo Decreto 8.373. Trata-se de um sistema que permite as empresas informar ao governo as informações relativas aos seus funcionários de forma unificada.

O Objetivo principal do e-Social é estabelecer a forma com que passam a ser prestadas as informações trabalhistas, previdenciárias, tributárias e fiscais relativas à contratação de funcionários, com ou sem vínculo empregatício, e de produção rural.

Com sua implantação, pretende-se simplificar de forma substancial, reduzindo a burocracia para as empresas na forma do envio das informações ao governo que hoje ocorrem por diversos meios, que acabam gerando desperdício de tempo e recursos valiosos tanto das empresas quanto pelo governo na forma de checagem, validação, verificação e fiscalização das informações.

Importante destacar que a implantação do e-Social, não vai alterar nenhum direito trabalhista e previdenciário, ao contrário disso, por meio dos registros em um único canal, pode disponibilizar rápidas consultas, relatórios e qualidade das informações que acabam garantindo maior agilidade e rapidez na concessão de um direito ou benefício ao trabalhador.

O projeto e-Social é uma ação conjunta dos seguintes órgãos e entidades do governo federal:

- Receita Federal do Brasil
- Caixa Econômica Federal

CAPÍTULO 6: ADMINISTRAÇÃO DE PESSOAL 195

- Instituto Nacional do Seguro Social
- Secretaria do Trabalho

No sentido de agilizar, facilitar e desburocratizar, o e-Social prevê um tratamento diferenciado às micro e pequenas empresas, na forma e no envio das informações.

Para as empresas, o importante é que estas exijam de todos os empregados trabalhadores, todas as informações e documentos atualizados de forma completa, pois, desta forma, poderá alimentar o e-Social de forma exata e completa, o que vai gerar ganho de produtividade, agilidade, rapidez tanto para o empregado quanto para a empresa.

Hoje as empresas são obrigadas a apresentar ao Governo, até 15 obrigações acessórias. São elas:

- Guia de Recolhimento do FGTS e de Informações à Previdência Social (GFIP)
- Cadastro Geral de Empregados e Desempregados para controlar as admissões e demissões de empregados sob o regime da CLT (CAGED)
- Relação Anual de Informações Sociais (RAIS)
- Livro de Registro de Empregados (LRE)
- Comunicação de Acidente de Trabalho (CAT)
- Comunicação de Dispensa (CD)
- Carteira de Trabalho e Previdência Social (CTPS)
- Perfil Profissiográfico Previdenciário (PPP)
- Declaração do Imposto de Renda Retido na Fonte (DIRF)
- Declaração de Débitos e Créditos Tributários Federais (DCTF)
- Quadro de Horário de Trabalho (QHT)
- Manual Normativo de Arquivos Digitais (MANAD)
- Folha de pagamento
- Guia de Recolhimento do FGTS (GRF)
- Guia da Previdência Social (GPS)

No ambiente do e-Social as empresas continuam com a obrigação de prestar informações, agora, porém, em um único ambiente não sendo mais necessário repetir as mesmas informações como dados da empresa, dos empregados e outras.

Para os trabalhadores, além de manter os direitos previdenciários e trabalhistas, estes terão acessos mais rápidos e seguros a:
- Benefícios sociais
- Afastamentos
- Aposentadorias
- E outros

O e-Social vai contribuir de forma decisiva para a diminuição de erros nos cálculos que, hoje, ainda ocorrem na geração dessas guias pelos sistemas das empresas.

DICA

Para conhecer com maiores detalhes, bem como informações específicas, as micro e pequenas empresas e as vantagens do novo sistema, você pode acessar o site do e-Social em http://portal.esocial.gov.br

MEDICINA E SEGURANÇA DO TRABALHO

A preocupação com a saúde e a segurança no trabalho obteve avanços significativos ao longo do tempo. Isso ocorre desde a Primeira Revolução Industrial, em virtude da introdução de maquinários, equipamentos, linhas de montagem, novos processos, novos produtos e também com o consequente aumento do número de acidentes no trabalho. Para reduzir o número de acidentes e doenças causadas no trabalho. Foram criados diversos instrumentos e legislações a fim de amparar o trabalhador.

No Brasil, o órgão responsável por regular esses aspectos é a Secretaria do Trabalho, vinculada ao Ministério da Economia, que elaborou uma série de normas de segurança, conhecidas como Normas Regulamentadoras (N.R) a serem seguidas pelas empresas e pelos seus empregados.

Basicamente todos os trabalhos que envolvem a Medicina e a Segurança do Trabalho devem ser realizados e cumpridos pelas empresas na forma de laudos, relatórios, exames médicos, equipamentos e sinalização de segurança dentre outros aspectos. Para tanto, foi criado os SESMT (Serviços Especializados em Engenharia de Segurança e em Medicina do Trabalho), que são desempenhados por uma equipe formada por profissionais de diversas áreas que envolvem:

   a. Colaboradores do departamento de recursos humanos
   b. Engenheiros em Segurança do Trabalho

CAPÍTULO 6: ADMINISTRAÇÃO DE PESSOAL **197**

   c. Engenheiros Elétricos

   d. Médicos especializados em segurança no trabalho

Cabe a essa equipe de profissionais preparar os principais laudos exigidos por lei, dentre os quais citamos:

   a. Programa de Prevenção de Riscos Ambientais (PPRA)

   b. Programa de Controle Médico e Saúde Ocupacional (PCMSO)

   c. Laudo Técnico de Condições de Ambiente de Trabalho (LTCAT)

   d. Laudo Ergonômico

   e. Laudo Técnico de Periculosidade e Insalubridade

   f. Perfil Profissiográfico Previdenciário (PPP)

   g. Laudos de Instalações Elétricas e Para-raios

COMISSÃO INTERNA DE PREVENÇÃO DE ACIDENTES (CIPA)

Criada pela N.R. no.5 — Norma Regulamentadora número 5 — da Secretaria do Trabalho. A CIPA é composta de funcionários da empresa, que tem como principais objetivos:

- Observar e relatar condições de riscos no ambiente de trabalho.
- Propor medidas para eliminar, sinalizar ou reduzir ao máximo os riscos existentes.
- Analisar os acidentes ocorridos e propor medidas de segurança.
- Orientação a todos os empregados quanto à prevenção de acidentes e o correto uso de Equipamento de Proteção Individual (EPI).

Este trabalho ocorre na forma de inspeções, reuniões e campanhas educativas. É desenvolvido em conjunto com um profissional contratado que é o Técnico em Segurança do Trabalho.

BRIGADA CONTRA INCÊNDIOS

Com finalidade específica na prevenção e combate aos riscos de incêndio, ela é composta também de funcionários da empresa, que formarão uma equipe de brigada contra incêndio, em que uma vez composta deverão passar por treinamentos teóricos e práticos, com a finalidade de prevenir e de combater incêndios. As principais atividades da brigada contra incêndio são:

- Conhecimento e uso dos equipamentos de combate ao incêndio.
- Prevenção contra incêndios com campanhas educativas.
- Procedimentos de evacuação de local exposto à fumaça e ao incêndio.

- Atendimento de primeiros socorros a possíveis feridos.
- Acionamento do Corpo de Bombeiros e combate ao incêndio.

Seguindo todas as instruções e normas legais, efetuando um trabalho em conjunto com membros de departamento de recursos humanos, médicos do trabalho e técnicos em segurança do trabalho, os riscos e acidentes não vão deixar de acontecer na sua totalidade. Todavia, os riscos podem e devem diminuir visando à saúde e a segurança de todos para o bem comum.

EXERCÍCIOS

1. Cite duas atividades principais do setor de recursos humanos e duas atividades principais do setor de departamento pessoal.
2. Cite quais são as 3 categorias de benefícios oferecidos aos empregados pelo empregador e dê exemplos de cada categoria.
3. De acordo com a Constituição Federal e com a CLT, qual é a jornada máxima de horas semanais?
4. Quais são os tipos de remunerações que recebem o nome de adicionais?
5. Sobre as férias, explique os conceitos de período aquisitivo e período concessivo.

CAPÍTULO 7

GESTÃO DA CONTABILIDADE

ORIGEM E FINALIDADE DA CONTABILIDADE

A contabilidade no contexto histórico é antiga e remonta à época dos impérios. Os reis tinham que saber o montante de recursos que tinham em seu poder, esses recursos eram basicamente na forma de bens, tais como: estoques de alimentos, animais, veículo de tração, armamentos, metais preciosos e outros. Os reis designavam pessoas específicas para administrar esses recursos e dentre suas funções estava a de registrar, quantificar e controlar os recursos do rei, apresentando periodicamente relatórios desses recursos. Nesta época, já destacamos três profissionais que viriam a ser os administradores, economistas e contadores.

No período medieval, surgiram diversas inovações na forma de registros e controles. A Igreja é um exemplo clássico dessa época. Por possuir muitos bens, acabou impulsionando a contabilidade, por necessitar de novos métodos de registros e controles, fez com que a contabilidade se desenvolvesse como ciência, e foi na Itália que pela primeira vez surgiu o termo *contabilitá*.

Sobre o protagonismo e a influência da Igreja na ciência contábil, afirma o professor José Carlos Marion:

A Igreja viu a necessidade de mensurar seu patrimônio. Foi então convocado um frei franciscano, matemático, para fazer esse trabalho. Luca Pacioli, contemporâneo de Leonardo da Vinci, foi o autor do primeiro tratado de contabilidade que se tem notícia.

FREI LUCA PACIOLI

O Frei Luca Pacioli foi um teólogo e matemático italiano e ganhou um grande destaque na história da contabilidade, em razão das suas obras voltada a temas econômicos e financeiros como o *Tratactus de Computis et Scripturis* (Contabilidade por Partidas Dobradas), na qual descreve a teoria contábil do débito e do crédito que corresponde à teoria dos números positivos e negativos, método esse que já era empregado na Itália, mas que ganhou impulso com a publicação de sua obra.

Outra importante obra que se tornou referência foi o tratado sobre contabilidade, a *Summa de Aritmética, Geometria, Proportioni et Proporcionalitá*.

Na Itália, nesse período, o comércio e o intercâmbio desenvolveu-se de forma significativa, e era necessário estabelecer parâmetros de controle das atividades comerciais pelos governos locais. As obras de Pacioli tratavam justamente desses temas, falando sobre assuntos mercantis, registros, controles de estoques, aquisições, permutas, lucros e perdas.

Sobre o método das partidas dobradas, Pacioli expôs à seguinte sentença:

- "Per": mediante o qual se reconhece o devedor.
- "A" : mediante o qual se reconhece o credor.

Em que:

- Para cada devedor, deverá haver um credor.
- Para cada credor deverá haver um devedor de igual valor.

Acrescentou ainda que, primeiro deve vir o devedor, e só depois o credor. Essa sentença tornou-se tão importante que é usada pela contabilidade até os dias atuais.

As obras de Pacioli não só sistematizaram a Contabilidade, como também abriu precedente que para novas obras pudessem ser escritas sobre o assunto. Por suas grandes contribuições ele é considerado até hoje como o pai da Contabilidade.

ESCOLA EUROPEIA

Com o avanço do comércio internacional na Itália, e em toda a Europa, e o surgimento da Primeira Revolução Industrial na Inglaterra, as operações industriais e comerciais ganhavam novos impulsos fazendo com que as relações comerciais fossem mais frequentes e intensas. A calculadora já tinha sido inventada pelo francês Pascal. Nesse período, novas publicações sobre o tema foram surgindo, dos quais destacamos grandes escritores italianos consagrados: Fábio Bêsta e Francesco Villa, este último sendo também contabilista público, que publicou sua obra *La Contabilità Applicatta alle administrazioni Private e Plubbliche*.

A ciência da Contabilidade ainda se confundia com a ciência da Administração, e o patrimônio se definia como um direito, segundo postulados jurídicos. A Contabilidade chegou à universidade e começou a ser lecionada com a aula de comércio da côrte, em 1809.

Em 1923, Vicenzo Mazi, seguidor de Fábio Bésta, definiu pela primeira vez, o patrimônio como objeto da Contabilidade. A Contabilidade passava a ser vista não mais como um mero registro, mas sim como instrumento básico de gestão.

A escola Europeia dedicou um peso excessivo à base teórica, sem demonstrações práticas e pesquisas de campo. Havia uma preocupação em demonstrar que a Contabilidade era uma ciência em vez de dar vazão à pesquisa séria de campo e de grupo. Foi quando a partir de 1920 e 1930 entra em contraponto e ganha predominância a fase da escola norte-americana.

ESCOLA NORTE-AMERICANA

A escola norte-americana de contabilidade foi impulsionada por alguns fatores, um deles foi o surgimento de grandes empresas nacionais e multinacionais, que por suas características naturais, exigiam-se grandes capitais de investimento, bem como a figuras dos investidores na forma de acionistas. Sendo assim, foi necessária a criação e estabelecimento das teorias e das práticas contábeis, por meio de mecanismos de controles que permitissem correta interpretação das informações, por qualquer acionista ou outro interessado, em qualquer parte do mundo. O surgimento do *American Institute of Certifield Public Accountants* foi de extrema importância no desenvolvimento da Contabilidade e dos princípios contábeis.

Outro fator que impulsionou o aprimoramento e evolução dos registros contábeis foi o *crash* da quebra da Bolsa de Nova York em 1929, que ocasionou uma série de falências de várias companhias que operavam na bolsa, trazendo uma séria crise financeira nos Estados Unidos, por isso viu-se a necessidade de aprimorar e aperfeiçoar os registros, controles e a fiscalização das informações financeiras e patrimoniais de empresas e instituições financeiras.

A CONTABILIDADE NO BRASIL

Em 1808, com a chegada da Família Real Portuguesa ao Brasil, as atividades comerciais se intensificaram, bem como a contabilidade da corte, com a instituição de tributos de um lado e os gastos públicos de outro, sendo necessária a criação de todo um aparato financeiro, contábil, fiscal, visando atender às necessidades da corte e a administração dos bens públicos. Foi nesse contexto que, no mesmo ano, foi criado o primeiro banco público, o Banco do Brasil.

No decorrer da história, conforme divulga o Conselho Federal de Contabilidade (CFC), em seu portal, em 1822, com a independência do Brasil e dois anos mais tarde, em 1824, com a entrada em vigor da Primeira Constituição, o aparato fiscal passou a denominar-se Ministério da Fazenda. Em 1850, o então Imperador D. Pedro II criou o Código Comercial Brasileiro, com o objetivo de regulamentar e aperfeiçoar os procedimentos contábeis. Foi quando surgiu a exigência da escrituração dos livros, com fatos patrimoniais, seguindo a legislatura da época (Lei nº 556, Art. 290). Em 1945, o curso superior de Ciências Contábeis e Atuariais foi finalmente reconhecido por meio do Decreto-Lei nº 7.988, assinado pelo então presidente Getúlio Vargas, no dia 22 de setembro de 1945. O novo dispositivo legal passou a conceder o título de Bacharel em Ciências Contábeis aos concluintes do curso. Com duração de quatro anos, o curso contou, em sua primeira edição, com as disciplinas Contabilidade Geral, Organização e Contabilidade Industrial e Agrícola, Organização e Contabilidade Bancária, Organização e Contabilidade de Seguros, Contabilidade Pública e Revisões e Perícia Contábil.

Nos dias atuais, as sociedades passam por diversas e constantes transformações que acabam impactando as empresas também. Assim como hoje se fala no conceito da indústria 4.0, também a contabilidade precisa atualizar-se na contabilidade 4.0, na qual as funções do contador não se restringem mais somente a parte fiscal, mas agora a figura deste profissional ganha novo impulso tornando-se um parceiro estratégico para auxiliar os gestores no processo de tomada de decisão, com o advento da controladoria. A contabilidade e o profissional contábil agora vão além das suas funções, incorporando informações e relatórios de auxílio estratégico. Isso se torna necessário em um mercado de economia complexa, e é de vital importância para empresas que as informações sejam as mais precisas possíveis para tomada de decisões corretas, podendo desta forma manter-se em um mercado extremante competitivo.

DICA

Para conhecer mais sobre a história da Contabilidade, e do profissional contábil, você pode acessar o site do Conselho Federal de Contabilidade (CFC): www.cfc.org.br/portaldocfc. e o link https://cfc.org.br/wp-content/uploads/2016/08/70anos-cfc.pdf

CONCEITOS GERAIS DE CONTABILIDADE

Para termos uma melhor compreensão da contabilidade e suas aplicações, se faz necessário, a definição e entendimento de alguns conceitos, conforme segue:

- **Contabilidade**: é uma ciência que possibilita, por meio de suas técnicas, o controle permanente do patrimônio das empresas.
- **Campo de Aplicação**: abrange todas as entidades econômico-administrativas, até mesmo as de direito público, como a União Federal, Estados e Municípios.
- **Utilidade da Contabilidade**: além de ser uma grande ferramenta empresarial principalmente para tomada de decisão, a contabilidade também é fundamental para o governo, aos bancos, aos investidores, ao comércio em geral, pois é por meio da contabilidade, do Balanço Patrimonial e de outras demonstrações que se pode verificar a "saúde" financeira da empresa.
- **Patrimônio**: é tudo o que a empresa tem que possa ser quantificado economicamente, seja algo positivo ou negativo, assim, como em nossas vidas temos nosso patrimônio, as empresas também possuem o delas. Patrimônio das Empresas, portanto é formado por BENS, DIREITOS E OBRIGAÇÕES.
- **Empresa**: é uma unidade de produção, resultante da combinação dos três fatores da produção (natureza, trabalho e capital), e constituída para o desenvolvimento de uma atividade econômica. São entidades econômico-administrativas que possuem finalidade econômica, ou seja, visam o lucro. Elas desenvolvem os mais variados ramos:

  - Indústria.
  - Comércio.
  - Serviços.
  - Agricultura etc.

Quanto à natureza do capital podem ser:

- Públicas.
- Privadas.
- Mistas.

Em que:

As públicas são com Capital exclusivo do Governo, as privadas com Capital da iniciativa privada ou particulares, e as mistas, que são a junção dos Capitais do Governo e da iniciativa privada ou particulares.

Mesmo não visando o lucro, as Instituições Sociais, como ONGs, sindicatos, igrejas e fundações, necessitam da contabilidade para apuração de seus respectivos patrimônios.

- **Capital**: importância em dinheiro com a qual você comprará tudo o que necessita para montar seu negócio. Este valor inicial é chamado de Capital Inicial, que pode ser composto de moeda corrente ou por bens a serem incorporados no próprio negócio.

- **Fatos Administrativos**: são os acontecimentos que provocam variações nos valores patrimoniais (compras, vendas, receitas e despesas), podendo ou não alterar o Patrimônio Líquido.

Como pudemos analisar pelos resumos anteriores, a missão da contabilidade nada mais é do que apurar o controle da movimentação do patrimônio de uma empresa, por meio de registros dos documentos contábeis, que serão mencionados a seguir:

- **Documentos Contábeis**: são aqueles reconhecidos por Lei que comprovam os fatos administrativos, ou seja, as transações ocorridas na empresa. Alguns exemplos de documentos contábeis são:

  - Nota Fiscal Eletrônica.
  - Cupom Fiscal.
  - Duplicata.
  - Recibo.
  - Cheque.
  - Nota Promissória.
  - Contratos Diversos.
  - Extrato Bancário.
  - Guia de Recolhimento de Tributos.
  - Comprovantes de Pagamentos diversos etc.

Portanto, a contabilidade ocorre pelo efetivo registro destes documentos contábeis, que chamamos de escrituração contábil, e esta escrituração ocorre por meio de Livros Contábeis. Vejamos primeiramente a definição de Escrituração.

- **Escrituração Contábil**: é uma técnica contábil, que consiste em registrar nos Livros Contábeis, todos os acontecimentos que ocorrem na empresa e que provocam modificações no Patrimônio.

PATRIMÔNIO.

PATRIMÔNIO

O Patrimônio de uma empresa é formado pelo conjunto de Bens, Direitos e Obrigações.

- **Bens:** são as coisas capazes de satisfazer as necessidades humanas e suscetíveis de avaliação econômica.

Os Bens podem ser subdivididos da seguinte forma:

QUADRO 7.1: BENS SUBDIVISÃO

Bens de Uso	Bens de Troca	Bens de Consumo
Balcão	Dinheiro	Material de limpeza
Caixa Registradora	Livro para venda	Material de escritório
Espelho	Roupa para venda	Papel p/embalagem

Os Bens também são classificados em duas formas: materiais e imateriais. Vejamos:

1. **Bens Materiais:** são aqueles que possuem corpo, matéria, que por sua vez dividem-se em:
   - **Bens móveis:** podem ser removidos (exemplo: mesas, computadores, veículos, dinheiro, mercadorias etc.).
   - **Bens Imóveis:** são vinculados ao solo (exemplo: terrenos, edifícios etc.).

2. **Bens Imateriais:** não possuem corpo nem matéria. São gastos que a empresa faz e que são registrados no seu Patrimônio (exemplo: patentes de produtos, direitos autorais, fundo de comércio etc.).

DIREITOS

São considerados direitos para a empresa todos os valores que ela tem a receber de terceiros, clientes, inquilinos etc. Esses direitos geralmente aparecem registrados nos livros contábeis da empresa, com o nome do elemento representativo do respectivo direito, seguido da expressão **a Receber.**

Exemplos:

Elementos	Expressão
Duplicatas	a Receber
Promissórias	a Receber
Aluguéis	a Receber

OBRIGAÇÕES

Constituem obrigações para a empresa todos os valores que ela tem a pagar para terceiros (fornecedores, governo, bancos, empregados etc.). As Obrigações geralmente aparecem registradas nos livros contábeis das empresas, com o nome do elemento representativo da respectiva obrigação, seguido da expressão **a Pagar.**

Elementos	Expressão
Duplicatas	a Pagar
Promissórias	a Pagar
Salários	a Pagar
Impostos	a Pagar

REPRESENTAÇÃO GRÁFICA DO PATRIMÔNIO

Elementos Positivos	Elementos Negativos
Bens	**Obrigações**
Caixa (dinheiro)	Duplicatas a Pagar
Estoque (mercadorias)	Aluguéis a Pagar
Móveis e Utensílios	Impostos a Pagar
	Salários a Pagar
Direitos	
Duplicatas a Receber	
Promissórias a Receber	

O Lado esquerdo do gráfico é chamado lado positivo, pois os Bens e Direitos representam a parte positiva do patrimônio da empresa. O lado direito é chamado lado negativo, pois as obrigações representam a parte negativa do patrimônio da empresa.

Os elementos positivos, chamamos de ativos e os elementos negativos, chamamos de passivos.

SITUAÇÃO LÍQUIDA PATRIMONIAL

É a combinação da seguinte equação:

> **BENS + DIREITOS – OBRIGAÇÕES =
> SITUAÇÃO LÍQUIDA PATRIMONIAL**

A Situação Líquida Patrimonial pode ser: positiva, negativa ou nula.

- **Situação Positiva:** será quando os valores dos Bens e Direitos forem maiores que os valores das Obrigações. Esta situação também é conhecida como situação líquida superavitária.
- **Situação Negativa:** será quando os valores dos Bens e Direitos forem menores que os valores das Obrigações. Esta situação também é conhecida como situação líquida deficitária.
- **Situação Nula:** será quando os valores dos Bens e Direitos forem iguais aos das Obrigações.

PATRIMÔNIO LÍQUIDO

Trata-se do quarto grupo de elementos patrimoniais que, com os Bens, Direitos e Obrigações, completará a demonstração contábil, denominada Balanço Patrimonial.

Assim no Balanço Patrimonial, teremos os seguintes elementos:

ATIVO	PASSIVO
Bens	Obrigações
Direitos	Patrimônio Líquido

CONTAS CONTÁBEIS

A finalidade da contabilidade é o controle do patrimônio das empresas e isso se dá por meio dos registros contábeis de todas as operações que venham trazer modificações no seu patrimônio. Portanto, todas as atividades de compras, vendas, pagamentos e recebimentos devem ser registrados de forma individual, e esse registro ocorre por meio das **Contas Contábeis**, em que cada elemento seja ele um bem, um direito ou uma obrigação, ou ainda um elemento que representa uma receita ou uma despesa deve ser registrado, para que, posteriormente, sejam transformados em relatórios para comprovar tanto os resultados quanto o patrimônio dessa empresa.

A conta contábil representa o nome que identifica de forma individual o componente que pertence ao patrimônio da empresa.

Podemos observar, a seguir, alguns exemplos de conta contábil:

O dinheiro movimentando na empresa é identificado pela conta contábil **Caixa**. Agora se a empresa efetua um depósito bancário o nome da conta contábil será **Banco**, ou ainda, se a empresa adquire a compra de um bem, este será registrado na conta que o representa, que pode ser: **Veículos, Computadores, Máquinas** etc.

De acordo com Ribeiro (2010), as contas contábeis possuem uma função de extrema importância, pois é por meio delas que a contabilidade controla a movimentação de todos os componentes patrimoniais (contas patrimoniais) e das variações do patrimônio líquido (contas de resultado). Usando as contas, a contabilidade consegue atingir sua principal finalidade que é a de suprir os usuários de informações acerca do registro e controle do patrimônio e suas variações.

As contas contábeis são divididas em dois principais grupos:

1. Contas Patrimoniais.
2. Contas de Resultado.

CONTAS PATRIMONIAIS

São as contas que representam os elementos que vão compor o patrimônio da empresa, que por sua vez vão dividir-se em Contas do **ATIVO** (grupo que representam os bens e os direitos da empresa) e Contas do **PASSIVO** (grupo que representam as obrigações e o patrimônio líquido).

Essas contas são denominadas contas patrimoniais, pois vão compor o Balanço Patrimonial da empresa.

Assim no Balanço Patrimonial, teremos os seguintes grupos:

ATIVO	PASSIVO
Bens	Obrigações
Direitos	Patrimônio Líquido

Desta forma, dentro de cada grupo do Ativo e do Passivo, teremos as contas contábeis, conforme o exemplo a seguir:

ATIVO	PASSIVO
Caixa	Salários a Pagar
Estoques	Impostos a Pagar
Veículos	Fornecedores
Duplicatas a Receber	Capital

CONTAS DE RESULTADO

São as contas que representam as variações do patrimônio, ou seja, que alteram o patrimônio líquido e demonstram o resultado do exercício em determinado período. Essas contas vão dividir-se em contas de **RECEITAS** (grupo que representam as vendas) e as **DESPESAS** (grupo que representam os gastos da empresa para obter as receitas).

Essas contas são denominadas contas de resultado, pois vão compor a Demonstração de Resultado do Exercício (DRE) da empresa.

Assim na DRE, teremos os seguintes grupos e contas contábeis:

RECEITAS	DESPESAS
Receita com Venda de Mercadorias	Despesa com Fretes
Receita de Prestação de Serviços	Despesa com Marketing
	Despesa Bancária

RESULTADO DO EXERCÍCIO

O objetivo da DRE é apurar o resultado do exercício, que se traduz na forma de lucro ou prejuízo.

PLANO DE CONTAS CONTÁBIL

O plano de contas contábil consiste no agrupamento das contas contábeis de acordo com suas finalidades e características, sendo um importante instrumento para orientar a contabilidade no processamento dos registros e das demonstrações.

O plano de contas contábil segue orientações de acordo com os Princípios de Contabilidade e de acordo com a Lei Federal nº 11.638/2007. A partir dessas diretrizes, cada empresa pode compor seu próprio plano de contas, elegendo e relacionando as contas contábeis que se identificam com suas operações normais, portanto não se trata de plano rígido, mas adaptável a cada empresa, desde que obedecidas normas gerais.

A estruturação de um plano de contas básico contém quatro divisões e dentro de cada uma delas há subgrupos organizados de acordo com o grau de liquidez, conforme apresentamos a seguir:

CONTAS PATRIMONIAIS

1. Ativo
2. Passivo

CONTAS DE RESULTADO

3. Receitas
4. Despesas

Cada grupo apresentado possui suas próprias subdivisões. Na primeira parte temos as **contas patrimoniais** que irão compor a demonstração contábil denominada **Balanço Patrimonial**. Na segunda parte temos as **contas de resultado** que irão compor a demonstração contábil denominada DRE, que representam as duas principais demonstrações contábeis de uma empresa.

Veremos a seguir a estrutura de um modelo de plano de contas contábil de acordo com a Lei nº 11.638/2007.

MODELO DE PLANO DE CONTAS CONTÁBIL

1 – ATIVO

1.1 CIRCULANTE

1.1.1 Disponível

1.1.1.01 Caixa

1.1.1.02 Banco Conta Movimento

1.1.1.03 Aplicações de Liquidez Imediata

1.1.2 Direitos a Receber

1.1.2.01 Duplicatas a Receber

1.1.2.02 Cliente

1.1.2.03 (-) Provisão para Devedores Duvidosos

1.1.3 Estoques

1.1.3.01 Mercadorias para Revenda

1.1.3.02 Produtos Acabados

1.1.3.03 Matérias-primas

1.1.3.04 Material de Expediente

1.2 ATIVO NÃO CIRCULANTE

1.2.1 Realizável a longo prazo

1.2.1.01 Títulos a Receber

1.2.2 Investimentos

1.2.2.01 Participações Societárias

1.2.2.02 Outros Investimentos

1.2.3 Imobilizado

1.2.3.01 Imóveis

1.2.3.02 Instalações

1.2.3.03 Máquinas e equipamentos

1.2.3.04 Veículos

1.2.3.05 (-) Depreciação acumulada

1.2.4 Intangível

1.2.4.01 Marcas e patentes

1.2.4.02 Softwares

1.2.4.03 Fundo de Comércio

1.2.4.03 (-) Amortização acumulada

2 — PASSIVO

2.1 CIRCULANTE

2.1.1 Obrigações Tributárias

2.1.1.01 Simples a recolher

2.1.1.02 CPP a recolher

2.1.1.03 FGTS a recolher

2.1.1.04 ISS a recolher

2.1.1.05 ICMS a recolher

2.1.1.06 IPI a recolher

2.1.2 Contas a pagar

2.1.2.01 Fornecedores

2.1.2.02 Outras contas

2.1.3 Empréstimos e Financiamentos

2.1.3.01 Empréstimo a pagar Banco A

2.1.3.02 Empréstimo a pagar Banco B

2.1.4 – Obrigações Trabalhistas

2.1.4.01 — Salários a pagar

2.1.4.02 — Provisão para Férias e encargos

2.1.4.03 — Provisão para 13º Salário e encargos

2.1.5 Outras obrigações a pagar

2.1.5.01 — Aluguéis a pagar

2.2 PASSIVO NÃO CIRCULANTE

2.2.1 Exigível a Longo Prazo

2.2.1.01 Empréstimo a pagar (longo prazo) Banco A.

2.2.1.02 Empréstimo a pagar (longo prazo) Banco B.

2.2.1.03 Nota Promissória (longo prazo) a pagar.

2.3 PATRIMÔNIO LÍQUIDO

2.3.1 Capital Social

2.3.1.01 Capital Subscrito

2.3.2 Reservas de Lucros

2.3.2.01 Reserva legal

2.3.2.02 Reserva estatutária

2.3.2.03 Reserva para contingência

2.3.2.04 Reserva de retenção de lucros

2.3.3 Lucros e Prejuízos Acumulados

2.3.3.01 Lucros acumulados

2.3.3.02 (-) Prejuízos acumulados

2.3.4 Resultado do Exercício

2.3.4.01 Lucro do exercício

2.3.4.02 (-) Prejuízo do exercício

3 – DESPESAS

3.1 CUSTOS OPERACIONAIS

3.1.1 Custo dos produtos vendidos / mercadorias vendidas / Serviços Prestados

3.1.1.01 – CPV – Custo do produto vendido

3.1.1.02 – CMV – Custo da mercadoria vendida

3.1.1.03 – CSP – Custo do serviço prestado

3.2 DESPESAS OPERACIONAIS

3.2.1 Despesas administrativas

3.2.1.01 Aluguel

3.2.1.02 Energia elétrica

3.2.1.03 Água

3.2.1.04 Correios

3.2.1.05 Salários

3.2.1.06 Pró labore

3.2.1.07 Décimo terceiro salário

3.2.1.08 Encargos sociais

3.2.1.09 Férias

3.2.1.10 Contabilidade

3.2.1.11 Segurança

3.2.1.12 Seguros

3.2.1.13 Multas de trânsito

3.2.1.14 Combustíveis

3.2.1.15 Materiais de consumo

3.2.2 Despesas financeiras

3.2.2.01 Descontos concedidos

3.2.2.02 Juros passivos

3.2.2.03 Despesas bancárias

3.2.3 Despesas tributárias

3.2.3.01 IPTU

3.2.3.02 IPVA

3.2.3.03 taxas diversas

3.2.4 Despesas Comerciais

3.2.4.01 Propaganda e publicidade

3.2.4.02 Despesas com viagens

3.2.4.03 Comissões sobre vendas

3.2.4.04 Fretes

3.2.5 Outras Despesas

3.2.5.01 Outras despesas

4 – RECEITAS

4.1 RECEITAS OPERACIONAIS

4.1.1 Receita bruta sobre vendas / serviços

4.1.1.01 Venda de Mercadorias

4.1.1.02 Revenda de Mercadorias

4.1.1.03 Serviços Prestados

4.1.2 Dedução da Receita Bruta

4.1.2.01 Devoluções de vendas

4.1.2.02 Abatimentos de vendas

4.1.2.03 Vendas canceladas

4.1.2.04 ICMS sobre vendas

4.1.2.05 IPI sobre vendas

4.1.2.05 ISS sobre vendas

4.1.2.06 PIS sobre vendas

4.1.2.07 COFINS sobre vendas

4.1.3 Receita Financeira

4.1.3.01 Juros Ativos

4.1.3.02 Rendimentos de aplicações financeiras

4.1.3.02 Descontos obtidos

4.2 RECEITAS NÃO OPERACIONAIS

4.2.1 Receitas não operacionais

4.2.1.01 Venda de ativo imobilizado

4.2.2 Participações em Outras Empresas

4.2.2.01 Participações societárias em outras empresas

4.2.3 Outras Receitas não operacionais

4.2.3.01 Outras receitas

ESTRUTURA DO PLANO DE CONTAS CONTÁBIL

De forma geral, a estrutura do plano de contas contábil baseia-se em determinar um código numérico para cada conta contábil e seu respectivo nome, lembrando que esta nomenclatura deve ser a mesma usada para todas as empresas, de forma a gerar uma uniformidade na identificação de cada conta contábil. Por exemplo, a conta contábil **veículos** deverá adotar esta nomenclatura em todas as empresas, dentro do seu plano de contas, caso a empresa venha a possuir esse bem, e evitar usar o termo "carro" ou outra expressão que o referencie.

A relação das contas contábeis dentro do plano segue um padrão, iniciando-se pelas contas patrimoniais (dividas em dois grupos, ativo e passivo) e na sequência pelas contas de resultado (divididas em dois grupos, receitas e despesas). Dentro de cada um desses grupos existe um segundo e terceiro níveis, sendo que o quarto e último nível refere-se à conta contábil propriamente dita, a qual recebe um código específico, que é registrado no sistema e por meio dele que se faz o registro contábil.

Veremos a seguir um modelo dos níveis até chegar a conta contábil.

1 — ATIVO (1° NÍVEL)

1.1 Ativo Circulante (2° Nível)

1.1.1 Disponível (3° Nível)

1.1.1.01 — Caixa (4° Nível)

Em que:

- **O primeiro nível** é composto de um dígito e representa o grupo principal. 1 — ATIVO.
- **O segundo nível** é composto de dois dígitos e representa uma subdivisão do ATIVO, neste modelo teremos dois subgrupos: 1.1 Ativo Circulante e 1.2 Ativo Não Circulante.
- **O terceiro nível** é composto de três dígitos e representa uma subdivisão do nível anterior, que é o Ativo Circulante e neste modelo temos três subgrupos: 1.1.1 Disponível, 1.1.2 Direitos a Receber e 1.1.3 Estoques.
- **O quarto e último nível** é composto de 5 dígitos, em que os 3 primeiros dígitos referem-se aos três níveis anteriores e os dois últimos dígitos representam a conta contábil a ser registrada.

Existem modelos de planos de contas que podem conter mais dígitos, no entanto devem seguir a lógica aqui apresentada. Quanto ao total de contas contábeis dependerá basicamente das atividades inerentes a cada empresa. Lembrando que o plano de contas contábil não é fixo, portanto, pode receber novas contas de acordo com as necessidades da empresa.

No Balanço Patrimonial as subdivisões do ATIVO e do PASSIVO, são respectivamente:

> **ATIVO** = Ativo Circulante e Ativo Não Circulante.
>
> **PASSIVO** = Passivo Circulante e Passivo Não Circulante.

A diferença entre os termos "circulante" e "não circulante" refere-se ao tempo em que as contas são realizadas (no ativo) ou liquidadas (no passivo).

Para a contabilidade o tempo em questão é assim definido:

- **Curto Prazo:** cuja realização ou liquidação espera-se que ocorra até o término do exercício social seguinte ao Balanço.
- **Longo Prazo:** cuja realização ou liquidação espera-se que ocorra a partir do exercício social seguinte ao Balanço.

REGISTRO CONTÁBIL

OPERAÇÕES DE DÉBITO E CRÉDITO

As contas contábeis são movimentadas por meio do método das partidas dobradas que consiste nas operações de Débitos e Créditos nelas lançadas. Na ciência contábil, o termo "débito" não significa necessariamente que seja sinônimo de dívidas ou situação negativa nem que o termo "crédito" seja necessariamente sinônimo de direitos ou situação positiva.

Perceba que existe a "linguagem comum" e a linguagem na ciência contábil, portanto, para não confundir as diferentes situações, veja e explanação sobre os conceitos de débito e crédito dentro do ambiente contábil:

DÉBITO

Na linguagem comum, significa:

- Dívida.
- Situação negativa.
- Estar em débito (dívida) com alguém.
- Estar devendo para alguém etc.

Quando falarmos na palavra **débito**, procure não ligar o seu significado do ponto de vista técnico com o que ela representa na linguagem comum.

Na terminologia contábil, essa palavra tem vários significados, os quais raramente correspondem aos da linguagem comum. Quando o aluno principiante no estudo da Contabilidade não se conscientiza disso, dificilmente aceita que débito pode representar elementos positivos, o que prejudica sensivelmente a aprendizagem.

Portanto, muito cuidado com a terminologia.

Neste tópico é importante memorizar o seguinte:

- Na representação gráfica em forma de T, que estamos usando para representar as contas que compõem o Patrimônio (Balanço Patrimonial), o lado esquerdo é o lado do **débito**.
- Na representação gráfica, também em forma de T, que vamos usar para representar as Contas de Resultado, o lado esquerdo é o lado do **débito**.

CRÉDITO

Na linguagem comum, significa:

- Ter crédito com alguém, em uma loja etc.

- Situação positiva.
- Poder comprar a prazo etc.

Na terminologia contábil, a palavra **crédito** também possui vários significados. As mesmas observações que fizemos para a palavra débito aplicam-se à palavra crédito.

Portanto, neste momento é importante memorizar:

- Na representação gráfica em forma de T, que estamos usando para representar as contas que compõem o Patrimônio (Balanço Patrimonial), o lado direito é o lado do **crédito**.
- Na representação gráfica, também em forma de T, que vamos usar para representar as Contas de Resultado, o lado direito é o lado do **crédito**.

Veja o quadro a seguir que ilustra as contas patrimoniais e as contas de resultados.

FIGURA 7.1: DÉBITO E CRÉDITO

Fonte: Elaborado pelos autores (2020).

Para não termos mais dúvidas sobre débito e crédito:

As vezes parece muito estranho dizer que Ativo é igual a débito, mas isto ocorre porque, para nós, débito tem o significado de que está sendo subtraído (nossa conta corrente no banco). A convenção Contábil nos diz que:

a. As **Contas do Ativo** são de natureza **devedora**.

b. As **Contas do Passivo** são de natureza **credora**.

Da mesma forma, para representar as Contas de Resultado, a convenção contábil nos diz que:

a. As **Contas de Despesas** são de natureza **devedora**.

b. As **Contas de Receitas** são de natureza **credora**.

ELABORAÇÃO DO LANÇAMENTO CONTÁBIL

Lançamento é o processo de escrituração, em que os Fatos Administrativos são registrados por meio da escrituração no livro-Diário, por meio dos documentos da operação, tais como: Notas Fiscais Eletrônicas, Recibos etc.

Elementos essenciais para a escrituração:

1º: Local e data.

2º: Conta Débito.

3º: Conta Crédito.

4º: Histórico.

5º: Valor.

1º: Local e data: será o município em que a empresa está situada e a data do documento da operação.

2º: Conta Débito: amparado com o documento da operação idôneo, verificará a conta a ser debitada.

3º: Conta Crédito: amparado com o documento da operação idôneo, verificará a conta a ser creditada.

4º: Histórico: faz-se um breve resumo dos Fatos Administrativos ocorrido na operação.

5º: Valor: o valor envolvido e que consta do documento da operação.

No próximo passo, reconhecendo o fato administrativo, como exemplo: a compra ou aquisição de um veículo mediante nota fiscal e pago em dinheiro. Temos que identificar as contas contábeis envolvidas no fato administrativo. As contas podem ser encontradas no Plano de Contas Contábil, já visto anteriormente. No nosso exemplo, as contas contábeis serão:

- Veículo
- Caixa

Uma vez encontradas as contas contábeis envolvidas no fato, devemos identificar a conta que será debitada e a conta que será creditada.

Nesse sentido, para auxiliar, podemos identificar de duas formas:

1ª FORMA: APLICAÇÃO VERSUS ORIGEM

Por essa forma uma das contas representa a origem dos recursos, isto é, de onde a empresa **retirou** o respectivo valor, e a outra conta representa a aplicação dos recursos, ou seja, em que a empresa **investiu (aplicou)** esse valor.

Débito = Aplicação dos recursos

Crédito = Origem dos recursos

No nosso exemplo:

- Débito: Veículo
- Crédito: Caixa

Como estamos comprando um veículo, aplicamos o recurso na sua compra, logo a conta veículos representa a **aplicação** deste recurso e, por isso, será debitada. Por outro lado, o recurso utilizado na compra do veículo foi **retirado** da conta caixa, por isso esta conta será creditada.

2ª FORMA: PELO AUMENTO OU DIMINUIÇÃO DO SALDO DA CONTA

Por esta forma, primeiramente, temos que ter em mente a natureza das contas. As contas do ativo (contas patrimoniais) e as despesas (contas de resultados), são de natureza devedora. No entanto, as contas do ativo, apesar de serem de natureza devedora, podem ser debitadas ou creditadas dependendo da situação, portanto o que vai definir será a verificação do saldo da conta: se o saldo for **aumentado**, então a conta será **debitada**, mas se o saldo for **diminuído** então a conta será **creditada**.

Já as contas do passivo (contas patrimoniais) e as receitas (contas de resultados) são de natureza credora. No entanto, as contas do passivo, apesar de serem de natureza credora, podem ser creditadas ou debitadas dependendo da situação. Portanto o que vai definir será a verificação do saldo da conta: se o saldo for **aumentado**, então a conta será **creditada**, mas se o saldo for **diminuído** então a conta será **debitada**.

Para exemplificar:

I	Contas Patrimoniais (quando o saldo da conta provocar...)
A	Aumento do Ativo → Debitar a respectiva conta
B	Diminuição do Ativo → Creditar a respectiva conta
C	Aumento do Passivo → Creditar a respectiva conta
D	Diminuição do Passivo → Debitar a respectiva conta
II	Contas de Resultados (quando ocorrer uma...)
A	Despesa → Debitar a respectiva conta
B	Receita → Creditar a respectiva conta

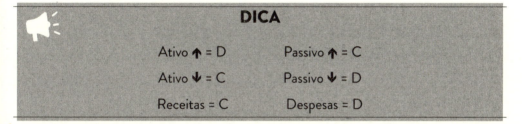

DICA

Ativo ↑ = D   Passivo ↑ = C
Ativo ↓ = C   Passivo ↓ = D
Receitas = C   Despesas = D

EXERCÍCIO PRÁTICO 1

Agora vamos registrar os fatos contábeis da empresa comercial Bom Preço Ltda. em início de operação. Para a completa contabilização, vamos seguir os seguintes passos:

1. Registrar os fatos no Livro diário.
2. Registrar os fatos no Livro Razão pelos razonetes.
3. Apurar o Balancete de Verificação de 4 colunas.
4. Apurar a Demonstração de Resultado do Exercício.
5. Apurar o Balanço Patrimonial.

Segue na sequência os fatos contábeis:

1. Abertura da empresa com integralização do capital pelos sócios em dinheiro no valor de R$220.000,00.
2. Abertura de conta corrente e depósito no Banco X, no valor de R$210.000,00.
3. Aquisição de máquinas e equipamentos no valor de R$155.000,00 à vista, em cheque do Banco X.

4. Aquisição de móveis e utensílios no valor de R$8.500,00 em cheque do Banco X.
5. Aquisição de computador no valor de R$2.500,00 pago em dinheiro
6. Compra de Mercadorias destinadas à revenda no valor de R$17.500,00, a prazo do fornecedor Alimentos Saborosos Ltda.
7. Compra de Mercadorias destinadas à revenda no valor de R$9.500,00 à vista do fornecedor Tudo em Dia Ltda., mediante a transferência bancária pelo Banco X.
8. Venda de Mercadorias a prazo a diversos clientes no valor de R$57.000,00.
9. Pagamento de boleto do fornecedor Alimentos Saborosos Ltda. no valor de R$7.500,00 por cheque do Banco X.
10. Recebimento de diversos clientes de venda a prazo realizada no valor de R$25.000,00 via depósito bancário.

1º PASSO: REGISTRO DOS FATOS NO LIVRO DIÁRIO

Vejamos como ficam os registros pelas operações de débito e crédito, conforme demonstrado a seguir:

Fato 1

Conta a Débito D: Caixa

Conta a Crédito C: Capital

Histórico: Integralização do capital social em dinheiro.

Valor: R$220.000,00

Fato 2

Conta a Débito D: Banco

Conta a Crédito C: Caixa

Histórico: Abertura e depósito em conta corrente no Banco X.

Valor: R$210.000,00

Fato 3

Conta a Débito D: Máquinas e Equipamentos

Conta a Crédito C: Banco

Histórico: Aquisição de máquinas e equipamentos.

Valor: R$155.000,00

Fato 4

Conta a Débito D: Móveis e Utensílios
Conta a Crédito C: Banco
Histórico: Aquisição de móveis e utensílios
Valor: R$8.500,00

Fato 5

Conta a Débito D: Computadores
Conta a Crédito C: Caixa
Histórico: Aquisição de computadores
Valor: R$2.500,00

Fato 6

Conta a Débito D: Compra de Mercadorias
Conta a Crédito C: Fornecedores
Histórico: Compra de mercadorias do fornecedor Alimentos Saborosos Ltda.
Valor: R$17.500,00

Fato 7

Conta a Débito D: Compra de Mercadorias
Conta a Crédito C: Banco
Histórico: Compra de mercadorias do fornecedor Tudo em Dia Ltda.
Valor: R$9.500,00

Fato 8

Conta a Débito D: Clientes
Conta a Crédito C: Venda de Mercadorias
Histórico: Venda de mercadorias a prazo a diversos clientes.
Valor: R$57.000,00

Fato 9

Conta a Débito D: Fornecedores
Conta a Crédito C: Banco
Histórico: Pagamento de boleto do fornecedor Alimentos Saborosos Ltda.
Valor: R$7.500,00

Fato 10

Conta a Débito D: Banco
Conta a Crédito C: Clientes
Histórico: Recebimento de venda a prazo realizada a diversos clientes.
Valor: R$25.000,00

 FIGURA 7.2: RAZONETES

Razonetes em forma de "T"								
	CAIXA			**CAPITAL**			**BANCO**	
	220.000,00	210.000,00			220.000,00		210.000,00	155.000,00
		2.500,00					25.000,00	8.500,00
								9.500,00
								7.500,00
Total	220.000,00	212.500,00	Total		220.000,00	Total	235.000,00	180.500,00
Saldo	7.500,00		Saldo		220.000,00	Saldo	54.500,00	
	COMPUTADORES			**COMPRA DE MERCADORIAS**			**FORNECEDORES**	
	2.500,00			17.500,00	0,00		7.500,00	17.500,00
				9.500,00				
Total	2.500,00		Total	27.000,00	0,00	Total	7.500,00	17.500,00
Saldo	2.500,00		Saldo	27.000,00		Saldo		10.000,00
	VENDA DE MERCADORIAS			**CLIENTES**			**MÁQUINAS E EQUIPAMENTOS**	
		57.000,00		57.000,00	25.000,00		155.000,00	17.500,00
Total		57.000,00	Total	57.000,00	25.000,00	Total	155.000,00	
Saldo		57.000,00	Saldo	32.000,00		Saldo	155.000,00	
	MÓVEIS E UTENSÍLIOS							
	8.500,00							
Total	8.500,00							
Saldo	8.500,00							

Fonte: Elaborado pelos autores (2020).

2º PASSO: REGISTRO DOS FATOS NO LIVRO RAZÃO

Uma vez realizado os lançamentos contábeis no Livro Diário, vamos agora registrá-los no Livro Razão, por meio dos razonetes em forma de "T", em que vamos alocar os valores a débito do lado esquerdo e os valores a crédito do lado direito, ao final vamos também apurar os valores totais a débito e a crédito bem como apurar o saldo final dos razonetes.

Observe que em cada conta contábil transcrita em cada razonete, temos:

a. Os lançamentos individuais a débito (lado esquerdo) e a crédito (lado direito).

b. Os valores totais dos razonetes a débito (lado esquerdo) e a crédito (lado direito).

c. Os saldos finais das contas contábeis, que é o resultado da diferença entre os totais a débito e os totais a crédito.

3º PASSO: ELABORAÇÃO DO BALANCETE DE VERIFICAÇÃO DE 4 COLUNAS

Agora vamos transportar os saldos e os totais dos razonetes para o balancete de verificação, no qual sua finalidade é demonstrar um resumo de todos os lançamentos realizados nos livros contábeis. Em geral, o balancete de verificação é feito mensalmente para verificar se as contas e saldos estão lançados de forma correta, os quais mais tarde vão compor outras duas importantes demonstrações contábeis que é o Balanço Patrimonial e a DRE.

BALANCETE DE VERIFICAÇÃO (4 COLUNAS)

No.	Contas	Totais		Saldo	
		Débito	Crédito	Devedor	Credor
1	Caixa	220.000,00	212.500,00	7.500,00	
2	Capital		220.000,00		220.000,00
3	Banco	235.000,00	180.500,00	54.500,00	
4	Máquinas e Equipamentos	155.000,00		155.000,00	
5	Móveis e Utensílios	8.500,00		8.500,00	
6	Computadores	2.500,00		2.500,00	
7	Compra de Mercadorias	27.000,00		27.000,00	
8	Venda de Mercadorias		57.000,00		57.000,00
9	Fornecedores	7.500,00	17.500,00		10.000,00
10	Clientes	57.000,00	25.000,00	32.000,00	
	TOTAIS	**712.500,00**	**712.500,00**	**287.000,00**	**287.000,00**

Fonte: Elaborado pelos autores (2020).

Podemos observar que as colunas totais de débito e crédito finalizam com o mesmo valor. De acordo com o princípio contábil que rege para cada débito deverá haver um crédito de igual valor. Também podemos observar que os valores do saldo final devem possuir os mesmos valores.

4º PASSO: ELABORAÇÃO DA DRE (DEMONSTRAÇÃO DE RESULTADO DO EXERCÍCIO)

A DRE é uma importante demonstração contábil e sua finalidade é demonstrar o resultado da empresa durante o exercício (normalmente durante o período de um ano e encerrada no dia 31 de dezembro de cada exercício, ou seja, de cada ano), para evidenciar o resultado final, se a empresa obteve lucro ou prejuízo em suas operações.

A DRE é composta basicamente de dois grupos: As **RECEITAS**, oriundas das vendas realizadas e as **DESPESAS**, que são os gastos que a empresa teve para obter as receitas.

Para elaboração correta da DRE, vamos extrair agora do Balancete de Verificação somente as contas de Resultado, compostas justamente de receitas e despesas. Vale destacar que, em casos de dúvidas, deve-se recorrer ao plano de contas para a correção da alocação da conta contábil.

DEMONSTRAÇÃO DE RESULTADOS DO EXERCÍCIO DA EMPRESA COMERCIAL

BOM PREÇO LTDA., ENCERRADO EM 31.12.XXXX

1. RECEITAS	Valores em R$
RECEITA OPERACIONAL	
Vendas de Mercadorias	57.000,00
Total das Receitas	57.000,00
2. DESPESAS	
CMV — Custo da Mercadoria Vendida (Compra de Mercadorias)	27.000,00
Total das Despesas	27.000,00
RESULTADO DO EXERCÍCIO = LUCRO	30.000,00

Fonte: Elaborado pelos autores (2020).

Neste exemplo, como podemos observar, a empresa obteve uma receita total de R$57.000,00 e uma despesa total de R$27.000,00, e o resultado final do exercício, se dá pela diferença entre as receitas e as despesas. Caso o valor seja

CAPÍTULO 7: GESTÃO DA CONTABILIDADE 227

positivo, o resultado será lucro, e se o resultado final for negativo, neste caso seja prejuízo. De acordo com nosso exemplo, a empresa obteve um resultado (lucro) de R$30.000,00.

5º PASSO: ELABORAÇÃO DO BALANÇO PATRIMONIAL

Agora chegamos na nossa última etapa que consiste em apurar outra importante demonstração contábil, o Balanço Patrimonial. Sua finalidade é demonstrar como ficou a situação patrimonial da empresa, no qual vamos alocar todas as contas patrimoniais (contas do ativo e do passivo) e, por fim, colocar o saldo final apurado na DRE. De acordo com o nosso exemplo, na conta lucro do exercício o valor é de R$30.000,00.

BALANÇO PATRIMONIAL DA EMPRESA COMERCIAL BOM PREÇO LTDA.			
Encerrado em 31.12.XXXX			
ATIVO		PASSIVO	
CIRCULANTE	Valores em R$	CIRCULANTE	Valores em R$
Caixa	7.500,00	Fornecedores	10.000,00
Banco	54.500,00		
Clientes	32.000,00		
Total Ativo Circulante	94.000,00	Total Passivo Circulante	10.000,00
NÃO CIRCULANTE	Valores em R$	NÃO CIRCULANTE	Valores em R$
Máquinas e Equipamentos	155.000,00	Capital	220.000,00
Móveis e Utensílios	8.500,00	Lucro do Exercício	30.000,00
Computadores	2.500,00		
Total Ativo Não Circulante	166.000,00	Total Passivo Não Circulante	250.000,00
TOTAL DO ATIVO	260.000,00	TOTAL DO PASSIVO	260.000,00

Fonte: Elaborado pelos autores (2020).

Finalizamos desta forma o registro dos fatos contábeis que devem ser evidenciados na forma das duas principais demonstrações contábeis que são o Balanço Patrimonial e a Demonstração de Resultado do Exercício. Vale ressaltar que trata-se de um simples exemplo de contabilidade introdutória, no qual, a partir destes conceitos, pode-se avançar para outras questões como a contabilização de tributos, folha de pagamento, estoques e outros temas.

PRINCIPAIS DEMONSTRAÇÕES CONTÁBEIS.

As demonstrações contábeis são um conjunto completo de informações que as empresas estão obrigadas a informar, as quais veremos a seguir:

BALANÇO PATRIMONIAL (BP)

O Balanço Patrimonial é a representação padronizada dos saldos de todas as contas patrimoniais, ou seja, as que representam elementos que compõem o patrimônio de uma empresa, em um determinado momento.

No balanço, as contas serão classificadas segundo os elementos do patrimônio que registrem, e agrupadas de modo a facilitar o conhecimento e a análise da situação financeira da companhia.

De acordo com a Lei nº 11.638/07, no **Ativo**, as contas serão dispostas em ordem decrescente de grau de liquidez dos elementos nelas registrados, nos seguintes grupos:

- Ativo Circulante.
- Ativo Não Circulante, composto de ativo realizável a longo prazo, investimentos, imobilizado e intangível.

No **Passivo**, as contas serão classificadas nestes grupos:

- Passivo Circulante.
- Passivo Não Circulante.
- Patrimônio Líquido, dividido em: capital social, reservas de capital, ajustes de avaliação patrimonial, reservas de lucros, ações em tesouraria e prejuízos acumulados.

DEMONSTRAÇÃO DO RESULTADO DO EXERCÍCIO (DRE)

A Demonstração do Resultado do Exercício (DRE) discriminará, de acordo com a Lei nº 11.638/07:

- I. a receita bruta das vendas e serviços, as deduções das vendas, os abatimentos e os impostos;
- II. a receita líquida das vendas e serviços, o custo das mercadorias e serviços vendidos e o lucro bruto;
- III. as despesas com as vendas, as despesas financeiras, deduzidas das receitas, as despesas gerais e administrativas, e outras despesas operacionais;
- IV. o lucro ou prejuízo operacional, as outras receitas e as outras despesas;
- V. o resultado do exercício antes do Imposto sobre a Renda e a provisão para o imposto;

CAPÍTULO 7: GESTÃO DA CONTABILIDADE **229**

VI. as participações de debêntures, empregados, administradores e partes beneficiárias, mesmo na forma de instrumentos financeiros, e de instituições ou fundos de assistência ou previdência de empregados, que não se caracterizem como despesa;

VII. o lucro ou prejuízo líquido do exercício e o seu montante por ação do capital social.

Vale ressaltar que na determinação do resultado do exercício serão computados:

a. as receitas e os rendimentos ganhos no período, independentemente da sua realização em moeda; e

b. os custos, despesas, encargos e perdas, pagos ou incorridos, correspondentes a essas receitas e rendimentos.

DEMONSTRAÇÃO DAS MUTAÇÕES DO PATRIMÔNIO LÍQUIDO (DMPL)

Esta demonstração tem como objetivo demonstrar as oscilações sofridas pelo Patrimônio Líquido das sociedades em determinado período.

Como o Patrimônio Líquido (PL) pode incorporar diversas contas, para se ter uma visão ampla, o ideal seria abrir uma coluna para cada conta, e demonstrar a oscilação de cada conta dentro do período. Às vezes, na prática, para efeito de publicação torna-se inviável, em face do tamanho do papel de trabalho e da quantidade de colunas que existiriam na referida demonstração. Internamente, cria-se um papel de trabalho com a quantidade de colunas necessárias, escrevendo no topo de cada coluna os nomes das contas e, para efeito de publicação, apresentam-se somente as mutações dos referidos grupos de contas.

Conforme a legislação, as demonstrações de cada exercício serão publicadas com a indicação dos valores correspondentes das demonstrações do exercício anterior (comparativo).

DEMONSTRAÇÃO DO FLUXO DE CAIXA (DFC)

A Demonstração dos Fluxos de Caixa retrata as alterações ocorridas durante o exercício, no saldo de caixa e equivalentes de caixa, segregando-se essas alterações em três fluxos: das operações, dos financiamentos, e dos investimentos.

A demonstração dos fluxos de caixa, quando usada com as demais demonstrações contábeis, proporciona informações que habilitam os usuários a avaliar as mudanças nos ativos líquidos de uma entidade, sua estrutura financeira (inclusive sua liquidez e solvência) e sua capacidade para alterar os valores e prazos dos fluxos de caixa, a fim de adaptá-los às mudanças nas circunstâncias e oportunidades. As informações sobre os fluxos de caixa são úteis para avaliar a capacidade de a entidade gerar recursos dessa natureza e possibilitam aos usuários desenvolver modelos para avaliar e comparar o valor presente de futuros fluxos de caixa de diferentes entidades. A demonstração dos fluxos de caixa também melhora a comparabilidade dos relatórios de desempenho operacional para diferentes entidades porque reduz os efeitos decorrentes do uso de diferentes tratamentos contábeis para as mesmas transações e eventos.

Informações históricas dos fluxos de caixa são frequentemente utilizadas como indicador do montante, época de ocorrência e grau de certeza dos fluxos de caixa futuros. Também são úteis para averiguar a exatidão das estimativas passadas dos fluxos de caixa futuros, assim como para examinar a relação entre lucratividade e fluxos de caixa líquidos e o impacto das mudanças de preços.

DEMONSTRAÇÃO DE LUCROS OU PREJUÍZOS ACUMULADOS (DLPA)

De acordo com a Lei das Sociedades Anônimas, a demonstração de lucros ou prejuízos acumulados discriminará:

I. o saldo do início do período e os ajustes de exercícios anteriores;

II. as reversões de reservas e o lucro líquido do exercício;

III. as transferências para reservas, os dividendos, a parcela dos lucros incorporada ao capital e o saldo ao fim do período.

Como ajustes de exercícios anteriores serão considerados apenas os decorrentes de efeitos da mudança de critério contábil, ou da retificação de erro imputável a determinado exercício anterior, e que não possam ser atribuídos a fatos subsequentes. A DLPA deverá indicar o montante do dividendo por ação do capital social e poderá ser incluída na demonstração das mutações do patrimônio líquido, se elaborada e publicada pela companhia.

DEMONSTRAÇÃO DO VALOR ADICIONADO (DVA)

A Demonstração do Valor Adicionado (DVA) é um relatório contábil que evidencia o quanto de riqueza uma empresa produziu, isto é, o quanto ela adicionou de valor aos seus fatores de produção, e o quanto, e de que forma, essa riqueza foi distribuída (entre empregados, Governo, acionistas, financiadores de Capital), bem como a parcela da riqueza não distribuída.

Desse modo, a DVA tem por fim demonstrar a origem da riqueza gerada pela entidade, e como essa riqueza foi distribuída entre os diversos setores que contribuíram, direta ou indiretamente, para a sua geração.

CAPÍTULO 7: GESTÃO DA CONTABILIDADE **231**

O valor adicionado que é demonstrado na DVA, corresponde à diferença entre o valor da Receita de vendas e os Custos dos recursos adquiridos de Terceiros.

ELABORAÇÃO DA DVA

As informações contidas na DVA derivam das Contas de Resultado e também de algumas Contas Patrimoniais.

A exemplo do que ocorre com as demais Demonstrações Financeiras, no momento da elaboração da DVA, todas as Contas de Resultado já estão devidamente encerradas nos registros contábeis da empresa.

As Contas de Resultado, que serão consultadas para a elaboração da DVA, são todas aquelas que representam as Despesas, os Custos e as Receitas, observado o princípio da competência.

As Contas Patrimoniais, das quais serão extraídas informações para a elaboração da DVA, são aquelas representativas das Participações de Terceiros (tributos sobre o Lucro Líquido, debenturistas, empregados, administradores etc.), bem como aquelas representativas da remuneração dos acionistas pelo Capital investido (Juros e Dividendos).

Portanto, para elaborar a DVA, o contabilista deve coletar dados diretamente do Livro Razão.

Caso o Livro Razão seja processado manualmente, ou por meio do computador, e não estejam previstas contas sintéticas que agrupem valores conforme deverão figurar na DVA, torna-se imprescindível fazer esses agrupamentos para facilitar a elaboração desse demonstrativo.

ESTRUTURA DA DVA

No inciso II do artigo 188, a Lei nº 11.638/2007 apresenta as informações mínimas que devem ser indicadas na DVA, como: o valor da riqueza gerada pela companhia, a sua distribuição entre os elementos que contribuíram para a geração dessa riqueza, tais como: empregados, financiadores, acionistas, governo e outros, bem como a parcela da riqueza não distribuída.

Estes temas que acabamos de analisar são apenas aspectos iniciais e introdutórios da contabilidade. Existem ainda outros importantes temas a serem analisados, tais como: contabilidade de custos, comercial, gerencial, ambiental, agronegócio, internacional e outros.

EXERCÍCIOS:

1. Quem é reconhecido como o "Pai da Contabilidade"?
2. Em que país surgiu o Método das Partidas Dobradas?
3. Como é formado o patrimônio de uma empresa?
4. Como podemos classificar os bens de uma empresa?
5. Quais são as principais demonstrações contábeis?

PARTE 3

GESTÃO DA **PRODUÇÃO**, LOGÍSTICA, **MARKETING** E VENDAS

CAPÍTULO 8

ADMINISTRAÇÃO DA PRODUÇÃO, ESTOQUES E QUALIDADE

CONCEITO DA ADMINISTRAÇÃO DA PRODUÇÃO

À administração da produção cabe o gerenciamento e controle das atividades envolvidas com a produção física de um produto ou à prestação de um serviço. Cabe, portanto, à administração da produção a gestão do processo produtivo de uma empresa, elaborando e estabelecendo normas e técnicas nos mais diversos métodos, por meio da gestão dos seguintes recursos:

- **Recursos Materiais** na forma de estoques.
- **Recursos Humanos** na forma de força de trabalho operacional.
- **Recursos Financeiros** para aquisição de maquinários, equipamentos e manutenção.
- **Recursos Técnicos e Tecnológicos** por meio de aquisições de novas tecnologias e treinamentos.

Os últimos cinquenta anos constituíram uma época de grandes mudanças na gestão e organização do sistema produtivo das empresas industriais em todo o mundo. Dois grandes grupos de mudanças foram marcantes nesse período: o primeiro foi o grande desenvolvimento tecnológico ocorrido em termos de máquinas, sistemas de informações, automação, robótica, telecomunicações, entre outros, que tornaram possível um planejamento e controle mais eficiente das operações; o segundo está relacionado às transformações relativas às novas filosofias, conceitos e métodos de gestão de recursos humanos com formação específica na gestão da produção.

235

EVOLUÇÃO HISTÓRICA DA ADMINISTRAÇÃO DA PRODUÇÃO

O processo de produção é muito antigo e remonta à época anterior aos artesãos, no entanto, o artesão foi o primeiro a elaborar o processo produtivo de forma mais organizada. Com o advento das primeiras indústrias, o artesão foi saindo de cena e coube às indústrias o protagonismo do processo produtivo de todos os itens existentes até então. A partir das primeiras indústrias, o processo produtivo foi ao longo dos anos se aperfeiçoando, basicamente em quantidade, passando de pequenas para grandes escalas, com auxílio das descobertas de novas tecnologias.

Ao processo produtivo dá-se o nome de industrialização, ou seja, a capacidade de transformar um bem tangível em outro com maior utilidade. Como exemplos, podemos citar: a madeira em móvel, o ferro e aço em veículos, e assim por diante.

A partir da Primeira Revolução Industrial, este processo tomou novas dimensões com a descoberta de novos produtos e novos processos de industrialização, fazendo com que as quantidades produzidas fossem cada vez maiores. Outro evento que impulsionou a indústria e o processo de produção foi o período após a Segunda Guerra Mundial, em que as nações passaram por um processo de reconstrução em particular. Podemos citar aqui o Japão, que desenvolveu diversas pesquisas e novos métodos produtivos com perfil voltado à qualidade e à exportação de seus produtos, ganhando rapidamente espaço no mercado mundial por reconhecimento da qualidade de seus produtos que são referências até os dias de hoje.

Com o aumento da concorrência pelo mercado mundial, não só as indústrias japonesas, como as americanas e demais países, especialmente da Ásia e da Europa, se viram obrigadas a ouvir e a compreender melhor os anseios dos clientes. Sendo assim tiveram que passar por um processo de inovação, flexibilização, redução de custos operacionais, aumento da qualidade e maior produtividade e eficiência em seus processos produtivos e, consequentemente, em seus produtos.

São essas motivações que trarão uma grande transformação na administração da produção com a introdução de diversas ferramentas de gestão da qualidade que discutiremos mais adiante.

Os exemplos mais observáveis dessas indústrias são do setor automotivo, como a Nissan, a Toyota, a Honda, no Japão, a GM, a Chrysler e a Ford, nos Estados Unidos, além das tradicionais marcas europeias e asiáticas. Mas outros setores industriais também sofreram forte influência, como o de eletroeletrônicos e outros.

CAPÍTULO 8: ADMINISTRAÇÃO DA PRODUÇÃO, ESTOQUES E QUALIDADE **237**

Fator determinante, e que faz com que as grandes indústrias no mundo venham a adotar novas filosofias e mudanças de processo na produção visando oferecer produtos cada vez melhores — com menores custos, é a figura do consumidor cada vez mais exigente em adquirir produtos de qualidade.

SISTEMAS PRODUTIVOS E PRODUTIVIDADE

Sistemas Produtivos ou sistemas de produção consistem em um processo pensado e organizado de manufatura (industrialização) com a finalidade de se obter um novo produto ou serviço. O sistema de produção também é denominado de processo de conversão, no qual um determinado produto (matéria-prima) deverá ser convertido em um novo produto final. De forma geral, esse processo consiste na entrada de um insumo (matéria-prima) que vai passar pelo uso de recursos de transformação (máquinas, equipamentos, tecnologia, mão de obra e outros) culminando com a saída em um novo produto.

O processo de conversão (transformação) ocorre de várias formas, por isso existem vários tipos de sistemas de produção. A seguir veremos os principais:

a. Sistema de Produção Contínua.
b. Sistema de Produção Intermitente.
c. Sistema de Produção Enxuta.
d. Sistema de Produção de Grandes Projetos.

SISTEMA DE PRODUÇÃO CONTÍNUA

O sistema de produção contínua, também chamado de fluxo em linha, é conhecido por apresentar elevada eficiência e trabalhar com elevadas quantidades de um produto padronizado, que gera menores custos na produção. No entanto, esse processo acaba oferecendo reduzidas opções de um mesmo produto por ser um processo que não se permite flexibilizações na linha produtiva. Como exemplo desse sistema, podemos citar a indústria automobilística e de engarrafamento de bebidas.

SISTEMA DE PRODUÇÃO INTERMITENTE

Nesse sistema a produção é realizada em lotes, nos quais deve-se antes realizar um planejamento do processo dessa produção, pois envolve o ajuste e adaptações de pessoal, ajustes de máquinas e equipamentos a fim de atender essa demanda específica. Esse processo é usual em produtos que necessitam de variações diversas: de lotes, tamanhos, pesos, volumes e outras características.

Como exemplo clássico, podemos citar a indústria metalúrgica que divide suas operações em etapas. Em uma mesma máquina executa-se um primeiro processo, e quando ele é finalizado para-se a máquina, faz-se os ajustes e inicia-se o segundo processo, que ao seu término retorna-se ao primeiro.

SISTEMA DE PRODUÇÃO ENXUTA

O sistema de produção enxuta é também conhecido como sistema Toyota de produção ou *lean manufacturing*. Seu principal objetivo é eliminar ou reduzir atividades e processos que não agregam valor ao produto final e acabam por demandar maior tempo e custo de produção. Além disso, o sistema de produção enxuta visa focar elementos que possam gerar desperdícios, ociosidade, falta de materiais e peças defeituosas. Para que se possa colocar em prática essas iniciativas é necessário a implantação de algumas ferramentas de gestão da qualidade que veremos mais adiante.

SISTEMA DE PRODUÇÃO PARA GRANDES PROJETOS

O sistema de produção direcionado para grandes projetos consiste em um projeto único desenhado para atender às necessidades individuais de um determinado cliente. As atividades envolvidas nesse processo geralmente são bem mais complexas e demanda um tempo mais prolongado devido às especificações envolvidas e acaba por gerar maiores custos, pois são tarefas bem diferenciadas das até então desenvolvidas no sistema de produção contínua. Como exemplo desse sistema, podemos citar a encomenda de produção de um avião de grande porte ou mesmo um navio.

PRODUTIVIDADE: DESAFIOS DA PRODUÇÃO

A produtividade consiste na análise entre os recursos que a empresa emprega na produção (máquinas, equipamentos, instalações, tecnologia mão de obra e outros) e as quantidades produzidas de um produto em determinado período com o menor custo possível. O objetivo e o desafio da produção sempre serão o produzir mais em menor tempo e ao menor custo possível.

É comum as empresas passarem por diversas dificuldades no sentido de alinhar essas variáveis. São vários os contratempos e problemas que podem surgir e afetar negativamente a produtividade de uma empresa. Como exemplo, podemos mencionar:

- Máquinas e equipamentos com defeitos e quebras constantes.
- Mão de obra não qualificada, gerando atrasos e erros na produção.
- Uso de insumos (matéria-prima) de baixa qualidade.

- Interrupção, oscilação ou falta de energia elétrica.
- Instalações não adequadas ou com mau funcionamento.
- Greves, afastamentos e falta demasiada de funcionários.

FIGURA 8.1: CRONÔMETRO

Fonte: pixabay

As empresas devem, de forma constante, fazer medições, analisar os índices de produtividade e, principalmente, tomar decisões no sentido de elevar seus índices de produtividade, visando desta forma obter o máximo rendimento com os recursos disponíveis, atendendo desta forma a demanda de seus clientes e obtendo não só a satisfação dos mesmos na entrega dos produtos no prazo combinado, mas também obtendo melhores resultados e lucratividade.

Para que se possa obter altos índices de produtividade é necessário planejar e gerenciar de forma constante alguns elementos que relacionamos a seguir:

- Possuir bons processos de estocagem, proteção e deslocamento da matéria-prima até o local de produção, obtendo-se, desta forma, total aproveitamento dos insumos na produção.
- Obter máximo rendimento e aproveitamento das máquinas, com constante manutenção em especial a preventiva, evitando-se quebras.
- Fazer uso das novas tecnologias, automação dos processos e sistemas ligados à produção;
- Capacitar, treinar e desenvolver funcionários visando obter uma mão de obra, forte e bem qualificada.

PLANEJAMENTO, PROGRAMAÇÃO E CONTROLE DA PRODUÇÃO (PPCP)

As empresas precisam de forma cada vez mais intensa pensar e planejar com todo o cuidado e atenção que merece o seu processo produtivo, a fim de atender duas situações antagônicas: garantir maior qualidade e ao mesmo tempo buscar uma produção em menor tempo e menor custo possível. Mesmo que a empresa realize um bom planejamento na produção, no momento da execução entrará outro componente que são os imprevistos, ou seja, aquilo que não estava desenhado até então na fase do planejamento, tais como: falta de material, atraso do fornecedor, greve, fatores sazonais, financeiros, climáticos e etc.

A fim de auxiliar o processo de planejamento de produção e minimizar as diferenças entre o planejamento sobre o realizado, foi desenvolvido o conceito de Planejamento Programação e Controle da Produção (PPCP). Seus principais objetivos são:

- Determinar quais serão os produtos a serem fabricados.
- Planejar as quantidades a produzir e o prazo de produção.
- Fazer com que a produção atenda aos critérios de qualidade exigidos.
- Definir o material adequado a ser usado no processo produtivo.
- Alinhar os processos entre máquinas e mão de obra qualificada.
- Reduzir estoques e desperdícios.
- Quantificar, treinar e capacitar mão de obra especializada.
- Implantar e aperfeiçoar sistemas de planejamento e controle de produção.

Para elaborar um bom PPCP a empresa deve reunir algumas informações necessárias sobre os níveis de demanda a ser atendida, os recursos necessários, o tipo de sistema de produção a ser utilizado e outros referente ao produto final a ser entregue ao cliente. É importante que todas as etapas estejam alinhadas e os recursos disponíveis no tempo e na quantidade certa ao menor custo possível a fim de gerar maior lucratividade a empresa.

A implantação de um PPCP na empresa não é tarefa fácil, ao contrário, ela é complexa por envolver muitas variáveis a serem medidas e controladas além de lidar com situações não previstas no planejamento, que são os imprevistos. No entanto, deve ser buscada e aperfeiçoada a cada dia pelas empresas. Hoje no mercado existem diversos sistemas voltados à essa prática, dentre os quais podemos citar: MRP I (*Material Requeriment Planning* [Planejamento das Necessidades de Materiais]) e MRP II (*Manufacturing Resource Planning* [Planejamento dos Recursos de Manufatura]).

CAPÍTULO 8: ADMINISTRAÇÃO DA PRODUÇÃO, ESTOQUES E QUALIDADE **241**

Nota-se que, apesar das complexidades envolvidas, a implantação de um PPCP é de vital importância e traz uma série de benefícios às empresas, pois os sistemas interligam todas as etapas e as fases da produção detectando erros, anomalias, desperdícios na forma de relatórios, nos quais é possível propor um rápido plano de ação de ajuste de forma a minimizar os impactos nos produtos com defeitos e gerando menores custos de produção ao longo do tempo, além de proporcionar total controle de cada etapa ajudando a empresa a cumprir suas metas e objetivos específicos ligados à sua produção. Mesmo que não haja erros, riscos ou anomalias a empresa deve continuar analisando os processos e sempre buscando novas formas de melhorias contínuas a fim de buscar conciliar a premissa inicial que elencamos, de produzir produtos com maior qualidade e em menor tempo, com menor custo possível.

MANUTENÇÃO DAS INSTALAÇÕES, MÁQUINAS E EQUIPAMENTOS

A empresa que consegue implantar o PPCP consegue verificar com maior agilidade e rapidez problemas e falhas na produção que podem ocorrer a qualquer momento. A sua vantagem consiste exatamente em detectar o problema e propor a solução em um menor espaço de tempo minimizando os seus custos operacionais.

Falhas na produção podem ocorrer por diversas razões, seja na fase do planejamento, na elaboração da construção do projeto, por esquecimento ou omissão de algum detalhe que escapou, seja no momento da produção, por diversos fatores como qualidade do estoque, mão de obra não capacitada ocasionando erros, maquinários não ajustados e outros. Uma vez que se tenha detectado o problema é preciso agir imediatamente na solução visando restabelecer o fluxo de produção nos níveis planejados.

Vamos agora falar da questão da manutenção das instalações, máquinas e equipamentos. É importante, pois se não estão devidamente instalados, ajustados e com manutenção em dia podem ocasionar sérios prejuízos financeiros e propiciando riscos à saúde do trabalhador.

Para que se possa ter um bom gerenciamento do processo de manutenção das máquinas e equipamentos, vamos destacar três importantes etapas:

a. **Manutenção Preditiva:** consiste na constante checagem e verificação das instalações que envolvam a produção — com seus maquinários e equipamentos — ou seja, cuidar e manter para que as instalações elétricas, hidráulicas e demais instalações atreladas à produção funcionem adequadamente evitando-se desta forma paradas na produção, e, quando for necessário, que seja feita de forma programada visando afetar o mínimo possível o processo produtivo.

b. **Manutenção Preventiva:** consiste em manter as máquinas e equipamentos com sua manutenção em dia, por meio da análise do desempenho das máquinas, seu processo de desgaste natural e acompanhando sua vida útil de forma a prolongá-la o máximo possível, seja substituindo peças, e demais cuidados especiais como lubrificação, refrigeração, limpeza e outras ações pertinentes.

c. **Manutenção Corretiva:** este sem dúvida não é o cenário ideal, mas que pode ocorrer e consiste exatamente em efetuar consertos e ajustes quando as máquinas param durante o processo produtivo por motivos de quebras, avarias e outros que não estavam no planejamento. Nesse caso, a ação deve ser imediata a fim de que a produção volte à sua operação normal. Por ser feito de forma emergencial, e não planejada normalmente, é um processo de maior custo à empresa, no entanto deve ser realizado com a maior brevidade possível.

GESTÃO DOS ESTOQUES

A gestão dos estoques é o procedimento que contempla desde a escolha do tipo dos estoques que a empresa vai trabalhar e o sistema de organizá-lo até mesmo o inventário que deve ser feito periodicamente. O controle e a gestão dos estoques são atividades fundamentais, pois trata-se de peça fundamental na composição dos custos que vai determinar o preço de venda e nesse processo devem ser considerados todos os custos incorridos de qualquer decisão ou metodologia que venha a ser empregada na organização.

Em um mercado bastante competitivo, como nos dias atuais, as gestões dos estoques que conseguem atender às necessidades da empresa, sem comprometer recursos desnecessariamente, é um desafio que muito provavelmente significará um diferencial de atendimento em frente aos concorrentes.

Freitas (2008) considera a gestão de estoque uma das atividades-chave para a administração da empresa, pois ela está relacionada com a eficiência das empresas em gerirem seus processos.

Sendo assim, gerenciar estoques significa tomar decisões em um âmbito mais geral da empresa, envolvendo departamentos de compras, produção, vendas e financeiros. É preciso integrar e controlar quantidades e valores de todas as atividades envolvidas, prevalecendo-se sobre a preocupação única a respeito de vendas e compras. Aumentar a eficiência da utilização de recursos internos equivale à economia de custos menores desperdícios e maior eficiência do processo como um todo.

FUNÇÕES DOS ESTOQUES

Para que se possa obter uma boa gestão dos estoques é necessário primeiramente conhecer suas principais funções e a partir disso elaborar políticas para o controle e gestão eficaz. A seguir veremos as principais funções.

- Definir e conhecer a variedade dos produtos que serão estocados.
- Definir as quantidades máximas a serem estocadas de cada produto.
- Definir os períodos de reabastecimento dos estoques.
- Receber e armazenar adequadamente cada produto.
- Abastecer a produção (no caso de insumos) ou a expedição (no caso de produtos vendidos).
- Controlar os níveis de estoques, para que não seja excessivo e que também não haja falta do produto.
- Identificar itens obsoletos ou com avarias e propor soluções.
- Realizar inventários periódicos.

CLASSIFICAÇÃO DOS ESTOQUES

Existem diversas classificações dos estoques. De acordo com a natureza dos produtos fabricados, das atividades da empresa, os estoques recebem diferentes classificações (Filho, 2006, p. 62). O desequilíbrio entre as taxas de fornecimento e de demanda leva a diferentes tipos de estoque, que são:

- **Estoque Mínimo:** quantidade determinada previamente para que ocorra o acionamento da solicitação do pedido de compra. Às vezes é confundido com "Estoque de Segurança". Também denominado "Ponto de Ressuprimento".
- **Estoque Médio:** metade do lote médio de compra ou fabricação, adicionado ao estoque de segurança.
- **Estoque de Matéria-prima e Materiais Auxiliares:** nestes estoques encontramos materiais secundários, como componentes que irão integrar o produto final. São usualmente compostos de materiais brutos destinados à transformação (usualmente para fábricas).
- **Estoque Operacional:** é um tipo de estoque destinado a evitar possíveis interrupções na produção por defeito ou quebra de algum equipamento. É constituído por lubrificantes ou quaisquer materiais destinados à manutenção, substituição ou reparos, tais como: componentes ou peças sobressalentes.
- **Estoque de Produtos Acabados ou Estoques de Mercadorias:** são formados por materiais ou produtos em condições de serem vendidos.

- **Estoque Máximo**: refere-se à quantidade determinada previamente para que ocorra o acionamento da parada de novos pedidos, por motivos de espaço ou financeiro;
- **Estoque em Trânsito**: tempo no qual as mercadorias permanecem nos veículos de transporte durante sua entrega;
- **Estoque Inativo ou Obsoleto**: estoque de produtos obsoletos ou que não tiveram saída em determinado período (que pode variar de acordo com a determinação do gestor).
- **Estoque de Segurança ou Mínimo**: são as quantidades guardadas para garantir o andamento do processo produtivo caso ocorram aumento na demanda do item por parte do processo ou atraso no abastecimento futuro.
- **Estoque Pulmão**: quantidade determinada previamente e de forma estratégica.
- **Estoque Sazonal**: quantidade determinada previamente para se antecipar a uma demanda maior que é prevista de ocorrer no futuro, fazendo com que a produção ou o consumo não seja prejudicado e tenha uma regularidade.

A caracterização dos diversos modelos de estoque torna-se relevante à medida que, para cada aspecto apresentado, existem diversas metodologias que explicitam formas em que o gestor pode tratar cada um.

A escolha do tipo de estoque ou dos tipos de estoques que a organização adotará também é um quesito primordial para a sobrevivência da empresa, pois com o(s) modelo(s) certo(s) se tornará mais viável a gestão e a elaboração de estratégias quanto a qualquer empecilho de atendimento a demanda.

POLÍTICAS PARA O CONTROLE DOS ESTOQUES

A atividade de administrar e controlar os níveis dos estoques é altamente relevante devido aos elevados custos que representam para uma empresa. Por isso é necessário uma atenção na elaboração da estratégia na formulação de políticas orientadas no sentido de buscar agilidade, eficiência e custos menores.

Para que se tenha uma boa gestão dos estoques é necessária a adoção de políticas, que são normas e procedimentos que devem ser seguidos de forma criteriosa visando atingir os objetivos determinados no planejamento estratégico no que concerne à gestão dos estoques. Dentre as principais políticas a serem adotadas pelas empresas, podemos citar:

- Definição das áreas de estocagem e estruturação do layout, que envolvem quantidade de depósitos, de almoxarifados, se a estrutura é verticalizada ou não etc.
- Definição de áreas específicas para um melhor aproveitamento do espaço físico e logístico, tais como: refrigeração de um determinado item,

CAPÍTULO 8: ADMINISTRAÇÃO DA PRODUÇÃO, ESTOQUES E QUALIDADE

quarentena para inspeção do produto antes de levar ao estoque, preparação para envio à produção ou expedição etc.

- Definição dos níveis máximos de armazenamento de cada produto.
- Definição dos níveis mínimos de armazenamento e dos níveis de estoques de segurança.
- Definição do período de rotatividade dos estoques.

A definição dessas políticas é de vital importância, pois se não houver estabelecimento de regras, normas de trabalho e procedimentos a serem seguidos, certamente ocasionará prejuízos à empresa.

GESTÃO DA QUALIDADE

CONCEITO DA QUALIDADE

A qualidade possui várias definições que se completam nos diversos aspectos e está sempre evoluindo com o passar do tempo. Segundo Crosby (1988), qualidade é conformidade com os requisitos. Juran e Godfrey (1999) definem qualidade em dois conceitos: características de produto que atendem às necessidades do cliente e livre de deficiências. Uma vez atingido um padrão da qualidade que satisfaça o cliente, é necessário promover mudanças continuadas e consistentes para a manutenção do negócio. Nesse sentido, o termo melhoria, segundo Imai (1988) significa estabelecer padrões mais elevados que ele denominou como *Kaizen* (termo japonês para melhoria contínua), que explica o motivo de uma organização não permanecer em um mesmo patamar por muito tempo sob pena de ser superada pela concorrência.

Quando pensamos na palavra qualidade, logo percebemos que ela está totalmente inserida no nosso cotidiano, principalmente quando se analisa sob a ótica do consumidor, pois desejamos sempre cada vez mais obter o melhor produto ou o melhor serviço sob todos os aspectos. Por exemplo, desejamos ir a um restaurante e comer uma refeição de "qualidade", ou ainda adquirir um veículo ou um computador de alta "qualidade". Note que o conceito está ligado tanto à aquisição de bens quanto à prestação de serviços.

O conceito de qualidade nos tempos atuais é muito difundido e defendido nas organizações. Trata-se de um tema que na prática é fácil de falar, mas difícil de executar com eficiência. Existem várias definições de qualidade, vamos ver algumas:

> Qualidade é desenvolver, projetar, produzir e comercializar um produto de qualidade que é mais econômico, mais útil e sempre mais satisfatório para o consumidor (Ishikawa, 1993, p. 43).

Qualidade é ausência de deficiências, ou seja, quanto menos defeitos, melhor a qualidade (Juran, 1992, p. 9).

Qualidade é a conformidade do produto às suas especificações. As necessidades devem ser especificadas, e a qualidade é possível quando essas especificações são obedecidas sem ocorrência de defeito (Crosby, 1986, p. 31).

As empresas, hoje, sabem que os consumidores estão cada vez mais exigentes e atentos a todos os aspectos do produto ou serviço que adquirem. Por isso, estão sempre adaptando seus produtos, processos e pessoal para atender essas novas exigências. As empresas querem conhecer melhor os hábitos, desejos e necessidades dos consumidores, para isso fazem cada vez mais pesquisas de opinião com o intuito de seus produtos e serviços estarem cada vez mais próximos do que os clientes realmente desejam.

EVOLUÇÃO DA QUALIDADE

A qualidade de um produto ou serviço nas últimas décadas tem passado por intensas e constantes evoluções e a cada período de tempo demonstrando evidentes transformações no sentido de se oferecer produtos e serviços com melhores rendimentos, *performance*, segurança, design, aplicabilidade, entre outros benefícios adquiridos.

As mudanças e evoluções na qualidade ocorrem desde o período anterior a Primeira Revolução Industrial, quando os produtos eram fabricados pelos artesãos, mas é a partir do final de Segunda Guerra Mundial, que as evoluções se tornaram mais intensas e vigorosas dando um grande salto evolutivo, conforme nos afirmam Picchiai, Ferraz Júnior e Saraiva (2015, p. 2):

Consequência da II Guerra Mundial, o Japão totalmente destruído constatou que para reconstruir a nação necessitava de receitas financeiras provenientes da exportação de produtos. A qualidade por essa época deu um enorme salto evolutivo. A década de 1960 ficou conhecida como a época do "milagre japonês" na qual se constatou a invasão dos mercados mundiais por produtos "Made in Japan". Surgiram novas formas de otimizar e controlar os processos, prover simplicidade à operação, inovação das técnicas da qualidade, treinamentos intensivos nos diversos níveis da organização e a obsessão por redução de desperdícios.

Nessa década, também foram criadas diversas ferramentas e novos sistemas de gestão da qualidade, época em que se introduz um novo conceito denominado de *Total Quality Control* (TQC).

CAPÍTULO 8: ADMINISTRAÇÃO DA PRODUÇÃO, ESTOQUES E QUALIDADE **247**

Nos anos 1980, o processo de evolução da qualidade continua intenso com o advento de uma série de normas de gestão da qualidade denominada ISO 9000 pela *International Organization for Standardization*, organização de grande abrangência mundial para o desenvolvimento de padrões internacionais e de certificação de qualidade.

Mais recentemente, as empresas estão passando por uma nova fase de evolução no conceito de qualidade com o advento da indústria 4.0, ou como também é conhecida a Quarta Revolução Industrial, na qual se prevê o intenso uso da tecnologia e novas ferramentas de gestão da qualidade, no sentido de continuar oferecendo novos e melhores produtos visando atender as expectativas das demandas dos clientes.

ATRIBUTOS DA QUALIDADE

O conceito de qualidade é amplo e complexo e para termos uma melhor compreensão da extensão do termo qualidade nas organizações, podemos fazer uma subdivisão do termo, segundo Castiglioni e Tancredi (2014), em cinco principais atributos:

1. **Atributo Moral:** inicia-se pela formação do clima organizacional da empresa, que passa pela declaração institucional de missão, visão e valores. Para que se possa pensar em processos e produtos de qualidade é necessário possuir um bom ambiente interno e que seja motivador. Produtos e processos passam obrigatoriamente pelas pessoas, e somente com pessoas motivadas, envolvidas em um bom clima organizacional é que a empresa vai conseguir produtos e serviços de qualidade.

2. **Atributo Qualidade Intrínseca:** refere-se aos aspectos físicos e visuais, internos ou externos, intrínsecos no produto ou serviço, que o cliente deseja perceber conforme anunciado. São, portanto, características inerentes aos produtos e ou serviços prometidos pelas empresas aos clientes que os adquirem.

3. **Atributo Entrega:** nesse atributo existe uma expectativa do cliente em receber seu produto ou serviço de acordo com a promessa feita pela empresa. O atributo consiste em que o produto seja entregue no local certo, na data e hora certa, na quantidade e especificações certas. Mesmo tratando-se de regra elementar e de vital importância, muitas empresas, e até mesmo as de grande porte, por vezes acabam falhando nesse atributo com o cliente.

4. **Atributo Custo:** refere-se tanto aos custos de produção como também aos custos envolvidos com o cliente na relação custo-benefício que o produto oferecerá. Com o aumento da concorrência e oferta de produtos e serviços, a empresa precisa buscar produtos com custos cada vez menores, mas também

demonstrar ao cliente a qualidade inserida na relação custo-benefício, fazendo com que ele tenha satisfação na aquisição.

5. **Atributo Segurança:** envolvem dois aspectos: a segurança interna da empresa, em seu ambiente interno no qual ocorrem os processos produtivos, e a segurança externa, que se traduz nas garantias de segurança oferecida pela empresa aos seus clientes.

SISTEMAS DE GESTÃO DA QUALIDADE

A aplicação da melhoria contínua aplicada aos produtos e serviços de uma determinada empresa sempre passa pela implantação e execução de processos de qualidade.

Alguns pesquisadores e estudiosos da gestão da qualidade, dentre eles Karou Ishikawa, criaram o conceito de Gerenciamento ou Gestão da Qualidade Total (GQT), em inglês é conhecido como *Total Quality Management* (TQM), que se baseia na estratégia da administração em implantar a consciência da qualidade em todas as áreas da organização, passando pelas pessoas, processos e produtos.

A necessidade se deu basicamente devido a uma maior concorrência entre as empresas e da sua necessidade de sobrevivência. A forma encontrada de continuar com sua marca foi exatamente a de oferecer aos clientes produtos cada vez melhores, mais elaborados e de qualidade. Assim sendo, o conceito abriu muitas outras oportunidades de aprofundamento neste tema com a criação de diversas ferramentas de qualidade que hoje são adotadas em diversas organizações pelo mundo.

Vamos conhecer algumas dessas ferramentas ou, como também são conhecidos, métodos ou sistemas de gestão da qualidade.

SISTEMA 5S

O 5S é uma ferramenta de origem japonesa para a organização de ambientes de trabalho. É composta de cinco princípios que iniciam com a letra "S", são eles: Seiri, Seiton, Seiso, Seiketsu e Shitsuke, e que foram traduzidas como cinco "SENSOS", que são: senso de organização, senso de arrumação, senso de limpeza, senso de saúde e senso de disciplina. De acordo com Vicente Falconi Campos (1992, p. 173): "O 5S é um programa para todas as pessoas da empresa, do presidente até os operadores. O programa deve ser liberado pela alta administração da empresa e é baseado em educação, treinamento e prática em grupo."

Ferramenta de trabalho com os conceitos de qualidade que inicia com pequenas atitudes e que tem resultado rápido, fácil de aplicar e aceitação de todos os empregados. Por isso é utilizado em muitas empresas com muito êxito.

CAPÍTULO 8: ADMINISTRAÇÃO DA PRODUÇÃO, ESTOQUES E QUALIDADE

Veja a seguir um resumo de cada senso, seu conceito e resultados esperados:

QUADRO 8.1: SISTEMA DA QUALIDADE 5S

Senso	Conceito
1 – SEIRI	Organização
2 – SEITON	Arrumação
3 – SEISO	Limpeza
4 – SEIKETSU	Saúde
5 – SHITSUKE	Disciplina

Fonte: Elaborado pelos autores.

Os propósitos do sistema da qualidade **5S** são de melhorar a eficiência por meio da destinação adequada de materiais, especialmente os desnecessários, e pela organização, limpeza e identificação de materiais e espaços bem como a manutenção e melhoria constante do ambiente.

A aplicação dos sensos pode trazer vários benefícios às empresas. Vejamos alguns:

- Eliminação do desperdício.
- Otimização do espaço.
- Racionalização do tempo.
- Melhores condições de higiene.
- Aumento da vida útil dos materiais.
- Padronização.
- Melhoria das relações humanas.
- Incentivo à criatividade.
- Autodisciplina.
- Base para a qualidade total.

Os resultados e os benefícios para a empresa somente ocorrerão quando houver sua correta aplicação e, principalmente, continuidade do processo. É muito comum na fase inicial, quando a empresa percebe o ganho em termos de espaço e organização, que se acomode com o passar do tempo e acabe voltando aos velhos hábitos. Justamente por isso que o último senso é o de disciplina, ou seja, a empresa deve se empenhar e perseverar para conquistar e manter os benefícios advindos da prática desta ferramenta, o que convenhamos não é uma tarefa simples e fácil. Temos então o desafio não só desta ferramenta, mas das organizações como um todo.

MATRIZ GUT

A Matriz GUT, sigla utilizada para resumir as palavras Gravidade, Urgência e Tendência, é muito utilizada pelas empresas no sentido de priorizar as estratégias, as tomadas de decisões e propor as soluções dos problemas que ela precisa resolver.

Esta ferramenta traz a grande utilidade de avaliar de forma quantitativa todos os problemas da empresa, desta forma, sendo possível determinar o grau de prioridade de cada um a ser resolvido.

A estrutura e a metodologia da Matriz GUT são bem simples de se executar, a qual veremos a seguir:

1. Listar todos os problemas que a empresa precisa lidar e resolver, montando uma matriz (lista) simples.

2. Atribuir uma nota para cada problema listado dentro dos três aspectos que serão analisados: gravidade, urgência e tendência.

   - Gravidade: representa o impacto do problema, caso ele venha a ocorrer.
   - Urgência: representa o prazo, ou seja, o tempo disponível para resolver o problema.
   - Tendência: representa a probabilidade do problema se tornar maior com o passar do tempo.

As notas devem ser atribuídas na escala de 1 a 5, em escala crescente sendo nota 5 para os maiores valores e nota 1 para os menores valores.

Um problema extremamente grave, urgente e com alta tendência, por exemplo, receberia a maior pontuação, nota 5 para cada uma das três categorias.

Após dar nota nas três categorias a cada problema da lista, deve-se efetuar a multiplicação delas da seguinte forma: (G) × (U) × (T). A somatória final de cada problema demonstrará a prioridade de cada um a ser solucionado.

Vejamos agora um exemplo de aplicação desta técnica:

QUADRO 8.2: MODELO DE MATRIZ GUT

Problema	Gravidade	Urgência	Tendência	Resultado	Sequência
Atraso nas entregas aos clientes	3	4	3	36	2
Reclamação dos clientes pelo atendimento	3	3	2	18	4
Cancelamento das vendas pelo cliente	5	3	4	60	1
Reclamação dos clientes por defeito	3	3	3	27	3

Fonte: Elaborado pelas autores

O quadro nos mostra que a empresa deve primeiramente buscar soluções para a compra de novos maquinários, e na sequência lidar com os atrasos nas entregas aos clientes. Note que ao resolver o primeiro problema, é provável que ele também auxilie, em parte, na solução do segundo problema, e assim por diante.

MÉTODO *BRAINSTORMING*

É uma ferramenta de trabalho em grupo usada com frequência nas organizações. A palavra derivada do inglês significa "tempestade de ideias", trata-se de uma atividade desenvolvida em grupo para explorar a potencialidade criativa de cada indivíduo participante com a finalidade de gerar novas ideias ou soluções acerca de um tema ou problema da organização que poderia não ocorrer em uma reunião de forma tradicional. A técnica pode ser usada em várias situações:

FIGURA 8.2: TÉCNICA DO MÉTODO *BRAINSTORMING*

Fonte: pexels

- Publicidade: idealizar campanhas publicitárias, meios de comunicação etc.
- Desenvolvimento de Novos Produtos: que envolvam a apresentação do produto, novas características, usos, ou ainda na reformulação de um produto já existente.
- Gestão de Processos: buscar novas formas de gestão dos processos existentes na empresa, novas ferramentas ou novas formas de se fazer determinadas

ADMINISTRAÇÃO – NOVAS PERSPECTIVAS

atividades produtivas. Pode envolver também processos na área comercial, novas políticas de preços, fidelização de clientes etc.

- Resolução de Problemas: diante de um problema que cerca a empresa, pode-se pensar em novas alternativas em busca de sua solução.

Podemos imaginar várias outras situações em que a empresa pode escolher para o uso desta ferramenta, como por exemplo, ampliar sua linha de produtos, incluir novos mercados, abertura de filiais e outros. Como podemos perceber sua aplicação é bem diversa, mas para que se possa aplicá-la e ter sua eficácia é necessário seguir algumas etapas para estruturar a sua formulação.

FERRAMENTA 5W2H

A 5W2H é uma planilha de controle de determinadas atividades, em que constam de forma bem clara e objetiva: o trabalho a ser realizado, o motivo, o local, o tempo, a responsabilidade, o método e o custo.

Essa planilha é muito usada para o mapeamento dos custos das atividades de qualidade na empresa.

Denomina-se planilha 5W2H, porque se baseia em sete perguntas que a empresa deve-se fazer e responder em relação às suas atividades. Como tem origem no inglês, baseiam-se em cinco perguntas que se iniciam com a letra "W" e duas que se iniciam com a letra "H".

As sete questões consistem em mostrar um caminho para solucionar um problema, estabelecer metas ou simplesmente aperfeiçoar os processos já existentes na empresa.

Acompanhe a seguir o modelo de planilha 5W2H com o significado das perguntas, com suas etapas e proposta de soluções.

QUADRO 8.3: PLANILHA 5W2H

Etapa	Descrição/Proposta
1 – *What* (O quê)	Definir e descrever as ações para solução dos problemas.
2 – *Why* (Por que)	Definir as justificativas das ações.
3 – *Where* (Onde)	Definir o local onde deve ocorrer as ações propostas.
4 – *When* (Quem)	Definir quem serão os responsáveis pela execução das ações.
5 – *Who* (Quando)	Definir os prazos de cada ação.
6 – *How* (Como)	Definir o método que será usado para as ações.
7 – *How much* (Quanto custa)	Definir os custos envolvidos nas ações.

Fonte: Adaptado pelos autores. Ferramentas da Qualidade, Editora Senai, Roberto Possale, 2015.

CAPÍTULO 8: ADMINISTRAÇÃO DA PRODUÇÃO, ESTOQUES E QUALIDADE 253

Percebemos que a empresa respondendo a todas as perguntas automaticamente aperfeiçoará seus controles internos, atenuando possíveis causas de defeitos, solucionando problemas, aperfeiçoando sistemas já estabelecidos, diminuindo custos e, com isso, ganhando em performance dos processos de elaboração dos seus produtos.

SISTEMA *KAIZEN*

O *Kaizen* é uma ferramenta para redução de custos por meio de uma melhoria contínua das rotinas empresariais pela correção das causas das falhas verificadas no produto ou serviço.

Os resultados esperados neste processo é a redução de custos pelo envolvimento de todo o pessoal na melhoria contínua das rotinas. Transformando todo o quadro de funcionários em "resolvedores" de seus próprios problemas, aumentará o senso de responsabilidade e importância do pessoal.

A palavra japonesa *Kaizen* significa uma contínua melhoria e se aplica às melhorias incrementais nos processos de uma empresa ou organização. Ela se aplica e se confunde com a ferramenta principal de promoção e geração de melhorias, o tratamento das "anomalias" do trabalho. Chamamos "anomalia" a qualquer resultado indesejado de um serviço ou tarefa, de modo que os principais alvos para a geração de melhorias por meio do *Kaizen* podem ser, por exemplo:

- Atrasos.
- Defeitos.
- Inutilização de materiais.
- Desperdícios.
- Paradas imprevistas.
- Faltas de materiais.

Em todos os casos, se bem aplicada a técnica, cada causa será eliminada e os resultados serão os melhores possíveis e, muitas vezes, surpreendentes.

+DICA

Para quem deseja se aprofundar, existem outros processos de qualidade com finalidades semelhantes que valem a pena pesquisar. São eles: JIT (*Just in Time*), *Kanban* e *Jidoka*.

DIAGRAMA DE CAUSA E EFEITO: DIAGRAMA DE *ISHIKAWA*

É uma ferramenta empregada no controle de qualidade das empresas e tem o nome de seu idealizador, Dr. Kaoru Ishikawa, e é conhecida também como Diagrama de Causa e Efeito ou Diagrama Espinha de Peixe.

Por meio do Diagrama de *Ishikawa*, podemos identificar várias causas possíveis para um determinado problema. Ele contempla uma divisão estruturada em 6M, em que as causas dos problemas podem ter origem em seis fatores, a saber:

- Mão de obra: envolve uma atitude ou ação do colaborador.
- Matéria-prima: envolve o material que está sendo utilizado.
- Meio ambiente: envolve o (*layout*), ou seja, o ambiente de trabalho.
- Método: envolve a forma como o trabalho está sendo executado.
- Máquina: envolve cada máquina ou equipamento que está sendo utilizado.
- Medida: envolve medidas tomadas anteriormente para modificação de processos.

CICLO PDCA

Trata-se de uma ferramenta de gestão da qualidade que propõe uma abordagem organizada para a solução de problemas. O ciclo tem por princípio orientar de forma clara, simples, ágil e segura os processos envolvidos na execução de uma atividade, incluindo todas as suas etapas.

O ciclo é composto de quatro etapas cíclicas e contínuas e a sigla PDCA vem do inglês, e cada letra compõe uma fase. Vejamos a seguir:

- P: *Plan* (Planejar).
- D: *Do* (Fazer, Executar).
- C: *Check* (Verificar, Controlar).
- A: *Action* (Ação, Agir).

Vamos conhecer agora, cada uma destas quatro fases:

P: *PLAN* (PLANEJAR)

Nesta primeira fase, a empresa estabelece as metas e objetivos bem como os processos necessários, com base em suas diretrizes gerais. Deve definir também a metodologia, ou seja, quais caminhos pretende adotar para atingir os resultados desejados. Para formulação desta etapa devem ser considerados dois pontos importantes:

1. Quanto à definição das metas:

- Estabelecer as metas e os objetivos.
- Estabelecer a metodologia (caminho) a seguir.

CAPÍTULO 8: ADMINISTRAÇÃO DA PRODUÇÃO, ESTOQUES E QUALIDADE

- Estabelecer os métodos que serão empregados.

2. Com relação às características das metas, elas devem ser:
   - Claras: entendidas da mesma forma por todos os envolvidos na empresa.
   - Exequível: algo cuja execução seja possível dentro da realidade da empresa.
   - Mensurável: algo que possa ser medido.

Estabelecidas e entendidas as metas, pode-se ir para a segunda fase.

D: *DO* (FAZER, EXECUTAR)

Esta segunda fase consiste em implantar as ações necessárias, ou seja, é o momento de pôr em prática, de colocar em ação as tarefas como foram previstas na fase anterior. Nesta fase, é importante que todos os envolvidos tenham bem claro o papel que cada um deve desempenhar nas suas diversas atividades.

C: *CHECK* (VERIFICAR, CONTROLAR)

Nesta terceira fase, a empresa deve verificar e acompanhar os dados coletados na fase anterior da execução. É neste momento que deverá avaliar os resultados obtidos com os resultados esperados na fase do planejamento e verificar se eles estão dentro dos padrões planejados e se houve muitas variações.

A: *ACTION* (AÇÃO, AGIR)

É a última fase em que a empresa tomará uma ação, agirá de acordo com os resultados apresentados na fase anterior. Neste momento, a empresa investigará possíveis desvios ou problemas surgidos e deverá propor ações corretivas, caso algum problema tenha sido detectado. Pode também, ainda, propor mudanças para melhorias nos processos com o objetivo de um melhor rendimento.

O processo de estruturar esta ferramenta é relativamente simples e pode trazer grandes resultados satisfatórios, no entanto, devem-se ter alguns cuidados e evitar algumas situações, como: haver excesso de críticas, perseguição ou menosprezo em relação às ideias dos demais participantes, atitudes negativas e excesso de controle por parte do moderador ou coordenador. Tomando-se estes cuidados seguramente estamos falando de uma ótima ferramenta a ser usada pelas organizações.

DIAGRAMA DE PARETO — CURVA ABC

A curva ABC, chamada assim porque divide os elementos a serem estudados em três categorias distintas, também é conhecida por curva 80/20, em função do estudo realizado no século XIX sobre distribuição de renda; e ainda por Gráfico de Pareto porque a invenção desse tipo de estudo foi atribuída ao economista italiano Vilfredo Paretto.

A curva ABC é muito utilizada para administrar estoques, definir políticas de vendas, planejar a distribuição, programar a produção e uma série de problemas usuais de empresas, sejam elas de características industriais, comerciais ou de prestação de serviços.

É uma ferramenta gerencial que permite identificar quais itens merecem verdadeira atenção e tratamento adequados quanto à sua importância.

A TÉCNICA DA CURVA ABC

A análise ABC consiste na separação dos itens de estoque em três grupos de acordo com o valor ou a quantidade a ser analisada, da seguinte forma:

- Classe A: maior importância, valor ou quantidade, correspondendo a 20% do total.
- Classe B: importância intermediária, valor ou quantidade, correspondendo a 30% do total.
- Classe C: menor importância, valor ou quantidade, correspondendo a 50% do total.

Com esta ferramenta, a empresa vê com muita clareza os resultados e o gerenciamento dos seus estoques, podendo assim atuar de forma rápida e direta onde houver maior necessidade.

Como percebemos, são inúmeras as ferramentas na gestão dos processos de qualidade para as empresas e pode-se concluir que não é necessário e nem recomendado que a empresa adote todas, ou grande parte, essas ferramentas até porque não há necessidade e nem é possível fazê-lo. O que ela realmente deve fazer é adotar uma ou poucas, porém de forma combinadas e, principalmente, que faça as adaptações necessárias, a sua estrutura, processo e produto, para que possa tirar maior proveito destes importantes controles oferecidos.

O segredo é a empresa, uma vez adotadas as ferramentas, ter foco, atenção e perseverança em manter todas as suas etapas, o que na prática não é não tarefa fácil, no entanto é plenamente possível executá-las, haja vista que muitas empresas se utilizam e delas obtêm sucesso.

NORMAS CERTIFICADORAS

As normas estão presentes no nosso dia a dia e nas organizações não é diferente, e no caso delas, dá-se ainda maior importância e necessidade por várias razões. As normas remetem a padrões de fabricação de produtos, mas também são vistas e praticadas nos processos e atividades em todos os departamentos e níveis, assegurando maior confiabilidade tanto na empresa quanto nos seus produtos e serviços.

Os benefícios advindos das aplicações das normas são diversos, trazendo maior confiabilidade, conforto, segurança, tecnologia, rapidez, eficiência, dentre outros aspectos. Vejamos a seguir, alguns benefícios, para as empresas que praticam e seguem as normas:

a. Melhoria e aperfeiçoamento dos produtos e serviços.

b. Melhor imagem de confiabilidade da empresa e do produto.

c. Diminuição de possibilidade de erros e diminuição de custos.

d. Atração de novos consumidores e novos mercados (externo).

As normas podem ser aplicadas em diferentes níveis, seja no âmbito da própria empresa ou ainda em níveis nacional ou internacional.

NORMAS NACIONAIS DE CERTIFICAÇÃO

Existem entidades dedicadas a certificações com diversas finalidades em setores específicos, sejam sociais, educativas, ambientais etc.

Para adoção de um padrão nacional de normalização, o órgão responsável e representante oficial no Brasil é a Associação Brasileira de Normas Técnicas (ABNT), uma entidade privada, sem fins lucrativos e de utilidade pública fundada em 1940. É também membro fundador da *International Organization for Standardization* (Organização Internacional de Normalização [ISO]), além de ser membro de outras organizações internacionais.

A ABNT é responsável pela elaboração das Normas Brasileiras (ABNT/NBR), e estas normas são elaboradas no âmbito interno dos Comitês Brasileiros da ABNT (ABNT/CB).

Há também um órgão de normalização exclusivamente governamental em âmbito nacional chamado de Instituto Nacional de Metrologia, Qualidade e Tecnologia (INMETRO), vinculado ao Ministério da Economia, bem como demais órgãos públicos de normatização em âmbito estadual.

DICA

Para conhecer mais sobre a ABNT, sua missão, visão e valores, acesse o site: www.abnt.org.br.

Para conhecer mais sobre o INMETRO, acesse: www.inmetro.gov.br.

NORMAS INTERNACIONAIS DE CERTIFICAÇÃO

São normas técnicas estabelecidas por organismos internacionais de normalização, com o objetivo de aplicá-las em âmbito mundial e concedendo às organizações, que passam pelos seus processos de certificação e ao final são aprovadas, o selo e reconhecimento de organização dentro dos padrões internacionais.

Existem diversas organizações internacionais em áreas específicas, citamos aqui duas delas:

- *International Organization for Standardization* – ISO (Organização Internacional de Normalização).
- *International Electrotechnical Commission* – IEC (Comissão Internacional de Eletrotécnica).

NORMAS *ISO*

ISO é a sigla em inglês da *International Organization for Standardization*, (Organização Internacional de Normalização), entidade não governamental de âmbito internacional, criada em 1947, com sede em Genebra, Suíça, e atualmente possui mais de 160 países membros.

A *ISO* é representada pela Associação Brasileira de Normas Técnicas (ABNT), sua finalidade consiste em promover e gerir os processos de normalização internacional, em vários campos (com exceção da área eletroeletrônica por exemplo, pois possui entidade específica própria). Possui como função básica harmonizar e disseminar os conceitos de boas práticas relacionadas aos temas de avaliação, normalização e conformidade da maioria dos produtos e serviços hoje existentes.

Semelhante a ABNT, a *ISO* possui órgãos específicos e comitês por segmentos de atuação.

As normas *ISO* dividem-se em algumas categorias. Vamos conhecer algumas delas:

- *ISO* 9001 – Sistema de Gestão de Qualidade.
- *ISO* 14001 – Sistema de Gestão Ambiental.

CAPÍTULO 8: ADMINISTRAÇÃO DA PRODUÇÃO, ESTOQUES E QUALIDADE 259

- *ISO* 16001 — Sistema de Gestão de Responsabilidade Social.
- *OHSAS* 18001 — Sistema de Gestão de Saúde e Segurança no Trabalho.

ISO 9001 — SISTEMA DE GESTÃO DA QUALIDADE

As empresas devem atender de forma obrigatória e documentada alguns procedimentos, tais como: controle de documentos, controle de registros, auditorias internas, controle de produtos e serviços que não estejam em conformidade, ações preventivas e ações corretivas.

A *ISO* 9001 adota uma abordagem por processos para implementar e melhorar um sistema de gestão da qualidade com o objetivo de aumentar a satisfação do cliente por meio do atendimento aos seus requisitos já citados. A norma considera processo como um conjunto de atividades de entradas e saídas, que usam recursos e é gerenciado de forma a possibilitar o controle dos processos pelas entradas e pelas saídas.

Uma das vantagens desta abordagem de processo e do controle contínuo sobre todas as atividades deste mesmo processo que está sendo gerenciado é que quando usada em um sistema de gestão da qualidade, essa abordagem enfatiza a importância dos fatores relacionados a seguir:

- Atendimento aos requisitos.
- Melhoria contínua de processos baseada em medições objetivas.
- Obtenção de resultados de desempenho e eficácia de processo.
- Considerar os processos em termos de valor agregado.

Uma observação que se deve ter em conta é que a cada cinco anos, de acordo com as diretivas da ISO, as suas normas passam por um processo de revisão para determinar se devem ser mantidas, alteradas ou descontinuadas.

ISO 14001 — SISTEMA DE GESTÃO AMBIENTAL

A norma especifica os requisitos de um sistema de gestão ambiental e permite a organização desenvolver e praticar políticas e metas ambientalmente sustentáveis.

Com o processo de globalização as organizações são cada vez mais pressionadas a demonstrar uma gestão voltada para a preservação ambiental, por isso a necessidade não só de maior controle dos processos que a cercam como também oferecer a sociedade produtos e serviços cada vez melhores.

A seguir alguns aspectos ambientais a serem tratados:

- Energia emitida por calor, radiação, vibração.
- Emissões atmosféricas.

- Resíduos e subprodutos.
- Lançamentos na água (rios, lagos, oceanos etc.).
- Uso e consumo de produtos químicos.
- Lançamentos no solo.
- Reutilização de insumos, reciclagem.

À gestão das organizações cabe o planejamento e a definição de uma política de sistema de gestão ambiental, que seja amplamente divulgada a todas as partes interessadas e que esteja de acordo com as legislações pertinentes ao tema, por isso é preciso não só estudar a legislação como também entender do segmento no negócio da organização e, principalmente, entender os riscos ambientais a que estão sujeitas ou que porventura possam causar a comunidade.

DICA

Você pode pesquisar e conhecer mais sobre sustentabilidade e desenvolvimento sustentável, por meio de algumas entidades ligadas ao setor. Veja, por exemplo, o site da agência WWF em www.wwf.org.br.

ISO 16001 — SISTEMA DE GESTÃO DE RESPONSABILIDADE SOCIAL

Esta norma estabelece o Sistema de Gestão de Responsabilidade Social, que consiste nas organizações estabelecer e implantar políticas e compromissos no campo ético, da transparência nos negócios, da preocupação com a promoção da cidadania e do desenvolvimento sustentável.

Alguns temas ligados à promoção e gestão da responsabilidade social:

- Boas práticas de governança.
- Proteção ao meio ambiente e gerações futuras.
- Promoção dos direitos do trabalhador.
- Combate a práticas desleais da concorrência.
- Combate à pirataria, fraude, sonegação e corrupção.
- Promoção da saúde e segurança.
- Promoção da diversidade e combate à discriminação.
- Promoção de padrões sustentáveis de produção.

Além das empresas alguns empresários, sociólogos e outros profissionais se reuniram e criaram várias ONGs, com o objetivo de promover ainda mais a responsabilidade social no país. Algumas delas citamos aqui:

CAPÍTULO 8: ADMINISTRAÇÃO DA PRODUÇÃO, ESTOQUES E QUALIDADE **261**

- Instituto Brasileiro de Análises Sociais e Econômicas (IBASE).
- Instituto Ethos.
- Pensamento Nacional das Bases Empresariais (PNBE).
- Fundação ABRINQ.

Em 2004, a Associação Brasileira de Normas Técnicas (ABNT), concluiu a NBR 16001, com uma comissão formada por representantes do governo, setor produtivo, ONGs, entidades de classe e do meio acadêmico.

OHSAS 18001 – SISTEMA DE GESTÃO DE SAÚDE E SEGURANÇA NO TRABALHO

OHSAS é uma sigla em inglês que significa *Occupational Health and Safety Assessment Services*, cuja tradução é Serviços de Avaliação de Segurança e Saúde Ocupacional, entidade responsável pela criação da norma OHSAS 18001, que visa justamente criar normas aplicáveis a qualquer tipo de organização que pretenda implantar e ser avaliada com relação aos procedimentos de saúde e segurança no trabalho.

Essas normas se baseiam nas seguintes premissas:

a. Estabelecimento de um sistema de gestão da segurança e saúde no trabalho para eliminar ou na impossibilidade minimizar os riscos inerentes aos funcionários e a outras partes envolvidas.

b. Implementar, manter e aprimorar o sistema de gestão de Saúde e Segurança no Trabalho (SST) e Saúde e Segurança Ocupacional (SSO).

O nosso país também possui normas de conduta nas organizações que mantêm funcionários registrados com relação à saúde e segurança no trabalho. Estas normas são regidas pela Secretaria de Trabalho, vinculada ao Ministério da Economia.

A norma está relacionada somente à saúde e à segurança no trabalho dos funcionários e pessoas envolvidas, e não abrange outras questões, como segurança do produto ou impacto ao meio ambiente.

Esta norma consiste no cumprimento de algumas ações principais. Vejamos quais são elas:

a. Elaboração de planejamento e mapeamento de todos os riscos inerentes à saúde e segurança no ambiente das organizações.

b. Treinamento constante de funcionários e demais envolvidos no que se refere ao manuseio de materiais, maquinários e equipamentos.

c. Manutenção de programa de ações preventivas, por meio do treinamento com simulações de situações não previstas, tais como: abandono de área.
d. Comunicação efetiva a toda a organização em todos os níveis por meio de avisos, faixas etc.
e. Controle documental, por meio de diversos relatórios específicos, visando à saúde e segurança de todos.
f. Realização de exames médicos periódicos aos funcionários visando sua saúde física e mental.
g. Fornecimento e uso de equipamentos de segurança (individual ou coletivo), conforme os riscos levantados em cada setor da empresa.

Todos estes trabalhos devem ter envolvimento da alta administração, bem como de algumas pessoas-chave no sentido de implantar, comunicar e fazer cumprir todas as regras e normas de segurança necessárias. Geralmente este trabalho é desenvolvido pela área de recursos humanos, por sua vocação em treinamentos, de forma geral, e pela questão do relacionamento com os funcionários.

DICA

Vale lembrar que todas as regras, principalmente as de segurança, se aplicam também aos trabalhadores, em sistema de terceirização, que estejam atuando na empresa, bem como aos visitantes. Um exemplo clássico é quando uma pessoa vai visitar um canteiro de obras e é obrigado ao uso do capacete de segurança e outros itens de Equipamento de Proteção Individual (EPI).

EXERCÍCIOS

1. Descreva no seu entendimento o conceito de qualidade.
2. No seu entendimento, como podemos explicar o conceito de Gestão da Qualidade Total (GQT)?
3. Cite três ferramentas de uso da qualidade.
4. Explique o significado e a finalidade da ABNT.
5. Cite temas ligados à norma certificadora *ISO 16001*.

CAPÍTULO 9
LOGÍSTICA EMPRESARIAL

CONCEITO, PRINCÍPIOS E EVOLUÇÃO DA LOGÍSTICA

Na história da humanidade o homem em busca de riquezas e para aumentar o seu território utilizava as guerras como instrumento de conquista, dominação e poder. As guerras nem sempre foram favoráveis e muitas batalhas eram perdidas, mas poderiam ser vencidas se a capacidade da logística de cada exército fosse adotada com eficiência. Quando os comandantes compreenderam o papel fundamental da logística, as guerras foram vencidas com maior frequência, embora a logística militar difira da logística empresarial.Estranhamente, apenas em um passado recente é que as organizações empresariais reconheceram a real importância da logística na obtenção da vantagem competitiva.

Para que possamos compreender a real dimensão e importância da logística, se faz necessário conhecer não somente o domínio dos conceitos e práticas da logística, mas entender sua evolução histórica, e a sua relação com a evolução do empresário.

A Logística é a área da gestão responsável por prover recursos, equipamentos e informações para a execução de todas as atividades de uma empresa. O *Council of Logistics Management* (Conselho de Gestão Logística) (Carvalho, 2002, p. 31) define o conceito de logística como:

> Logística é a parte do Gerenciamento da Cadeia de Abastecimento que planeja, implementa e controla o fluxo e armazenamento eficiente e econômico de matérias-primas, materiais semiacabados e produtos acabados, bem como as informações a eles relativas, desde o ponto de origem até o ponto de consumo, com o propósito de atender às exigências dos clientes.

Em resumo, logística é o método para colocar o produto adequado na hora certa, na quantidade exata, no lugar correto, ao menor custo possível.

Nesta linha a evolução da logística indica uma grande integração das funções, culminando na Logística Integrada dos dias atuais, que excede os limites da empresa, ligando as funções logísticas de toda a cadeia de suprimentos, desde o fornecedor primário até o consumidor final.

ATIVIDADES DA ÁREA LOGÍSTICA

Podemos conceituar as atividades que compõem a área logística em atividades primárias e secundárias. As atividades primárias (transporte, manutenção de estoques e processamento de pedidos) são as que possuem fundamental importância na redução de custos e maximização do nível de serviços. Quanto às demais atividades (armazenagem, manuseio de materiais, embalagem, suprimentos e sistemas de informação) são consideradas atividades de apoio ou secundárias, pois dão suporte às atividades primárias com o intuito de satisfazer e manter os clientes satisfeitos, além de maximizar as receitas das empresas ou organizações empresariais.

Primeiramente vamos falar das atividades primárias:

TRANSPORTE

O transporte engloba as várias e diferentes formas de se movimentar os materiais ou produtos, seja interna ou externamente. A escolha do transporte adequado está diretamente relacionada à qualidade dos serviços que se deseja prestar ao cliente, variando de acordo com o produto, peso, valor, volume, distância, sendo uma atividade muito importante, pois em média o seu custo representa de 1/3 (um terço) a 2/3 (dois terços) dos custos logísticos totais.

O transporte de produtos ou matérias-primas ocorre por meio de modais que podem ser rodoviários, ferroviários, aéreos, dutoviários ou navais, cuja escolha considera o custo, o tempo de entrega e as possíveis variações de adaptabilidade dos respectivos modais à carga e destino.

Atualmente, no Brasil, o transporte rodoviário vem sendo o mais utilizado, com participação de 63%, proporcionando a entrega de forma ágil e precisa, no local e condições desejadas pelo cliente, além de ser confiável e estar disponível em todo o território nacional. Nesse sentido, é fundamental a empresa saber exatamente o peso e o volume da carga a ser transportada em metros cúbicos (m^3), para que possa determinar o veículo mais adequado para o transporte. A seguir veremos o quadro, no qual identificam-se os tipos de transporte e algumas de suas características.

QUADRO 9.1: TIPOS DE MODAIS DE TRANSPORTES

Tipo – Modal	Características
Ferroviário	Trens - Cargas e passageiros.
Rodoviário	Caminhões - Cargas e passageiros.
Hidroviário	Navios - Cargas e passageiros.
Aeroviário	Aviões - Cargas e passageiros.
Dutoviário	Dutos - Cargas

Fonte: Elaborado pelos autores

Fleury (2000) classifica os modais de transporte de acordo com a estrutura de custos, sendo que o modal ferroviário possui altos custos fixos e um custo variável baixo; o modal rodoviário possui custos fixos baixos e um custo variável médio; o aquaviário possui um custo fixo médio e um custo variável baixo; o modal dutoviário possui um custo fixo mais elevado e um custo variável mais baixo; já o modal aeroviário possui um custo fixo e um custo variável alto.

ESTOQUES

Os estoques de uma empresa procuram atender às necessidades dos seus usuários, pois não há viabilidade de produção e ou entrega imediata. Os estoques compreendem desde a matéria-prima, produtos e peças em processo, embalagem, produto acabado, materiais auxiliares, de manutenção e de escritório, até os suprir a necessidade do usuário. Temos várias classificações de estoque, porém aqui veremos a manutenção dos estoques, que devem ser administrados visando manter uma quantidade mínima razoável para atender seus usuários.

A manutenção dos estoques possui uma importância estratégica, pois esta atividade pode representar de 1/3 (um terço) a 2/3 (dois terços) dos custos logísticos totais.

PROCESSAMENTO DE PEDIDOS

A importância da atividade de processamento de pedidos está vinculada ao fator tempo, para levar ou entregar os bens ou serviços ao usuário e ou cliente. É uma questão estratégica na qual a empresa deve investir seus recursos, pois trata-se da fase inicial de todo o processamento desde a requisição de compras feita internamente e direcionada ao setor de compras até a entrega efetiva do produto ao cliente final.

Essa atividade tem um menor custo operacional, no entanto, os custos podem se elevar se não houver uma maximização do nível de serviço, ou seja, boa gestão do tempo envolvido, como exemplo: atrasos que venham gerar multas contratuais.

Nos dias atuais, com o crescimento do comércio eletrônico (e-commerce), essas atividades estão se tornando extremamente importantes e podem ser um diferencial competitivo para as empresas. Quando alguém faz uma compra pela internet, se espera que a entrega seja tão ágil quanto foi o processo de realização do pedido.

A seguir vamos analisar as atividades secundárias:

ARMAZENAGEM

A armazenagem trata de procedimentos que visam à conservação e controle das mercadorias estocadas para posterior utilização e ou distribuição. Os itens, após recebimento, são armazenados em depósitos ou centros de distribuição, os quais são escolhidos de acordo com o produto a ser estocado e sua quantidade, além da distância do cliente e a respectiva modalidade de transportes, relacionando o melhor custo-benefício para todos os envolvidos.

Os centros de distribuição podem ser em depósitos próprios, administrados pela própria empresa ou em depósitos públicos (alfandegários) ou mesmo em depósitos contratados (terceirizados). É interessante que o depósito terceirizado esteja próximo da empresa e dos clientes, com o intuito de reduzir o tempo de entrega.

A empresa poderá utilizar da armazenagem ou mesmo de centro de distribuição dependendo de sua necessidade como, por exemplo, a aquisição de um lote maior de matérias-primas ou mesmo de seus produtos acabado.

A gestão de armazenagem, se bem administrada, proporciona à empresa maior vantagem no que se refere à redução de custos, tempo de deslocamento e maior agilidade em atender seus clientes ou usuários com qualidade.

MANUSEIO

O manuseio de materiais está relacionado com a armazenagem, pois trata da movimentação das matérias-primas e dos produtos acabado no local de estocagem que iniciará com o recebimento até a expedição para o usuário ou mesmo a transferência para um centro de distribuição.

Para um eficiente manuseio de materiais, as empresas fazem uso de diversos equipamentos, tais como: carrinhos, paleteiras, empilhadeiras, gaiolas, dentre outros, para efetuar a menor quantidade possível de movimentos, o que gera ganho de tempo, agilidade e um menor custo em todo processo.

EMBALAGEM

A embalagem tem o objetivo de proteger o seu conteúdo, bem como criar condições melhores para o transporte, movimentação e manuseio, armazenagem e transportes de forma eficiente. Suas principais características são: proteger contra quedas, choques (impactos), vibrações, perfurações, empilhamentos (compressões), intempéries (agentes climáticos) e roubos. Deve estar adequada à modalidade de transporte e respeitar as padronizações e especificações do transportador.

As embalagens poderão ser confeccionadas por diversos tipos de materiais, tais como: madeira, papel e papelão, plásticos, vidros, sempre visando a proteção do conteúdo e a preservação do meio ambiente.

Várias embalagens podem ser acondicionadas em paletes, por meio da unitização da carga que consiste em envolver toda a mercadoria em sua extensão com um filme plástico, para a proteção e sustentação das mercadorias.

O desenvolvimento das embalagens deverá ser cuidadoso para evitar que os custos das embalagens afetem toda a cadeia produtiva, desde o estoque até o transporte ao ponto de vendas, influenciando inclusive na sua aquisição pelo consumidor final, que tende a apresentar preferência por embalagens melhores elaboradas, desde que isso não apresente grande impacto nos preços dos produtos.

SUPRIMENTOS

A atividade de suprimentos abrange desde a escolha do fornecedor (seleção de fontes) até a entrada (recebimento) dos materiais, assim atender às necessidades e exigências das organizações, no que se refere à qualidade, quantidade, prazos, custos, entre outros requisitos. A atividade de suprimentos é responsável pelas compras na organização, do fornecedor adequado, dos materiais na quantidade e qualidade desejadas, no tempo necessário ao menor custo de aquisição possível.

O sucesso da gestão de suprimentos está relacionado ao gerenciamento dos pedidos, visando à satisfação das necessidades da produção. Com base em informações estratégicas de seus clientes potenciais a organização identifica as necessidades deles, desenvolvendo um relacionamento de parceria. Essa parceria é desenvolvida não só com clientes, mas com fornecedores, que são de extrema relevância na obtenção de baixos níveis de estoque e o ressuprimento contínuo. Por meio da parceria com fornecedores, as organizações conseguem negociar o volume de pedidos, fracionando o fornecimento em menores quantidades, reduzindo assim, seus estoques e satisfazendo suas necessidades.

SISTEMAS DE INFORMAÇÃO

Os antigos sistemas de informação surgiram antes mesmo da era da informática, e baseavam-se em técnicas de arquivos e recuperação de informações de grandes arquivos. A utilização deste antigo sistema exigia um grande esforço para poder recuperar as informações em papéis.

O surgimento dos "grandes" computadores nas organizações permitiu uma facilidade maior de arquivamento e a recuperação das informações, e com a utilização dos microcomputadores agilizou ainda mais, diminuindo o tempo.

As organizações desenvolveram sistemas específicos para utilização em diversos setores, provocando um grande avanço nas atividades logísticas das empresas.

Os sistemas desempenham três vitais funções em qualquer organização, que são: suporte aos processos e operações; suporte nas tomadas de decisões; e suporte nas estratégias competitivas.

A utilização de uma base de dados com as informações mais importantes para as atividades da área logística é fundamental para auxiliar no processo de tomadas de decisões estratégicas.

Como observamos, as atividades logísticas são diversificadas de acordo com o nível de complexidade das empresas. Esse conjunto de atividades (primárias e secundárias) apoia a administração eficiente e efetiva das organizações.

PRATICANDO

Para uma melhor compreensão, vamos agora observar e analisar um estudo de cálculo de cubagem de uma carga:

EXERCÍCIO PRÁTICO 1 — CÁLCULO DE CUBAGEM

Vamos imaginar que um cliente deseja adquirir do seu fornecedor: 25.000 peças do produto A, 15.000 peças do produto B, e 9.000 peças do produto C.

Todos os produtos estão acondicionados em caixas, conforme medidas a seguir:

- Produto A — caixa c/100 unidades — medida de cada caixa: 0,50×0,40×0,70cm.
- Produto B — caixa c/50 unidades — medida de cada caixa: 0,70×0,30×0,90cm.
- Produto C — caixa c/ 150 unidades — medida de cada caixa: 0,70x0,60x0,30cm.

Pede-se: calcular a cubagem total para adequar o transporte em caminhão, considerando uma perda de 7% da cubagem total de cada caminhão.

Sabendo-se dos preços e das medidas dos caminhões, informe qual será o melhor veículo, bem como o custo do transporte.

Medidas dos caminhões ·

1. Caminhão A: 50m³ — Custo: R$2.500,00 por viagem.
2. Caminhão B: 80 m³ — Custo: R$3.000,00 por viagem.
3. Caminhão C: 100m³ — Custo R$4.500,00 por viagem.

Solução

1. Cálculo da cubagem total

Produto A: 25.000 / 100 = 250 caixas

Cubagem da caixa =
0,50×0,40×0,70cm = 0,14m³ por caixa × 250 caixas = 35,00m³.

Produto B: 15.000 / 50 = 300 caixas

Cubagem da caixa =
0,70×0,30×0,90cm = 0,06 m³ por caixa × 300 caixas = 56,70m³.

Produto C: 9.000 / 150 = 60 caixas

Cubagem da caixa =
0,70×0,60×0,30cm = 0,126m³ por caixa x 60 caixas = 7,56m³.

Resposta: Cubagem Total: 35,00m³ + 56,70m³ + 7,56m³ = 99,26m³

2. Cálculo do Custo dos caminhões × cubagem

Considerando a cubagem total de 99,26m³ e a perda de 7% da cubagem dos caminhões será necessário realizar 2 viagens que pode ocorrer nas seguintes condições:

Melhor opção: 1 caminhão de 80m³ e 1 caminhão de 50m³

80m³ – 7% de perda = 74,40m³

50m³ – 7% de perda = 46,50m³

Cubagem total disponível: 120,90m³

Custo dos caminhões: R$3.000,00 + R$2.500,00 = R$5.500,00

PERFIL DO PROFISSIONAL DE LOGÍSTICA

No mundo do trabalho, a recompensa maior será aos profissionais mais dinâmicos que se relacionam facilmente, agregam novas ideias e que adquirem, com o tempo, uma visão estratégica.

Pouco adianta uma empresa ter um departamento comercial bem estruturado se a sua logística for mal planejada e apresentar falhas. A equipe de vendas até conseguirá captar clientes, mas a logística defeituosa afetará sua experiência e fará com que desistam de fazer novos negócios. É por isso que o papel do profissional de logística mostra-se cada vez mais importante, pois, sem ele, a empresa não consegue obter seus melhores resultados.

As características que ele precisa ter para atender às necessidades das empresas, agregando eficiência e qualidade, são:

- Ser Flexível e estar preparado para sair da zona de conforto.
- Saber comunicar-se com outros profissionais.
- Ter um olhar estratégico.
- Ser proativo.
- Saber relacionar-se adequadamente com outras áreas.
- Ter afinidade com as novas tecnologias.

Hoje, poucas empresas utilizam canetas e folhas de papel para registrar dados e anotar informações. Todas as atividades agora são controladas por meio de sistemas informatizados e hospedados na *cloud computing* — a famosa nuvem — e podem ser acessadas a partir de computadores, tablets e smartphones em qualquer lugar, inclusive no painel das empilhadeiras. O profissional de logística precisa, obrigatoriamente, ter afinidade com os novos sistemas tecnológicos utilizados para gerenciar processos, portanto é fundamental que o profissional entenda seu papel no contexto das empresas e que tenha um perfil adequado para se adaptar às constantes mudanças e velocidade que ocorrem na área logística. Por outro lado, também é fundamental que as empresas estejam dispostas a investir na capacitação técnica de seus colaboradores.

RECEBIMENTO, ARMAZENAMENTO E EXPEDIÇÃO DE MATERIAIS

RECEBIMENTO

O setor de recebimento de materiais tem a função básica de assegurar que o produto entregue pelo fornecedor esteja em conformidade com as especificações constantes no pedido de compra. Cabe a este setor, portanto, verificar todas as condições do pedido de compras, tais como: quantidade, qualidade, peso, volumes, características do produto, embalagem e etc.

No ato do recebimento de materiais, deve-se proceder a inspeção das mercadorias e para isso é necessário que o setor tenha em mãos todos os documentos pertinentes, tais como: pedido de compras, nota fiscal e romaneio.

Uma vez que a mercadoria foi inspecionada e aprovada, ela deve ser inserida no sistema e seguir para o estoque. Já os documentos devem ser encaminhados para o setor de compras e para o setor financeiro para liberação do pagamento ao fornecedor.

O setor de recebimento tem uma importante função que é assegurar o correto recebimento das mercadorias e remetê-las ao estoque em perfeitas condições para futuras vendas. Segundoo Viana (2002, p. 43):

> A atividade recebimento visa garantir o rápido desembaraço dos materiais adquiridos pela empresa, zelando para que as entradas reflitam a quantidade estabelecida, na época certa, ao preço contratado e na quantidade especificada nas encomendas.

Cabe ressaltar que havendo qualquer divergência entre os documentos e a mercadoria física, o setor de recebimento deve acionar o setor de compras para que este venha a negociar com o fornecedor, qual será o tratamento a ser feito em relação à divergência.

ARMAZENAMENTO

A armazenagem é outra importante atividade no recebimento de mercadorias, que após o recebimento deverão ser estocadas. O armazenamento, portanto, compreende as etapas de se planejar e obter as condições adequadas e necessárias para abrigar e manter as mercadorias em perfeitas condições de uso que mais tarde deverão passar pela expedição para entrega ao cliente.

A função de armazenagem possui uma total importância estratégica. Portanto é fundamental um bom e efetivo planejamento nesta área. A seguir relacionamos algumas atividades a serem planejadas e executadas.

- Possuir um bom layout, visando maximizar o uso dos espaços.
- Acondicionar os produtos de acordo com suas necessidades.
- Manter os produtos embalados, etiquetados e de forma organizada.
- Proteger e abrigar os produtos contra umidade, calor, poeira etc.
- Possuir uma boa sinalização para rápida localização.

- Fazer uso de equipamentos de manuseio dos estoques (paletes, empilhadeiras, paleteiras, carrinhos, escadas etc.).
- Manter a limpeza dos corredores, piso, paredes etc.
- Possuir boas condições de segurança e iluminação.
- Possuir sistemas de gerenciamento dos estoques.
- Possuir mão de obra treinada e qualificada.

Para que se tenha uma eficiência na Identificação da localização de um produto em estoque, é necessário o uso de sistema que visa a correta e eficiente localização dos materiais dentro do armazém facilitando o fluxo dos materiais, codificação de endereço, com prédio, rua, fileira, posição ou pilha, andar, endereçamentos, sistema de endereçamento variável. Nesse sentido um sistema muito utilizado é o WMS (*Warehouse Management System*), ou Sistema de Gerenciamento do Armazém, que assume o total controle do armazém desde a chegada do material na empresa, passando pelo armazenamento até o fim do seu ciclo dentro do armazém no setor de expedição.

O custo de estocagem e armazenamento é bem significativo, por isso, se faz necessário um gerenciamento eficaz para aproveitar o máximo possível cada metro quadrado (m²) da área de estocagem de forma a minimizar os custos e por esse motivo as empresas investem na verticalização dos estoques com a aquisição de porta paletes, que são estruturas metálicas em níveis com finalidade de acondicionar os paletes que são estruturas de madeira para colocação dos produtos. Desta forma, o gerenciamento do armazenamento agora se dá pelo metro cúbico (m³), em que além da largura e comprimento, agora entra a altura. Esse método é conhecido como sistema de armazenagem por acumulação, conforme podemos verificar na figura a seguir.

A figura demonstra um sistema de armazenamento por acumulação que permite armazenar até quatro paletes em profundidade em cada nível do porta palete.

Com a adoção da verticalização dos estoques, é necessário também o uso de equipamentos para o manuseio e a movimentação de materiais. A empilhadeira e a paleteira são bons exemplos desses equipamentos, além dos tradicionais carrinhos para movimentação no solo. A seguir veremos duas figuras desses equipamentos.

CAPÍTULO 9: LOGÍSTICA EMPRESARIAL 273

FIGURA 9.1: SISTEMA DE ARMAZENAGEM POR ACUMULAÇÃO

Fonte: pexels

FIGURA 9.2: EQUIPAMENTOS PARA RECEBIMENTO, ARMAZENAGEM E EXPEDIÇÃO (EMPILHADEIRA)

Fonte: pixabay

FIGURA 9.3: EQUIPAMENTOS PARA RECEBIMENTO, ARMAZENAGEM E EXPEDIÇÃO (CARRINHOS)

Fonte: pixabay

EXPEDIÇÃO

O setor de expedição tem como objetivo fornecer os materiais requisitados que estão armazenados nos estoques, de forma eficiente, visando atender adequadamente os pedidos das unidades de acordo com o que foi realmente solicitado, verificando se as condições físicas e apresentação dos produtos estão em perfeita ordem.

A expedição é uma atividade dentro da armazenagem, ela é acionada quando um determinado produto acaba de ser vendido, é quando deve atender às solicitações dos setores requisitantes, separando as mercadorias, providenciando a embalagem para proteção no transporte de forma a deixar os produtos preparados para seu envio ao cliente.

Além da preparação da mercadoria a ser expedida, é necessário também tratar de toda a burocracia e documentação envolvida na saída dos produtos. A seguir citamos alguns documentos necessários nesta etapa:

- Nota Fiscal.
- Romaneio ou *"packing list"*.
- Conhecimento de Transporte.
- Fatura (boleto bancário, sendo este preparado pelo setor financeiro).
- Certificado de garantia.
- Outros documentos se necessário.

A expedição deve ter um cuidado e atenção especial no momento da separação e carregamento das mercadorias, pois devido ao volume de mercadorias, destinos diferentes, tipos de transportes e outras variáveis como o tempo de carregamento, é um momento em que podem ocorrer erros como envio de produtos em duplicidade ou mesmo faltando, o que acaba gerando custos de retorno e reenvio.

A separação das mercadorias deve ocorrer de acordo com a transportadora e também de acordo com cliente, pois remessas expedidas simultaneamente podem vir a atender mais de um pedido ou local.

OPERAÇÕES DE LOGÍSTICA REVERSA

A logística reversa pode ser definida como sendo o processo de planejamento, implantação e controle do fluxo de matérias-primas, estoque em processo e produtos acabados (e seu fluxo de informação) do ponto de consumo até o ponto de origem, com o objetivo de recapturar valor ou realizar um descarte adequado.

O fluxo logístico reverso é comum para uma boa parte das empresas. Por exemplo, fabricantes de bebidas têm que gerenciar todo o retorno de embalagens (garrafas de vidro) dos pontos de venda até seus centros de distribuição. As siderúrgicas usam como insumo de produção em grande parte a sucata gerada por seus clientes e para isso usam centros coletores de carga.

É notável o grande aproveitamento de matéria-prima reciclada das indústrias de latas de alumínio, tendo desenvolvido meios inovadores na coleta de latas descartadas.

Hoje existem outros setores da indústria em que o processo de gerenciamento da logística reversa é mais recente, como na indústria de eletrônicos, varejo e automobilística. Estes setores também têm que lidar com o fluxo de retorno de embalagens, de devoluções de clientes ou do reaproveitamento de materiais para produção.

Este não é nenhum fenômeno novo e exemplos como o do uso de sucata na produção e reciclagem de vidro tem sido praticado há bastante tempo. Por outro lado, tem-se observado que a escala das atividades de reciclagem e o reaproveitamento de produtos e embalagens têm aumentado consideravelmente nos últimos anos.

As iniciativas relacionadas à logística reversa têm trazido consideráveis retornos e vantagens competitivas para as empresas, diferenciando-as dos concorrentes, proporcionando evoluir em algumas questões, tais como:

a. Questões ambientais.

b. Diferenciação por serviço.

c. Obtenção de redução de custos ao longo do tempo.

O processo de logística reversa gera materiais reaproveitados que retornam ao processo tradicional de suprimento, produção e distribuição.

Este processo é geralmente composto de um conjunto de atividades que uma empresa realiza para coletar, separar, embalar e expedir itens usados, danificados ou obsoletos dos pontos de consumo até os locais de reprocessamento, revenda ou de descarte. Essas etapas geram materiais secundários que podem ser reaproveitados e entram novamente no sistema logístico direto, mas, em último caso, alguns produtos podem ter como destino o seu descarte final.

CARACTERIZAÇÃO DA LOGÍSTICA REVERSA

A natureza do processo de logística reversa, ou seja, quais as atividades que serão realizadas dependem do tipo de material e do motivo pelo qual estes entram no sistema. Os materiais podem ser divididos em dois grandes grupos:

- Produtos.
- Embalagens.

No caso de produtos, os fluxos de logística reversa se darão pela necessidade de reparo, reciclagem, ou porque simplesmente os clientes os retornam.

O fluxo reverso de produtos também pode ser usado para manter os estoques reduzidos, diminuindo o risco com a manutenção de itens de baixo giro. Esta é uma prática comum na indústria fonográfica. Como esta indústria trabalha com grande número de itens e grande número de lançamentos, o risco dos varejistas ao adquirir estoque se torna muito alto.

Para incentivar a compra de todo o mix de produtos algumas empresas aceitam a devolução de itens que não tiverem bom comportamento de venda. Embora este custo da devolução seja significativo, acredita-se que as perdas de vendas seriam bem maiores caso não se adotasse esta prática.

No caso de embalagens, os fluxos de logística reversa acontecem basicamente em função da sua reutilização ou devido a restrições legais como na Alemanha, por exemplo, que impede seu descarte no meio ambiente. Como as restrições ambientais no Brasil com relação a embalagens de transporte não são tão rígidas, a decisão sobre a utilização de embalagens retornáveis ou reutilizáveis se restringe aos fatores econômicos.

Existe uma grande variedade de *contêineres* e embalagens retornáveis, mas que tem um custo de aquisição consideravelmente maior que as embalagens *oneway*. Entretanto, quanto maior o número de vezes que se usa a embalagem retornável, menor o custo por viagem que tende a ficar menor que o custo da embalagem *oneway*.

FATORES DE EFICIÊNCIA DO PROCESSO DE LOGÍSTICA REVERSA

Dependendo de como o processo de logística reversa é planejado e controlado no âmbito da organização, este poderá ter uma maior ou menor eficiência. Fica claro que práticas mais avançadas de logística reversa só poderão ser implementadas se as organizações envolvidas na logística reversa desenvolverem relações mais colaborativas.

Da mesma forma que no processo logístico direto a implantação de processos logísticos reversos requer a definição de uma infraestrutura logística adequada para lidar com os fluxos de entrada de materiais usados e fluxos de saída de materiais processados. As instalações de processamento e armazenagem e os sistemas de transporte devem ser desenvolvidos para ligar de forma eficiente os pontos de consumo em que os materiais usados devem ser coletados até as instalações que serão utilizadas no futuro. Questões de baixas escala (quantidade) de movimentação e a ausência de um correto planejamento podem fazer com que as instalações usadas no fluxo direto de produção sejam também utilizadas no fluxo reverso, o que nem sempre é a melhor opção. A utilização de instalações dedicadas e específicas à logística reversa — desde o recebimento, separação, armazenagem, processamento, embalagem e expedição de materiais retornados (reversos) — podem ser uma boa solução, desde que haja escala (quantidade) suficiente.

No contexto dos fluxos reversos que existem entre varejistas e indústrias, em que ocorrem devoluções causadas por produtos danificados, surgem questões relacionadas ao nível de confiança entre as partes envolvidas. São comuns conflitos relacionados à interpretação de quem é a responsabilidade sobre os danos causados aos produtos. Os varejistas tendem a considerar que os danos são causados por problemas no transporte ou mesmo por defeitos de fabricação, já os fornecedores podem suspeitar que está havendo abuso por parte do varejista ou que isso é consequência de um mal planejamento. Em situações extremas, isso pode gerar disfunções como a recusa para aceitar devoluções, o atraso para creditar as devoluções e a adoção de medidas de controle dispendiosas. Fica claro que práticas mais avançadas de logística reversa só poderão ser implantadas se as organizações envolvidas na logística reversa desenvolverem relações mais colaborativas.

A logística reversa é ainda, de maneira geral, uma área com baixa prioridade. Isto se reflete no pequeno número de empresas que tem gerências dedicadas ao assunto. Pode-se dizer que estamos em um estado inicial no que diz respeito ao desenvolvimento das práticas de logística reversa. Esta realidade deverá mudar, em resposta a pressões externas como um maior rigor da legislação ambiental, a necessidade de reduzir custos e a necessidade de oferecer mais serviço por meio de políticas de devolução mais liberais.

Esta tendência deverá gerar um aumento do fluxo de carga reverso e, é claro, de seu custo, por conseguinte, serão necessários esforços para aumento de eficiência, com iniciativas para melhor estruturar os sistemas de logística reversa. Neste caso, deverão ser aplicados os mesmos conceitos de planejamento que no fluxo logístico direto, tais como: estudos de localização de instalações e aplicações de sistemas de apoio à decisão (roteirização, programação de entregas etc.). Isto requer vencer desafios adicionais, visto ainda a necessidade básica de desenvolvimento de procedimentos padronizados para a atividade de logística reversa e, principalmente, quando nos referimos à relação indústria–varejo, em que nota-se que este é um sistema caracterizado predominantemente pelas exceções, mais do que pela regra. Um dos sintomas desta situação é a praticamente inexistência de sistemas de informação voltados para o processo de logística reversa.

CONCEITO DE CICLO DE VIDA DOS PRODUTOS

Por traz do conceito de logística reversa está um conceito mais amplo que é o do Ciclo de Vida dos Produtos. A vida de um produto, do ponto de vista logístico, não termina com sua entrega ao cliente. Produtos se tornam obsoletos, danificados, ou não funcionam e devem retornar ao seu ponto de origem para serem adequadamente descartados, reparados ou reaproveitados.

Do ponto de vista financeiro, fica evidente que além dos custos de compra de matéria-prima, de produção, de armazenagem e estocagem, o ciclo de vida de um produto inclui também outros custos que estão relacionados a todo o gerenciamento do seu fluxo reverso.

Do ponto de vista ambiental, esta é uma forma de avaliar qual o impacto que causa um produto sobre o meio ambiente durante toda a sua vida. Esta abordagem sistêmica é fundamental para planejar a utilização dos recursos logísticos de forma a contemplar todas as etapas do ciclo de vida dos produtos.

Para que se possa ter uma ideia do impacto no meio ambiente, a seguir compilamos um quadro de degradação de determinados materiais e resíduos na natureza a partir de fontes diversas.

QUADRO 9.2: TEMPO DE DEGRADAÇÃO DE MATERIAIS NA NATUREZA

Tempo de Degradação dos Materiais e Resíduos

Material / Resíduo	Tempo de degradação
Toalha de papel	2–4 semanas
Casca de banana	3–4 semanas
Saco de papel	1 mês
Maçã mordida	2 meses
Papelão	2 meses
Papel toalha	2–4 meses.
Lenços de papel	3 meses
Luva de algodão	3 meses
Guardanapo de papel	cerca de 3 meses
Frutas e legumes	3 meses a 2 anos
Cigarro	3 meses a 20 anos
Papel	3 meses a vários anos
Papel de bala	4–6 meses
Cascas de laranja	6 meses
Palito de sorvete	6 meses
Madeira	6 meses (em média)
Pano	6 meses a 1 ano
Palito de fósforo	6–2 meses
Jornal	7 meses
Fralda descartável biodegradável	1 ano
Ponta de cigarro	2–5 anos
Chiclete	5 anos
Latas de aço	10 anos
Tecido de algodão	10–20 anos
Sapatos de couro	25–40 anos
Meias de nylon	30 anos
Nylon	30–40 anos
Copo de plástico (de cafezinho)	40 anos

Tempo de Degradação dos Materiais e Resíduos

Material / Resíduo	Tempo de degradação
Recipientes de plástico	50–80 anos
Embalagem longa vida	mais de 100 anos
Plásticos	mais de 100 anos
Tecido sintético	100–300 anos
Tampinha de garrafa	150 anos
Sacos e copos de plásticos	200–450 anos
Garrafa de plástico	cerca de 400 anos
Fralda descartável comum	450 anos
Pilhas	até 500 anos
Linha de pesca	600 anos
Latas de alumínio	mais de 1000 anos
Vidro	10 mil anos
Lixo radioativo	300 mil a 2 milhões de anos (*estimativa*)
Isopor	Tempo indeterminado
Pneus	Tempo indeterminado

O tempo de decomposição dos materiais pode variar de acordo com a situação do ambiente onde se encontram.

Fonte: Elaborado pelos autores (2020).

EXERCÍCIOS

1. Qual é a definição do conceito de logística?
2. Mencione quais são as atividades primárias e secundárias da logística.
3. Descreva as modalidades e os tipos de transportes.
4. Quais são as características que o profissional de logística precisa para atender as necessidades das empresas atuais?
5. As iniciativas relacionadas à logística reversa têm trazido consideráveis retornos para as empresas, diferenciando-a dos concorrentes. Quais são eles?

CAPÍTULO 10

O MARKETING E A ADMINISTRAÇÃO DE VENDAS

CONCEITO E ESTRUTURA DO MARKETING

CONCEITO DO MARKETING

O marketing pode ser conceituado como a área do conhecimento que engloba todas as atividades concernentes às relações de troca, orientadas para a satisfação e atendimento dos desejos e necessidades dos consumidores, visando alcançar os objetivos das empresas e considerando sempre o meio ambiente de atuação e o impacto que essas relações causam no bem-estar da sociedade (Las Casas. 1997, p. 26).

Conforme a AMA (*American Marketing Association*), marketing é uma função organizacional e um conjunto de processos que envolvem a criação, a comunicação e a entrega de valor para os clientes, bem como a administração do relacionamento com eles, de modo que beneficie a organização e seu público interessado.

A palavra marketing é originária do inglês:

O marketing foi criado para atender às necessidades do mercado, envolvendo a satisfação pessoal e empresarial. Nada mais é do que uma forma de promover pessoas, produtos e serviços. Os novos produtos necessitam de compradores, assim como uma empresa precisa de novos clientes. Podemos então dizer que o marketing se baseia no estudo do mercado e suas técnicas são aplicadas em diversas áreas e estão presentes em nosso cotidiano.

O marketing estimula o processo de pesquisa e a criação de novas ideias que vão resultar em novos produtos que, por conseguinte, podem resultar em novos empregos e maior fonte de renda. Desta forma o marketing colabora para o desenvolvimento de novos produtos.

FIGURA 10.1: MARKETING = MERCADO EM AÇÃO

Fonte: Elaborado pelos autores (2020).

O estudo do mercado surgiu da necessidade dos industriais de administrar a nova realidade, originária da Revolução Industrial, que causou uma transformação de um mercado de vendedores para um mercado de compradores. Mas nessa época as empresas fixavam seus objetivos apenas na maximização dos lucros, não importando os métodos utilizados para cumprir tal meta. Os consumidores não conseguiam negociar, pois a concorrência era praticamente inexistente.

A partir da Segunda Guerra Mundial o crescimento da concorrência estimulou os comerciantes a buscar novas formas de atrair e lidar com os consumidores. Surgiu então a cultura de vender a qualquer preço e consequentemente métodos de oferta e procura nada honestos. Desde então, o marketing vem se desenvolvendo e com ele o mercado.

ESTRUTURA DO MARKETING

No auge da Primeira Revolução Industrial, que determinou a produção em massa de bens industriais propiciando o surgimento da denominada Administração Científica, as empresas passaram a ter estruturas organizacionais definidas, dentro de modelos hierárquicos tradicionais (em linha) com ênfase maior em sua área de produção. Corresponde à Organização em Linha, uma estrutura organizacional em que a autoridade se move para baixo "em linha", ou seja, obedecendo apenas as linhas do organograma, a partir do executivo principal. Tipicamente, não existem especialistas ou conselheiros, o executivo principal tendo autoridade completa sobre o processo de tomada de decisão.

CAPÍTULO 10: O MARKETING E A ADMINISTRAÇÃO DE VENDAS **283**

Com o fim do boom da produção industrial e com a mudança do foco das empresas para as vendas, o Departamento de Vendas passa a ter sua posição hierárquica aumentada, ficando paralela ao Departamento de Produção.

A história da estrutura de marketing nas empresas é recente e tem sua origem nos Departamentos de Vendas. Nesse tipo de estrutura tipicamente havia um Departamento de Vendas subordinado à área de produção. A grande ênfase das empresas era a produção e a venda era encarada como uma consequência da mesma.

Em seguida, vem o tipo de estrutura na qual o Departamento de Marketing separa-se da área de vendas, passando a conviver em paralelo à mesma, sob uma diretoria de Marketing e Vendas.

Com o advento do Marketing, já no ambiente mais competitivo e com consumidores mais afluentes (e mais exigentes), os Departamentos de Vendas passaram a desenvolver algumas funções auxiliares de marketing.

A estrutura organizacional revela a maneira como a firma organiza suas linhas de autoridade e comunicação, e aloca deveres e responsabilidades ao seu pessoal, no sentido de alcançar seus objetivos.

O tipo de estrutura adotado tem como condicionantes básicos:

a. O tipo e a variedade de produtos e mercados trabalhados pela empresa.

b. O tipo de estrutura usual no ramo de negócio.

c. As crenças e os valores compartilhados pelas pessoas que dirigem as organizações.

Assim, embora certos tipos de estruturas possam tecnicamente ser mais adequados a uma dada empresa, sua forma final dependerá sempre de uma combinação dos três fatores citados anteriormente.

CRITÉRIOS DE ESTRUTURAÇÃO

Em um aspecto mais amplo, a estruturação do marketing contempla a variedade de mercados e produtos abrangidos pela atuação da empresa. A organização de marketing corresponde à estrutura da função de marketing dentro da organização. Assim, as duas abordagens mais comumente usadas para organizar o esforço de marketing são:

- Organização baseada em produto.
- Uma organização baseada em mercado.

As diversidades e as peculiaridades, tanto baseadas em produto ou em mercado, serão uma determinante na escolha dessa estruturação básica: por mercado ou por produto.

Organização de Marketing baseada em Mercado

Corresponde à estrutura de marketing de uma organização em que especialistas têm responsabilidades por mercados particulares (em lugar de por produtos particulares da organização). É uma estrutura mais apropriada, quando as necessidades de cada mercado atendido pela firma diferem grandemente, como, por exemplo, nas empresas de energia elétrica: consumidores industriais e consumidores residenciais.

Organização de Marketing baseada em Produto

Corresponde à estrutura de marketing de uma organização em que especialistas têm responsabilidade por vários produtos da organização (em lugar de mercados particulares). É o tipo de estrutura mais apropriada quando as necessidades do cliente são diferenciadas por produto.

DEFINIÇÃO DA ESTRUTURA

Definida a estrutura básica da organização do marketing, faz-se necessário escolher os critérios utilizados para a definição de estrutura do(s) departamento(s) de marketing da empresa. Tem-se comumente os seguintes tipos: funcional, divisional, geográfico ou algum tipo de combinação destes.

Organização Funcional

Corresponde à organização de atividades de negócios da firma de forma que uma divisão separada é responsável por cada função de negócios — produção, finanças, pessoal, comercialização etc.

A organização da atividade de marketing da firma é feita de forma que uma divisão separada é responsável por cada função de marketing — planejamento, pesquisa, vendas, propaganda, distribuição, desenvolvimento de novos produtos etc.

Organização Divisional

Corresponde à organização de atividades de negócios da firma de forma que uma divisão separada é responsável por um produto ou linha de produtos da empresa, como se fosse um negócio distinto dos demais.

A organização da atividade de marketing da firma é feita de modo que cada divisão cuida especificamente daquele produto ou linha de produtos.

Organização Geográfica

Corresponde à organização das atividades de marketing da firma, de forma que uma divisão separada é responsável por cada um de seus mercados geográficos principais.

BASES PARA UMA ESTRUTURA DE MARKETING

De acordo com o modelo 7S, desenvolvido pela *McKinsey Company (Mckinsey's 7s framework)*, companhias que são excelentemente administradas têm sete elementos em comum:

- Estratégia (Strategy).
- Estrutura (Structure).
- Sistemas (Systems) [os três elementos de hardware do sucesso].
- Estilo (Style).
- Habilidades (Skills).
- Pessoal (Staff).
- Valores Compartilhados (Shared Values) [os quatro elementos de software do sucesso].

Observe-se que não é apenas a presença isolada desses elementos que determina o sucesso, mas sua articulação em alto nível: assim, uma estratégia bem concebida para ser bem implementada necessita de uma estrutura organizacional que corresponda às suas necessidades bem como de sistemas funcionais adequados.

Um estilo gerencial adequado, um pessoal devidamente qualificado e um sistema de valores consistente, e compartilhado por todos, devem permear o conjunto da organização.

A maior preocupação de uma empresa realmente voltada para o marketing é fazer seu produto chegar ao consumidor final de modo a garantir a satisfação de suas necessidades e desejos de forma positiva e continuada.

Pensando nisso as empresas mais atuantes no mercado organizam e gerenciam Sistemas Verticais de Marketing, de modo a ter um canal de distribuição organizado, estruturado e unificado, em que produtor e intermediários de marketing (representantes de vendas, distribuidores, atacadistas e varejistas) trabalhem conjuntamente para facilitar o fluxo de bens e serviços desde o produtor até o consumidor final.

DEFINIÇÃO DE MERCADOS E PESQUISAS DE MERCADO.

A definição de mercado para os economistas é o conjunto de compradores e vendedores que negociam determinados bens ou serviços. Também pode ser o espaço físico onde os compradores e vendedores se reúnem para trocar bens ou serviços por dinheiro.

Já nas teorias de marketing encontra-se pouco sobre este conceito, mas o próprio Marketing deriva de Mercado e seus estudos buscam uma nova noção de Mercado.

De forma geral, as empresas não conseguem realizar as vendas de seus bens e serviços para todo o mercado, então usa a estratégia de direcionar todos os seus esforços para uma determinada parte deste mercado (mercado-alvo), desenvolvendo um plano de ação e para atender a este mercado-alvo, as empresas necessitam de informações importantes sobre sua atuação neste mercado, seu negócio, seus concorrentes, seus clientes e seus possíveis futuros clientes.

Para obter essas informações, as empresas utilizam as pesquisas de mercado, cujo objetivo é entender a dinâmica do mercado de atuação da empresa e identificar quais são os fatores-chave de oportunidades e as tendências de ameaças.

Após a realização da pesquisa de mercado, deve-se avaliar com cuidado as oportunidades e determinar o que os seus clientes estão almejando e o valor que estão dispostos a pagar pelo bem ou serviço.

 FIGURA 10.2: ACERTE O PÚBLICO-ALVO

Fonte: pixabay

PESQUISA DE MERCADO

A Pesquisa de Mercado, também chamada Inteligência de Marketing, é o estudo realizado para coletar informações que possam identificar oportunidades de melhoria e problemas. Certamente uma ferramenta muito útil na hora de traçar estratégias e decidir o melhor caminho a seguir tanto na abertura de novos negócios quanto na expansão de negócios já consolidados.

Assim como muitas pessoas pesquisam os preços antes de decidir comprar um produto ou serviço, para economizar e fazer o dinheiro render, os empreendedores também devem pesquisar em que devem investir, para aplicar o dinheiro onde tiver maior retorno e fazer maximizar seu investimento.

As pesquisas de mercado ajudam nessa decisão, identificam os pontos em "vermelho", que necessitam de maior cuidado e atenção e apontam as novas oportunidades.

Podem ser desenvolvidas pesquisas para analisar o perfil dos consumidores/clientes, os hábitos e frequência de consumo, estilos de vida, comportamentos etc. Aplicações comuns também são as pesquisas para fazer testes de um novo produto, avaliar a mídia que será utilizada, ou então pesquisas para avaliar a qualidade de um produto que já existe, o atendimento em relação a algum serviço, avaliar as estratégias e ações da concorrência, a preferência dos clientes e muitas outras questões.

A pesquisa mostra o desejo do seu cliente ou do seu consumidor, e demonstra a percepção que ele tem do seu negócio, o sentimento dele em relação à sua marca e aponta quais valores fazem com que ele se identifique com a sua empresa mostrando também o que pode afastá-lo do seu negócio.

As aplicações de uma pesquisa de mercado podem ser analisadas ou interpretadas de forma errônea. Às vezes os problemas não aparecem, ou são vistos apenas superficialmente o que pode fazer com que gerem impactos negativos no negócio.

Quando se percebe que algo não está indo bem, mas não se consegue identificar os motivos, a pesquisa de mercado ajuda a entender as necessidades e identificar o problema, por meio de diferentes tipos de estudos:

- Potencial de mercado.
- Participação de mercado (Market Share).
- Análise de vendas.
- Tendências de negócios.
- Imagem da marca / empresa.

Além de identificar o problema é necessário apontar as soluções. Separamos alguns exemplos práticos de aplicações:

- Preço: importância do preço na seleção da marca, elasticidade demanda/preço.
- Produto: testar conceito, embalagem, posicionamento e reposicionamento, padrão e frequência de consumo (*heavy/light user*), recomendação.
- Segmentação: potencial e sensibilidade do mercado para os segmentos, levantar os perfis/*clusters*.
- Distribuição: intensidade da cobertura, localização, logística.
- Avaliação de campanhas e peças publicitárias.
- Recall: análise dos resultados do planejamento e sua eficácia/retorno.

Os tipos de pesquisas são complementares entre si, é preciso analisar qual a pesquisa mais adequada ao momento do seu negócio ou fazer um "mix" de metodologias que resultam em um planejamento mais completo. É aqui que se faz necessária a expertise de uma empresa de pesquisas de mercado.

DICA

Para uma boa elaboração de uma pesquisa de mercado, as empresas não devem realizar de forma apressada ou precipitada, pois quanto mais informações quantitativas e qualitativas ela obtiver maiores chances ela terá de acertar o seu público-alvo.

MIX DE MARKETING

A missão das empresas não é vender produtos aos clientes, mas lhes proporcionar soluções e oferecer qualidade de vida e bem-estar que estão ligados aos produtos que ofertam. Por esta razão, o marketing reúne ferramentas, para atrair e encantar os consumidores. Podem-se generalizar os serviços sob três enfoques, segundo Kotler (2000, p. 449).

1) Os serviços podem ser baseados em equipamentos ou em pessoas. Os serviços baseados em pessoas podem ser divididos entre os que não requerem nenhuma qualificação, os que requerem alguma qualificação e os que exigem uma especialização.

2) Alguns serviços exigem a presença do cliente, enquanto outros não. Portanto, se a presença do cliente é indispensável, o prestador de serviços tem de

CAPÍTULO 10: O MARKETING E A ADMINISTRAÇÃO DE VENDAS **289**

considerar suas necessidades. Pode-se aqui incluir a viagem a um determinado lugar, no qual se compra o pacote e para que o serviço seja realizado é preciso que o cliente vá até ele.

3) Serviços diferem quanto ao tipo de atendimento e necessidades. Há serviços que atendem a uma necessidade pessoal (serviços pessoais) e outros que atendem a uma necessidade empresarial (serviços empresariais). Em geral, prestadores de serviços desenvolvem programas de marketing diferentes para mercados pessoais e empresariais. Um exemplo são os preços praticados no balcão de um hotel e os preços que o hotel pratica perante um acordo com agências de viagens.

Podemos afirmar, que o mix de marketing é a expressão utilizada para referir o conjunto das quatro principais variáveis de atuação do marketing, que conhecemos como os 4P's, que visam atender os desejos e necessidades dos clientes.

COMPOSTO DE MARKETING

Os 4 Ps, então, referem-se aos pilares das táticas de marketing: **Preço, Praça, Promoção e Produto.** Eles devem ser definidos para cada segmento-alvo que a empresa escolher, a partir das definições de posicionamento da marca para cada um deles. Atualmente, existem ainda algumas revisões dessa metodologia que incluem novos Ps ou outras letras, como os 8 Ps do marketing digital. Mas, agora, estamos aqui para mostrar o que representam essas quatro palavras para o marketing:

PREÇO

O Preço de um produto pode parecer apenas um número, mas ele diz muito sobre o posicionamento de uma marca. Se você escolhe ter o preço mais barato do mercado, essa decisão **influencia na percepção do público** sobre o seu produto e na decisão de compra. Portanto, o P de Preço deve ser definido de olho nas projeções de lucratividade e nos preços dos concorrentes, mas também em como o público vai absorver essa informação. Além do preço de lista, você deve definir também as políticas de desconto e parcelamento, que também afetam as percepções e escolhas do cliente.

PRAÇA

A Praça se refere à distribuição do produto no mercado. Afinal, os locais onde os produtos são vendidos determinam como o consumidor terá acesso a eles e influenciam na sua decisão de compra. Se o acesso for difícil, se a loja for longe da sua casa ou o e-commerce demorar a entregar, por exemplo, ele pode desistir da compra. Portanto, você deve pensar em uma distribuição que alcance o seu público-alvo, da maneira mais eficiente possível. Pense sobre:

- Canais de distribuição.
- Número de intermediários até o cliente final.
- Localização dos centros de distribuição.
- Localização dos pontos de venda.
- Gestão da logística.

PROMOÇÃO

A Promoção engloba todas as ações de comunicação, que fazem a conexão entre a marca e os consumidores e despertam o interesse no produto. O mix de comunicação envolve as seguintes ações:

- Publicidade.
- Relações públicas.
- Assessoria de imprensa.
- Marketing direto.
- Marketing digital.
- Merchandising.
- Entre outras.

PRODUTO

O Produto é o que o consumidor pode ver, tocar, experimentar em relação à marca, que é algo intangível. Então, é essencial que o produto transmita a imagem que a marca propagou com a promoção — **ou a experiência do consumidor será frustrante**. No P de Produto, então, a empresa deve definir pontos como estes:

- Atributos funcionais.
- Atributos emocionais associados ao produto.
- Funções que ele pode desempenhar.
- Design do produto e da embalagem.
- Nível de qualidade da produção.
- Branding do produto.

QUADRO 10.1: COMPOSTO DE MARKETING (4 PS)

Preço	Praça	Promoção	Produto
Lista de Preço	Locais	Promoção de Vendas	Variedade
Descontos	Estoques	Publicidade	Qualidade
Concessões	Transportes	Força de Vendas	Design
Prazo de Pagamento	Canais de Cobertura	Marketing Direto	Nome da Marca
Condições de Financiamento	Comércio Eletrônico	Relações Públicas	Embalagem
Crédito	Feiras	Eventos	Características
			Serviços
			Garantia

Fonte: Elaborado pelos autores (2020).

PLANO DE MARKETING

O marketing tem como função elaborar estratégias de vendas, formular planos e investimentos que serão aplicados por meio de ações de execução sobre um determinado produto. Dependendo do tamanho da organização esse plano de marketing pode ser aplicado por uma ou mais pessoas desde que estejam treinadas e aptas para encararem tanto a especialização por produto quanto por mercado e outras variáveis como a marca entre outras.

A criação, desenvolvimento e manutenção de uma marca no mercado, conhecido pelo termo *branding*, (que significa gestão da marca), não consegue sobreviver e nem tão pouco manter-se forte ao longo do tempo sem que haja um planejamento estratégico para tal fim.

Um plano de marketing bem elaborado tem como objetivo estabelecer relações entre as atividades que formam a cadeia de valor da empresa e ao estímulo e a criatividade contínua de inovação dentro da mesma.

Existem diversos modelos de plano de marketing, no entanto há um consenso entre eles nos principais tópicos que seguem uma ordem sequencial, a qual relacionamos a seguir:

- Análise do mercado (ambientes internos e externos).
- Definição do público-alvo do seu produto ou serviço. Quem é o meu cliente?
- Definição de objetivos gerais e específicos.

- Elaborar estratégia criativa e um plano de mídia.
- Estabelecer um programa de ação e controle.

Concluindo, um plano de marketing é um documento que apresenta todas as decisões a tomar em termos de marketing, justificando a escolha das mesmas, tendo sempre o plano estratégico da empresa como referência.

TELEMARKETING

HISTÓRICO

Estudaremos a história do telemarketing e sua função inicial como foi evoluindo ao longo do avanço e surgimento de novas tecnologias como o aparecimento do telefone no Brasil e no mundo. Veremos como o telemarketing é aplicado dentro das organizações e suas principais definições.

Inicialmente o termo telemarketing era conhecido apenas como vendas por telefone, com sua origem vinda do idioma inglês, criado em meados de 1982 por Nadji Tehrani. Seu principal objetivo era realizar a promoção de vendas e serviços usando o contato telefônico, que passou também a ser identificado nas organizações por meio de outras ações de marketing e atendimento ao cliente, constantemente chamado como Serviço de Atendimento ao Consumidor/Cliente (SAC).

No Brasil, teve início na década de 1980 com o início das privatizações, a expansão das telecomunicações, a utilização da tecnologia e informatização nas organizações. Ganhou crescimento significativo no final da década de 1980 com a chegada de filiais multinacionais vindas dos Estados Unidos ao país. Administradoras de cartão de crédito e editoras detinham o conhecimento e técnicas para a utilização desta ferramenta. Alguns anos mais tarde os bancos passaram também a utilizar este canal de comunicação, entrando em contato com os clientes que não tinham a possibilidade e disponibilidade para comparecer no horário de funcionamento de sua agência bancária para tirar dúvidas, efetuar aplicações financeiras ou realizar uma simples consulta as informações de sua conta. Perceberam assim a necessidade de criar um centro de atendimento com profissionais capacitados e treinados para realizar este contato de forma rápida e prática com seus clientes.

Com o passar dos anos as pequenas empresas também começam a utilizar o telemarketing com o objetivo de aumentar a venda de seus produtos e serviços. Mudanças culturais começam a ocorrer trazidas pela utilização e integração de novas tecnologias. Cada vez mais os brasileiros começam a utilizar o telefone para comprar produtos e serviços. As vendas no Brasil por meio do telemar-

CAPÍTULO 10: O MARKETING E A ADMINISTRAÇÃO DE VENDAS 293

keting giram em torno de 40% ao ano por volta do final da década de 1990. As oportunidades de emprego também crescem na mesma proporção, institutos de pesquisa começam a utilizar este canal de comunicação para realizar diversos tipos de pesquisas. O telemarketing passa a ser utilizado como uma ponderosa ferramenta de Marketing fazendo parte das ações de Marketing Direto.

Para comemorar o Dia do Operador de Telemarketing foi instituído o dia 4 de Julho, por meio da Lei Estadual (SP) nº 10.826/01, no mesmo dia da fundação do Sintratel (Sindicato dos Trabalhadores em Telemarketing).

CONCEITO

O Telemarketing consiste na comunicação com o mercado, ou seja, com os clientes por meio de recursos telefônicos que hoje podemos chamar de telemáticos (telecomunicações e informática). Com o avanço da tecnologia e dos meios de comunicação, atualmente, são oferecidos inúmeros serviços, utilizando a internet para realizarmos ligações com custos reduzidos e a telefonia celular em que podemos utilizar os mais diversos aplicativos de tecnologia avançada.

Segundo Bob Stone, o Telemarketing compreende a aplicação integrada e sistemática de tecnologias de telecomunicações e processamento de dados, com sistemas administrativos, com o propósito de aperfeiçoar o mix das comunicações de marketing usado por uma empresa para atingir seus clientes. O Telemarketing desenvolve a interação personalizada com clientes enquanto, simultaneamente, tenta fazer face às necessidades dos clientes, e melhorar a eficiência de custos.

Dessa forma, o telefone representa o meio e o marketing representa como o telefone será utilizado. A seguir veremos algumas vantagens e desvantagens do telemarketing.

VANTAGENS

- **Qualidade:** garantir a qualidade do serviço prestado pelo telefone, na forma de atendimento quanto ao conteúdo da conversa realizada.
- **Quantidade:** atender grandes volumes de ligações necessárias para cumprir o objetivo do serviço prestado.
- **Flexibilidade:** muitas operações são desenvolvidas durante um curto período para atender a uma certa campanha, por exemplo:
  - **Cobertura:** pode atender a diversas regiões do país e do mundo em segundos.
  - **Comodidade:** tanto para o comprador quanto para o vendedor.
  - **Custo:** mais barato se vender pelo Telemarketing, pois os custos de comissões, estrutura e logística são menores do que em uma loja.

DESVANTAGENS

- Não permite longos diálogos.
- Pode ser inoportuno.
- Perda do contato visual e sinestésico.

APLICAÇÕES DO TELEMARKETING

Esta ferramenta é utilizada e aplicada para os serviços a seguir:

- Apoio aos Vendedores Externos.
- Divulgação de Campanhas.
- Cobrança.
- Fidelização de Clientes.
- SAC.
- Atualização de Cadastro.
- Venda e Pós-venda.

TIPOS DE TELEMARKETING

Podemos encontrar diversos tipos (estilos) de aplicação do telemarketing. A maioria das empresas praticam dois estilos mais comuns o contato receptivo e o contato ativo realizado pelos profissionais do *call center*.

A — RECEPTIVO (*IN BOUND*)

Normalmente as empresas realizam uma promoção de seus produtos e serviços em diversos meios de comunicação como (TV, rádio, revistas, outdoor, internet etc.) e anuncia um número telefônico para contato. Neste estilo os operadores recebem as chamadas efetuadas pelos clientes ou os possíveis clientes da empresa que viram a divulgação da empresa nos canais de comunicação citados anteriormente. É chamado *In Bound* porque significa salto para dentro, ou seja, a iniciativa do contato acontece de fora da empresa para dentro.

As principais características são:

- O cliente liga para a empresa para receber uma informação ou efetuar uma compra.
- Gera cadastro de informações individual dos clientes.
- Requer um roteiro para abordagem (informação e resolução de problemas, processo de venda).
- Público comanda a ligação.
- Picos de demanda sazonais.

CAPÍTULO 10: O MARKETING E A ADMINISTRAÇÃO DE VENDAS   295

- Depende de outras mídias.
- Possui menos objeções (rejeição dos clientes).
- Requer um maior conhecimento do produto ou serviço da empresa pelo operador.

Aplicação:

- Vendas internas geradas por contatos de clientes.
- Vendas geradas por site.
- SAC – Atendimento a clientes/consumidores.
- Acompanhamento de pedidos.
- Agendamento de visitas de representantes, solicitados por clientes ou fornecedores.

B – ATIVO (*OUT BOUND*)

As operadoras ligam, entram em contato com os clientes, ou possíveis clientes, oferecendo os produtos, ou simplesmente colhendo informações para uma pesquisa. É chamado *Out Bound* porque a iniciativa desta ação acontece de dentro da empresa para fora. Por meio da ligação dos operadores, a empresa vai até o cliente para obter informação ou efetuar uma venda.

As principais características são:

- Requer cadastro e informações para as ligações.
- Requer script de informações para o contato.
- O operador comanda a negociação.
- Picos de ligações e contatos previstos.
- Trabalha com outras mídias para oferecer produtos e serviços.
- Realiza a promoção e divulgação de produtos e serviços.
- Possui mais objeções (rejeição dos clientes).
- Requer um maior conhecimento de técnicas de atendimento e vendas pelo operador.
- Venda direta e pós-venda de produtos e serviços.
- Apoio a equipe de vendas e a outras áreas da empresa (suporte).

Aplicação:

- Divulgação de campanhas promocionais e lançamento de produtos e serviços.
- Agendamento de visitas de vendedores e representantes a prospects e a clientes.

- Serviço de apoio ativo às equipes de vendas, revendas e representantes.
- Implementação de campanhas e estratégias de marketing de relacionamento.
- Apoio a pesquisas de satisfação e análise de mercado.
- Confirmação e acompanhamento de pedidos.
- Cobrança de débitos financeiros.

C – MISTO

Normalmente algumas empresas realizam uma mistura das duas modalidades anteriores, ou seja, o operador é responsável tanto pelas ligações recebidas quanto pelas realizadas. Neste estilo a empresa realiza tanto o telemarketing ativo quanto o receptivo com equipes de operadores diferentes.

D – HÍBRIDO

Geralmente neste estilo a empresa realiza tanto o telemarketing ativo quanto o receptivo com a mesma equipe de operadores.

ADMINISTRAÇÃO DE VENDAS.

CONCEITO

Administração de vendas compreende planejamento, organização, controle de execução e análise de resultados exercidos pela equipe do marketing para posicionamento do produto no mercado e consequentemente a venda do mesmo que envolve também promoção, propaganda, pesquisa de mercado e merchandising.

As atividades de marketing e vendas caminham juntas e possuem forte ligação. As atividades de vendas são consequência direta e nada mais é do que a materialização da atividade de marketing.

As atividades de vendas podem ocorrer por diversos meios, como vendas presenciais, por telefone, por e-commerce e outros.

Um dos meios mais visíveis e tradicionais é a venda presencial que nada mais é do que a ação do marketing, ou seja, a venda pessoal e a propaganda são maneiras das empresas oferecerem seus produtos e suas vantagens.

A atividade de vendas também é definida como um processo de comunicação pessoal em que um vendedor identifica e procura satisfazer as necessidades de um comprador para o benefício de longo prazo de ambas as partes. Trata-se de um processo de comunicação verbal direta concebida para explicar como produtos ou serviços de uma empresa servem às necessidades de um ou mais clientes potenciais, portanto a etapa de comunicação está na essência da atividade de venda.

HISTÓRIA

Há documentos relativos à história da Grécia Antiga que comprovam a atividade da venda caracterizada sob a forma de troca entre as pessoas, e que a palavra vendedor já era utilizada na época. Já no século XVIII, durante a Revolução Industrial foi que a atividade de vendas, como é conhecida hoje, caracterizou-se como profissão. Na Idade Média, surgiram os primeiros vendedores "porta a porta" que coletavam materiais do campo e revendiam na cidade, e também produtos da cidade para serem revendidos no campo. Desta forma, exerciam importante papel de marketing na época, pois identificavam as necessidades para assim comprar e distribuir as mercadorias conforme a necessidade de cada lugar. A partir deste ponto, a venda pessoal ficou conhecida como atividade mercantil (COBRA, 1994).

Com o início da Revolução Industrial, a produção em massa começou a justificar o papel do vendedor, pois o mercado local era menor do que a capacidade produzida pelas indústrias, o que facilitou a penetração em outras localidades e até mesmo internacionalmente. Desta forma, o crescimento de consumidores aumentou expressivamente, aumentando por consequência o número de vendedores, deixando gravado na história a primeira onda de trabalho do vendedor na Revolução Industrial (COBRA, 1994).

A partir de 1850, a atividade agrária influenciada pelo início da industrialização se espalha pelo mundo e também atinge o Brasil. Em território nacional, o caixeiro viajante exerce papel fundamental não somente sobre as vendas, mas é ele quem informa notícias sobre a moda, política e outros assuntos pertinentes da época. Em trinta anos de história (1915–1945), não se desenvolveram novas táticas de vendas, pois neste período, aconteceram duas guerras mundiais e a grande Crise de 1929. No pós-guerra, as empresas passaram a se preocupar em investir em sua força de vendas (COBRA, 1994).

O marco da história da administração de vendas foi no século XXI, pois se caracteriza por muita competição exigindo dos profissionais da área um bom planejamento, direção e controle sob todas as atividades que envolvem a profissão (COBRA, 1994).

ESTRUTURA

Para que seja definido um departamento de vendas o mesmo deve acompanhar as funções empresariais que determinarão o tipo de estrutura necessária.

Outro fator relevante a ser considerado é a inter-relação entre departamentos de forma harmoniosa e sinérgica, pois todas as áreas atuarão em conjunto, reservadas suas responsabilidades, é claro. O relacionamento do departamento de vendas é direto em vários departamentos dentro de uma organização, como produção, compras, finanças, marketing entre outros. É por meio dele que poderão surgir ideias de novos produtos, definição de preços, previsões de vendas, pesquisas, relacionamento com o cliente entre outros.

Assim, um departamento de vendas pode ser estruturado das seguintes formas: por território, por clientes, por produtos ou de forma mista (utilizando mais do que uma destas possibilidades apontadas). Vamos entender cada uma das possibilidades a seguir:

1. **Vendas por Território:** é quando existe a divisão por região geográfica, ou seja, podem ser definidos setores por cidade, estado etc. As regiões poderão ser administradas por um gerente regional que poderá delegar a outro gerente e este será responsável por equipes de vendedores que atuarão em áreas específicas e com responsabilidades pré-definidas em sua área de atuação.

    Essa opção é muito interessante quando existem clientes com características e potenciais semelhantes. Apesar de ser uma condição atrativa, é necessária uma excelente administração para que se tenha um perfeito controle.

2. **Vendas por Cliente:** quando o atendimento é realizado a clientes com características e necessidades muito distintas esta opção é a mais adequada. Para essa forma de atuação são definidas quantidades específicas de clientes a determinados vendedores que serão responsáveis pelo suporte e venda a estes clientes. A distribuição destes clientes pode ser feita por tamanho ou segmento.

    Essa forma de atuação tem a vantagem de estreitar o relacionamento com os clientes e identificar mais facilmente as necessidades do mesmo, porém acarretam um aumento no custo de vendas, considerando a quantidade de profissionais necessários e a frequência maior de visitas aos mesmos clientes.

3. **Vendas por Produtos:** quando as empresas possuem grandes quantidades de linhas de produtos, essa opção é muito interessante. Para este caso, existirão vendedores para cada tipo de linha, pois poderá ser necessário um conhecimento mais técnico, exigindo que o vendedor seja um especialista e desta forma é mais fácil conhecer profundamente seu produto, em vez de ter que entender de uma quantidade muito grande de produtos, sem saber assim, diferenciá-los de seus concorrentes.

    A maior desvantagem desse tipo de atuação é a necessidade de existir mais de um vendedor por cliente, o que pode causar alguma confusão junto ao cliente, bem como significará um maior custo da empresa.

ESTRATÉGIAS DE VENDAS

Quando as empresas pensam em estratégias de vendas, elas estruturam e separam o departamento comercial em dois núcleos:

- Pré-venda.
- Vendedores.

Essa segmentação é fundamental para que os processos sejam mais ágeis, personalizados e efetivos.

No núcleo de pré-venda os responsáveis são aqueles que recebem as informações do departamento de marketing e completam a segmentação deles por meio de conversas e sondagens. Eles que determinam quais as informações podem ser encaminhadas para os vendedores para serem finalizados, e quais ainda precisam de mais conteúdos para a sua realização.

No núcleo formado pelos vendedores, estes recebem esses contatos e informações considerados "mais quentes", e com essas vantagens de informações mais específicas têm de dispor de menos tempo para realizar e concretizar uma venda, gerando ganho em performance e efetividade para a empresa.

Com a adoção dessa estratégia o processo como um todo se torna mais eficaz e produtivo.

FIGURA 10.3: GRÁFICO DE ESTRATÉGIA DE VENDAS

Fonte: pixabay

Outra estratégia que muitas empresas estão adotando é segmentar também as equipes de vendedores, que são divididos em determinadas categorias, como veremos a seguir.

- Por território (quando a mudança geográfica por bairro, cidade ou estado realmente influencia no processo de vendas).
- Por clientes (quando os perfis dos clientes são diferentes e modificam a abordagem de venda).
- Por produtos (quando há um mix de produtos grande e com a segmentação é possível ter um conhecimento mais técnico a respeito de cada um deles).

Como podemos observar, quando a empresa se estrutura na criação das suas estratégias de vendas, é fundamental dedicar tempo e planejamento a esta atividade, visando cada vez mais aproximar-se do cliente, compreender suas necessidades e desta forma agir de forma mais assertiva, ofertando-lhe produtos e serviços cada vez melhores e, com isso, aumentando seu faturamento, sua lucratividade e sua permanência no mercado.

EXERCÍCIOS

1. Descreva o conceito de marketing.
2. Descreva as principais características de cada um dos tipos de telemarketing.
3. Mencione quais são os 4Ps do Marketing.
4. Quais são as possíveis divisões de estrutura de um departamento de vendas?
5. Mencione quais são os núcleos de estratégias de vendas dos departamentos comerciais eficientes?

APÊNDICE A

RESPOSTAS DOS EXERCÍCIOS

CAPÍTULO 1

1. As três fases são: Planejamento Estratégico, Planejamento Tático e Planejamento Operacional. Quanto à abrangência: Planejamento Estratégico: visão global da empresa; Tático: departamentos; e Operacional: setores ou seções.

2. TGA – Teoria Geral da Administração representa um conjunto de princípios a respeito das organizações e que passa pelos processos de administrá-las.

3. São elas: funções técnicas, comerciais; financeiras; contábeis; de segurança e administrativas.

4. Porque vem do inglês *behavior*, que significa comportamento.

5. São elas: Teoria das Relações Humanas, Teoria Comportamental da Administração e Teoria do Desenvolvimento Organizacional.

CAPÍTULO 2

1. **Ética:** possui sua origem no grego *ethos*, que significa conduta, ou seja, o modo de ser e de agir. Significa o estudo dos juízos de apreciação referente à conduta humana, do ponto de vista do bem e do mal.

    Moral: possui sua origem no latim *mores*, que significa costumes. Trata-se de um conjunto de regras de conduta ou hábitos julgados válidos quer de modo absoluto, quer para o grupo ou pessoa determinada.

2. A empresa pode adotar algumas das seguintes ações (possíveis respostas):
    - Praticar dinâmicas de grupo.
    - Informar sobre ações da empresa.
    - Cantar o hino nacional e/ou o hino da empresa.
    - Fazer sessões de relaxamento e ginástica laboral.
    - Ouvir os colaboradores sobre o planejamento do dia de trabalho.

3. A missão está ligada à razão de existência da empresa, enquanto a visão está ligada ao futuro da empresa, ou seja, aonde ela deseja chegar.

4. A identidade de uma organização é a manifestação visual de sua realidade. A imagem é o reflexo da identidade de uma organização; a reputação, por sua vez, é baseada na percepção de todos os públicos.

5. Resposta livre, podendo ser consideradas as opções a seguir:
    - Atualização de manuais de conduta ética dentro e fora da organização.
    - Aperfeiçoamento de protocolos de conduta ética.
    - Promoção de ações de maior transparência nos negócios e nas ações da empresa, exceto na evidente divulgação de dados sigilosos.

301

302 ADMINISTRAÇÃO – NOVAS PERSPECTIVAS

- Imposição de limites mais claros do que é permitido e o que não é permitido fazer no exercício da profissão dos colaboradores.

- Imposição de limites de gastos dos seus colaboradores em trabalhos externos, tais como: diárias de hotel, refeições ou até mesmo comemorações em virtude do fechamento de um contrato de negócios.

- Imposição de limites aos fornecedores que fazem premiações, ou qualquer tipo de recompensas, a qualquer colaborador da empresa, em especial o grupo de compradores.

- Em casos de informações dúbias, a adoção de regras de consulta ao superior hierárquico.

- Prioridade de registro de informações por escrito.

CAPÍTULO 3

1. Recursos: financeiros, humanos, materiais, organizacionais e técnicos.

2. **Sociedade Ltda. - Sociedade por Quotas de Responsabilidade Limitada:** nessa modalidade, o capital da empresa é dividido em quotas, em que cada sócio responde de forma limitada pela empresa e suas obrigações por meio de sua respectiva quantidade de quotas, e a formalização da empresa se dá com o Contrato Social.

   Sociedade S.A. – Sociedade Anônima: nessa modalidade de sociedade, o valor do capital é dividido em ações e os donos das ações são denominados de acionistas. Elas podem pertencer a duas categorias: sociedade anônima de capital fechado ou sociedade anônima de capital aberto, sendo esta última possibilitada de colocar suas ações na Bolsa de Valores. A formalização jurídica se dá por meio do Estatuto Social.

3. **Razão Social** é a identificação do nome da empresa, independentemente se ela for empresa individual ou sociedade empresária, perante os órgãos públicos. A razão social será composta de um nome escolhido pelos empresários e terminam com a opção jurídica escolhida pela empresa.

   Nome Fantasia, também conhecido como nome de fachada ou nome comercial, é o que vai identificar a empresa perante o público em geral. É formado a partir de palavras, expressões, abreviaturas ou junções contidas na própria razão social.

4. **Área:** compõe o primeiro nível da empresa, normalmente composta pela presidência e diretoria. Compreende uma abrangência maior envolvendo o controle de departamentos, setores e seções.

   Departamento: compõe o segundo nível da empresa, normalmente composta de gerentes, que abrange setores e seções a eles subordinados. Nesse nível, são tomadas as decisões e ações intermediárias, sempre levando em conta as decisões gerais formuladas no primeiro nível.

   Setor: compõe o terceiro e último nível da empresa, normalmente composto de chefes, supervisores e os operadores, dado que os setores vão compor o departamento. Nesse nível, são tomadas as decisões locais, relacionadas à operacionalização dos trabalhos.

5. Organograma com estrutura funcional.

CAPÍTULO 4

1. Cronograma é um instrumento de planejamento e controle em que são definidas as atividades a serem executadas dentro de um determinado tempo. Já fluxograma é a técnica de representação gráfica que permite a descrição clara e precisa dos fluxos das atividades em uma empresa.

2. O retângulo indica uma etapa do processo e quem a executa. Losango indica a decisão a ser tomada dentro do processo, e setas indicam o sentido e a sequência das etapas do trabalho.

3. É o arquivo vertical, pois sua vantagem consiste em se obter qualquer documento de forma rápida e de fácil acesso.

4. Os arquivos permanentes, também conhecidos como arquivo morto, são os arquivos de terceira idade, formados por documentos que já encerraram seu fluxo e rotinas e não são mais consultados.

RESPOSTAS DOS EXERCÍCIOS **303**

5. Significa SGE (Sistema de Gestão Empresarial). Trata-se de um sistema modular muito usado pelas empresas, que permite o acesso e o registro de todas as etapas dos processos existentes na empresa, de forma integrada, entre todos os setores ou departamentos.

CAPÍTULO 5

1. 1º Conselho Monetário Nacional.

   2º Conselho Nacional de Seguros Privados.

   3º Conselho Nacional de Previdência Complementar.

2. **Composição do Subsistema de Supervisão.**

   1) Conselho Monetário Nacional.

   2) Banco Central do Brasil.

   3) Comissão de Valores Imobiliários.

   4) Superintendência de Seguros Privados.

   5) Secretaria de Previdência Complementar.

   6) Instituições Especiais (Banco do Brasil, BNDES e Caixa Econômica Federal).

   Composição do Subsistema Operativo.

   1) Instituições Financeiras Bancárias ou Monetárias.

   2) Instituições Financeiras não Bancárias ou não Monetárias.

   3) Sistema Brasileiro de Poupança e Empréstimo.

   4) Agentes especiais.

   5) Intermediários Financeiros ou Auxiliares.

3. Podem ser: Letra de câmbio; Nota promissória; Cheque; Duplicata ou boleto bancário.

4. São elas: Controle bancário, Planejamento financeiro, Contas a receber, Contas a pagar, Tesouraria, Auditoria, Faturamento.

5. São eles: Regime do Simples Nacional; Regime do Lucro Presumido e Regime do Lucro Real.

CAPÍTULO 6

1. No setor de recursos humanos podem ser as possíveis repostas a seguir:

a. Recrutamento e Seleção.

b. Treinamento e desenvolvimento de pessoas.

c. Programas de liderança e motivação.

d. Planejamento de Cargos, salários e benefícios.

   E no setor de departamento pessoal:

e. Contratação e demissão de pessoal.

f. Elaboração da Folha de Pagamento.

g. Medicina e segurança no trabalho.

2. São elas:

Benefícios atrelados ao exercício do cargo: Como exemplos podemos mencionar: premiações por produtividade; gratificações; veículo; celular; seguro de vida e outros.

Benefícios no âmbito interno da empresa: são benefícios que são oferecidos dentro da estrutura interna da empresa. Exemplos: refeitório, estacionamento, áreas de lazer e outros.

Benefícios fora do âmbito da empresa: Este tipo de benefício incluía a família e dependentes do colaborador. Exemplos: planos de saúde, plano odontológico, clubes sociais e outros.

3. Pela Constituição Federal e pela CLT, a jornada de trabalho é de 44 horas semanais.

4. São quatro tipos de adicionais: adicional de hora extra, adicional noturno, adicional de insalubridade e adicional de periculosidade.

5. **Período Aquisitivo:** Refere-se ao período de 12 (doze) meses em que o empregado deve trabalhar para fazer jus ao período de férias.

   Período Concessivo: Corresponde ao período de 12 (doze) meses, que se inicia após o período aquisitivo.

CAPÍTULO 7

1. O Pai da contabilidade é atribuído ao Frei Luca Pacioli.

2. O Método das Partidas Dobradas surgiu na Itália.

3. O patrimônio de uma empresa é formado por: Bens, Direitos e Obrigações.

4. Os Bens de uma empresa podem ser classificados como Bens Materiais e Bens Imateriais.

5. São as seguintes:
   - Balanço Patrimonial (BP)
   - Demonstrações de Resultados do Exercício (DRE)
   - Demonstrações das Mutação do Patrimônio Líquido (DMPL)
   - Demonstração do Fluxo de Caixa (DFC)
   - Demonstração de Lucro ou Prejuízo Acumulado (DLPA)
   - Demonstração do Valor Adicionado (DVA)

CAPÍTULO 8

1. A qualidade pode ser definida pela ausência de (defeitos) deficiências, ou seja, quanto menos defeitos, melhor será a qualidade.

   Qualidade é desenvolver, projetar e produzir e comercializar ou vende um produto isento de defeitos, sendo mais econômico para os fabricantes e mais satisfatório para o consumidor.

2. O Conceito de Gestão da Qualidade Total (GQT), em inglês é conhecido como *Total Quality Management* (TQM), baseia na estratégia da administração em implantar a consciência da qualidade

3.
   - Sistema 5 S
   - Matriz GUT
   - *Brainstorming*
   - Ferramenta 5W2H
   - Sistema Kaizen
   - Diagrama de Causa e Efeito ou Diagrama de Ishikawa
   - Ciclo PDCA
   - Diagrama de Pareto – Curva ABC

4. A ABNT (Associação Brasileira de Normas Técnicas) é responsável pela elaboração das Normas Brasileiras (ABNT/NBR), e estas normas são elaboradas no âmbito interno dos Comitês Brasileiros da ABNT (ABNT/CB).

RESPOSTAS DOS EXERCÍCIOS **305**

5. A ISO 16001 é uma norma que estabelece o Sistema de Gestão de Responsabilidade Social, e que consiste nas organizações estabelecer e implantar políticas e compromissos no campo ético, da transparência nos negócios, da preocupação com a promoção da cidadania e do desenvolvimento sustentável. Alguns temas ligados à promoção e à gestão da responsabilidade social: Boas práticas de governança; Proteção ao Meio ambiente e gerações futuras; Promoção dos direitos do trabalhador; Combate a práticas desleais da concorrência; Combate à pirataria, fraude, sonegação e corrupção; Promoção   da saúde e segurança; Promoção da diversidade e combate à discriminação; Promoção de padrões sustentáveis de produção.

CAPÍTULO 9

1. Logística é a parte do Gerenciamento da Cadeia de Abastecimento que planeja, implementa e controla o fluxo e armazenamento eficiente e econômico de matérias-primas, materiais semiacabados e produtos acabados, bem como as informações a eles relativas, desde o ponto de origem até o ponto de consumo, com o propósito de atender às exigências dos clientes.

2. Atividades primárias: transporte, manutenção de estoques e processamento de pedidos.

   Atividades secundárias: armazenagem, manuseio de materiais, embalagem, suprimentos e sistemas de informação.

3.

Modalidade	Tipo
Terrestre	Rodoviário, Ferroviários, Dutoviário e Infoviário.
Aquaviário	Marítimo, Hidroviário, Cabotagem e Lacustres.
Aeroviário	Aéreo

4.

   a) Ser flexível e estar preparado para sair da zona de conforto.

   b) Saber se comunicar com outros profissionais.

   c) Ter um olhar estratégico.

   d) Ser proativo.

   e) Saber relacionar-se adequadamente com outras áreas.

   f) Ter afinidade com as novas tecnologias.

5.

   a) Questões ambientais.

   b) Diferenciação por serviço (Concorrência).

   a) Redução de custos.

CAPÍTULO 10

1. O marketing pode ser conceituado como a área do conhecimento que engloba todas as atividades concernentes às relações de troca, orientadas para a satisfação e atendimento dos desejos e necessidades dos consumidores, visando alcançar os objetivos das empresas e considerando sempre o meio ambiente de atuação e o impacto que essas relações causam no bem-estar da sociedade.

2.

   Receptivo (*In Bound*)

   O cliente liga para a empresa para receber uma informação ou efetuar uma compra; gera cadastro de informações individual dos clientes; requer um roteiro para abordagem (informação e resolução de problemas, processo de venda); público comanda a ligação; picos de demanda sazonais; depende de outras mídias; possui menos objeções (rejeição dos clientes); requer um maior conhecimento do produto ou serviço da empresa pelo operador.

Ativo (*Out Bound*)

Requer cadastro e informações para as ligações; requer script informações para o contato; o operador comanda a negociação; picos de ligações e contatos previstos; trabalha com outras mídias para oferecer produtos e serviços; realiza a promoção e divulgação de produtos e serviços; possui mais objeções (rejeição dos clientes); requer um maior conhecimento de técnicas de atendimento e vendas pelo operador; venda direta e pós-venda de produtos e serviços; apoio a equipe de vendas e a outras áreas da empresa (suporte).

3. Preço, Praça, Promoção e Produto.

4. Vendas por território; Vendas por clientes e Vendas por produto.

5. Pré-venda e Vendedores.

APÊNDICE B
QUESTÕES PARA CONCURSO PÚBLICO

1. A Administração e o ato de administrar estrutura-se em 4 princípios fundamentais: Planejamento, Organização, Direção e Controle. Sobre estes princípios, analise as seguintes sentenças:

    I. O princípio do planejamento tem sua finalidade na definição de metas e objetivos que a organização acredita serem necessários para a obtenção do sucesso.

    II. O princípio da direção visa manter o alinhamento dos objetivos planejados, no momento da sua execução, atuando de forma direta e precisa.

    III. O princípio do controle consiste na separação, preparação de todos os recursos, sejam eles humanos ou materiais para o bom andamento dos trabalhos.

    IV. O princípio da organização verifica o andamento dos trabalhos e ver se estão em sintonia com os objetivos anteriormente planejados e fazendo as correções necessárias.

    V. O princípio do planejamento rege que ele deve ser o primeiro a ser realizado e com antecedência, por meio de estudos e pesquisas.

    Agora assinale a alternativa correta:

    a. Somente a afirmativa III está correta.
    b. Somente as afirmativas I e IV estão corretas.
    c. Somente as afirmativas I, III e V estão corretas.
    d. Somente as afirmativas II e IV estão corretas.
    e. Somente as afirmativas III e V estão corretas.

2. O administrador, no exercício da sua profissão, deve possuir algumas habilidades. Sobre as habilidades técnicas e as habilidades humanas, classifique V para as sentenças verdadeiras e F para as falsas:

    (   ) Ter conhecimentos razoáveis em T.I. (Tecnologia da Informação).

    (   ) Saber liderar e motivar equipes ouvindo a todos e orientando de forma adequada e lógica.

( ) Executar todas as atividades existentes no setor ou departamento de forma a ajudar a equipe.

( ) Promover um ambiente aberto ao diálogo e a troca de ideias acerca do trabalho.

Agora, assinale a alternativa que apresenta a sequência correta:

a. V – V – V – F

b. F – F – V – V

c. V – F – F – F

d. V – V – F – V

e. F – V – V – F

3. Frederick W. Taylor, um dos idealizadores da Teoria da Administração Científica, criou alguns princípios. Sobre os fundamentos desses princípios, assinale a alternativa correta.

a. Princípios baseados na gerência administrativa, com ênfase nos altos escalões hierárquicos.

b. Princípios baseados na produção em larga escala e criação de linhas de montagem.

c. Princípios baseados no estudo psicológico do ser humano e suas potencialidades.

d. Princípios baseados na departamentalização e organogramas.

e. Princípios baseados na divisão de tarefas, estudo de tempos e métodos visando melhor rendimento.

4. São diversos os tipos de organização e áreas em que um administrador pode atuar no exercício da sua profissão. Diante disto, analise as seguintes sentenças:

I. Um administrador pode atuar em empresas do ramo financeiro, tais como: bancos e seguradoras.

II. Um administrador pode atuar em ONG (Organização Não Governamental).

III. Um administrador pode atuar em órgãos do governo, enquanto o partido político estiver no poder.

IV. Um administrador pode atuar no setor rural, como fazendas e cooperativas agrícolas.

V. Um administrador pode atuar em organizações que visem somente o lucro.

Agora assinale a alternativa correta:

a. Somente a afirmativa II está correta.

b. Somente a afirmativa IV está correta.

c. Somente as afirmativas I, III e IV estão corretas.

d. Somente as afirmativas I, II e IV estão corretas.

e. Somente as afirmativas I, II e III estão corretas.

QUESTÕES PARA CONCURSO PÚBLICO 309

5. Sabendo-se que as empresas precisam possuir recursos: humanos; materiais; técnicos; financeiros e organizacionais para atingir seus objetivos, analise as seguintes sentenças:

I. Equipamentos e maquinários são recursos financeiros importantes para a produção.

II. Gerentes e assistentes representam os recursos materiais da organização.

III. Capacidade para gerir e resolver conflitos é parte do financeiro na organização.

IV. Valores para formar o capital inicial de uma empresa representam os recursos financeiros.

V. Veículos, estoques e computadores são recursos materiais de uma empresa.

Agora, assinale a alternativa correta:

   a. Somente as afirmativas IV e V estão corretas.
   b. Somente a afirmativa I está correta.
   c. Somente as afirmativas II e II estão corretas.
   d. Somente as afirmativas II, III e IV estão corretas.
   e. Somente as afirmativas II, IV e V estão corretas.

6. Para a elaboração da missão de uma organização, na sua fase de planejamento, vários aspectos precisam ser observados para sua correta construção. Assim sendo, analise as seguintes sentenças:

1. Escolher sua natureza formal, seus produtos e/ou serviços primando pela qualidade.

2. Pesquisar e conhecer, por meio de pesquisas: mercados, fornecedor, concorrente e consumidor.

3. Pensar e criar uma cultura e filosofia baseadas na concepção do concorrente e do fornecedor.

4. Conhecer os órgãos da administração pública locais, para não ter problemas futuros.

5. Elaborar sua política comercial de preços, prazos, descontos e promoções ao seu público-alvo.

Agora, assinale a alternativa correta:

   a. Somente a afirmativa II está correta.
   b. Somente as afirmativas I, II e V estão corretas.
   c. Somente as afirmativas IV e V estão corretas.
   d. Somente a afirmativas II e V estão corretas.
   e. Somente as afirmativas II, III e V estão corretas.

310 ADMINISTRAÇÃO – NOVAS PERSPECTIVAS

7. De acordo com sua natureza, as empresas podem atuar na indústria, comércio e prestação de serviços e podem escolher os mais variados segmentos de atuação. Sobre essas opções de atuação, classifique V para as sentenças verdadeiras e F para as falsas:

( ) Empresas industriais podem explorar vários segmentos como exemplo fazendo montagens de móveis e conserto de computadores.

( ) Empresas podem fazer uma combinação de naturezas e possuírem na mesma empresa atividades industriais, comerciais e prestadora de serviços.

( ) Empresas prestadoras de serviços podem atuar por exemplo nos segmentos de cursos e salão de beleza.

( ) Empresas comerciais podem fabricar, vender e revender os mais variados produtos, como por exemplo: bicicletas, roupas e alimentos.

Agora, assinale a alternativa correta:

a. F – V – V – F
b. F – F – V – V
c. V – F – V – F
d. F – F – V – F
e. V – V – F – F

8. Um tipo de forma jurídica de empresa individual é o MEI (Microempreendedor Individual), em que o empresário é uma pessoa que trabalha por conta própria e se legaliza como pequeno empresário. No entanto, para que ele possa usufruir desta condição ele precisa se adequar em algumas condições impostas pela legislação. Sobre estas condições legais, classifique V para as sentenças verdadeiras e F para as falsas:

( ) Pode faturar até R$81.000,00 por ano e não ter participação em outra empresa.

( ) Pode faturar até R$60.000,00 por ano e não ter participação em outra empresa.

( ) Pode faturar até R$81.000,00 por ano e pode ter um empregado registrado com salário mínimo ou piso da categoria.

( ) Pode faturar até R$360.000,00 por ano e não pode ter empregado registrado.

Agora, assinale a alternativa que apresenta sequência correta:

a. F – V – V – F
b. V – F – V – F
c. F – F – V – V
d. V – F – V – V
e. V – V – F – F

9. Para o empresário fazer o registro da marca da sua empresa, seja um símbolo, logotipo, palavra ou figura, ele precisa registrar a marca junto a um órgão

público para poder explorá-la e ter garantido seu direito de que ninguém mais após o seu registro poderá copiar. Sobre o nome deste órgão público, assinale a alternativa correta.

a. RFB (Receita Federal do Brasil).

b. IPEM (Instituto de Pesos e Medidas).

c. INMETRO (Instituto Nacional de Metrologia).

d. INPI (Instituto Nacional de Propriedade Industrial).

e. ME (Ministério da Economia).

10. Uma organização, na composição da sua estrutura precisa contar com suas áreas, departamentos, setores e seções. Sobre os níveis dessa estrutura, analise as seguintes sentenças.

I. Área é considerada o segundo nível da organização, formada pelos departamentos.

II. Departamento é considerado o terceiro nível da organização, responsável pelos setores.

III. Setor ou seção é o terceiro nível da organização e compreende a operacionalização das atividades.

IV. Área, departamento e setor, formam respectivamente o primeiro, segundo e terceiro níveis.

Agora assinale a alternativa correta:

a. Somente a afirmativa IV está correta.

b. Somente as afirmativas III e IV estão corretas.

c. Somente as afirmativas II, III e IV estão corretas.

d. Somente a afirmativa III está correta.

e. Somente as afirmativas I e IV estão corretas.

11. O fluxograma é uma importante ferramenta administra e sua principal função é demonstrar: _____. Assinale a alternativa correta.

a. Os cargos e funções da empresa.

b. Os relatórios financeiros e gerenciais.

c. Os fluxos das atividades.

d. Os prazos para cumprimento das atividades.

e. Os relatórios de planejamento estratégico.

12. O Sistema de Gestão Empresarial, quando é bem implantado na empresa, traz uma série de vantagens. Sobre essas vantagens, analise as seguintes sentenças:

I. Gera no início uma melhor qualidade de vida no trabalho e proporciona um ambiente motivador.

II. Traz maior segurança nas informações na empresa, para a correta tomada de decisões.

III. Proporciona um melhor controle das informações de diversas áreas, oferecendo uma visão geral.

IV. Traz uma redução de custos para a empresa no curto prazo, pois o investimento é pequeno.

Agora, assinale a alternativa correta:

a. Somente as afirmativas II e III estão corretas.

b. Somente as afirmativas I e II estão corretas.

c. Somente as afirmativas III e IV estão corretas.

d. Somente as afirmativas I e IV estão corretas.

e. Somente a afirmativa II está correta.

13. Sobre os documentos sob sua responsabilidade que não precisam mais da sua atenção e já foram resolvidos. Que tipo de destinação pode-se dar a esses documentos? Assinale a alternativa correta.

a. Deve descartá-los em uma trituradora de papéis.

b. Deve deixá-los guardados na sua mesa de trabalho.

c. Deve arquivá-los, pois não deve mais precisar dele em curto prazo.

d. Deve rasgá-los e jogá-los no lixo reciclável.

e. Deve entregá-los ao seu chefe e ele decide sua destinação final.

14. O regime tributário Simples Nacional criado pelo governo federal visa facilitar a vida e o funcionamento das (ME) Microempresas e das (EPP) Empresas de Pequeno Porte, gerando várias facilidades em relação às demais empresas de médio e grande porte. Sobre estas facilidades, classifique V para as sentenças verdadeiras e F para as falsas.

( ) Só precisam pagar dois impostos o IPVA e o IPTU e uma taxa de abertura de empresa.

( ) Na prática vão pagar menos impostos em relação as empresas de médio e grande porte.

( ) Estão dispensadas das obrigações trabalhistas e previdenciárias.

( ) Possuem preferência nas compras públicas efetuadas pelo governo.

Agora, assinale a alternativa que apresenta sequência correta.

a. V – V – F – V.   b. V – V – F – F.

QUESTÕES PARA CONCURSO PÚBLICO 313

c. F – V – F – V.

e. V – F – F – V.

d. F – F – V – V.

15. Nas Empresas o Departamento Financeiro é o responsável pelos recursos financeiros e onde serão aplicados no planejamento operacional de modo que se espera a máxima produtividade, com motivação e empenho de todos os envolvidos. Sobre a correta aplicação dos recursos financeiros, assinale a alternativa correta.

a. São planejados pelos gestores operacionais e alocados onde decidirem que é melhor.

b. São planejados pelos gestores táticos, cabendo ao gestor operacional fiscalizar.

c. São planejados e aplicados pelos funcionários de cada setor que conhecem o dia a dia.

d. São planejados pela alta administração, cabendo aos gestores operacionais administrarem.

e. São planejados, alocados e fiscalizados pelos gestores operacionais.

16. Um administrador vai desenvolver suas atividades no setor de recursos humanos de uma determinada empresa. Pensando nas atividades que este profissional deve exercer, classifique V para as sentenças verdadeiras e F para as falsas:

(   ) Contabilizar a folha de pagamento e os impostos.

(   ) Coordenar os trabalhos de recrutamento e seleção.

(   ) Analisar relatórios de desempenho dos colaboradores.

(   ) Comandar e participar de reuniões da área de logística.

Agora, assinale a alternativa correta:

a. V – V – F – F

d. V – V – V – F

b. F – V – F – V

e. F – V – V – F

c. F – F – V – V

17. Qual o significado e a importância dos EPI (Equipamento de Proteção Individual) e EPC (Equipamento de Proteção Coletivo) no setor produtivo de uma empresa? Assinale a alternativa correta.

a. Agilidade e rapidez na produção, gerando menor custo.

b. Segurança do trabalhador e menores custos na produção.

c. Proteção e segurança do trabalhador nas suas atividades.

d. Proteção do funcionário e agilidade na produção.

e. Agilidade na produção e melhor desempenho das máquinas.

18. Importante demonstração contábil que tem como principal objetivo apurar se a empresa obteve lucro ou prejuízo em determinado período. O objetivo a que se refere esta demonstração contábil é _____.

Assinale a alternativa correta:

a. BP (Balanço Patrimonial).

b. DFC (Demonstração do Fluxo de Caixa).

c. DRE (Demonstração de Resultado do Exercício).

d. DMLP (Demonstração de Mutação do Patrimônio Líquido).

e. DVA (Demonstração do Valor Adicionado).

19. O método contábil conhecimento como método das partidas dobradas, concebido pelo italiano Lucca Pacioli, consiste em debitar e creditar as contas do ativo, passivo, receitas e despesas. Sobre a aplicação deste método de débito e crédito, analise as seguintes sentenças:

I. Toda vez que aumento o saldo do ATIVO, credita-se a respectiva conta.

II. Toda vez que ocorre uma DESPESA, debita-se a respectiva conta.

III. Toda vez que diminui o saldo do PASSIVO, credita-se a respectiva conta.

IV. Toda vez que diminui o saldo do ATIVO, credita-se a respectiva conta.

Agora, assinale a alternativa correta:

a. Somente a afirmativa II está correta.

b. Somente as afirmativas I, II e IV estão corretas.

c. Somente as afirmativas II e III estão corretas.

d. Somente as afirmativas II e IV estão corretas.

e. Somente as afirmativas II, III e V estão corretas.

20. As empresas necessitam de vários recursos, dentre eles os recursos materiais, ligados ao "com o que fazer" de determinada tarefa. Diante deste pressuposto, classifique V para as sentenças verdadeiras e F para as falsas:

(   ) Definir a quantidade de insumos a serem usados na produção.

(   ) Definir se funcionário deve ter habilidades manuais ou intelectuais para a tarefa.

(   ) Definir os maquinários e equipamentos a serem usados em determinada tarefa.

(   ) Definir os melhores e mais ágeis funcionários para cada tarefa do dia.

Agora, assinale a alternativa que apresenta a sequência correta:

a. V – F – V – F.

b. F – F – F – V.

QUESTÕES PARA CONCURSO PÚBLICO **315**

    c. V – V – V – F.   e. F – V – V – F.

    d. V – F – F – V.

21. No departamento ou setor de produção, serão necessários recursos materiais para o desenvolvimento e a realização de uma determinada tarefa. Sobre quais são a composição destes recursos necessários, assinale a alternativa correta.

    a.   Máquinas, capital e funcionários.

    b.   Equipamentos, funcionários e matéria-prima.

    c.   Capital e funcionários.

    d.   Matéria-prima, capital e equipamentos.

    e.   Máquinas, equipamentos e matéria-prima.

22. Empresas brasileiras atualmente investem cada vez mais na qualidade de seus produtos e serviços e, isto se dá, por algumas razões. Partindo deste pressuposto, classifique V para as sentenças verdadeiras e F para as falsas.

    ( ) Porque acreditam que seus produtos ficam mais bonitos e apresentáveis ao consumidor.

    ( ) Porque os consumidores estão cada vez mais exigentes e aderiram a esta tendência.

    ( ) Porque o governo assim exige e quem não cumprir pode ser punido com pesadas multas.

    ( ) Porque não querem ficar para trás, pois sabem que seus concorrentes investem neste quesito.

    Agora, assinale a alternativa que apresenta a sequência correta.

    a. V – V – F – V.   d. F – V – F – V.

    b. V – F – V – F.   e. V – F – F – F.

    c. F – F – F – V.

23. Tendo em vista a busca de um melhor conceito em qualidade, para seus produtos, as empresas devem priorizar algumas ações e modificações. Partindo deste pressuposto, analise as seguintes sentenças.

    I. Deve focar os processos e os produtos, visando atender às necessidades dos clientes.

    II. Deve mudar a quantidade de tributos trabalhistas e previdenciários.

    III. Deve adequar a empresa aos padrões nacionais e internacionais de qualidade.

    IV. Deve fazer monitoramento constante e sistemático do desempenho dos processos.

Agora, assinale a alternativa correta.

   a. Somente as afirmativas I e IV estão corretas.

   b. Somente as afirmativas I, III e IV estão corretas.

   c. Somente as afirmativas II e III estão corretas.

   d. Somente as afirmativas I, II e III estão corretas.

   e. Somente as afirmativas II, III e IV estão corretas.

24. As empresas brasileiras que aderem aos padrões e buscam certificação pela ABNT (Associação Brasileira de Normas Técnicas), uma vez que é aprovada, têm a sua certificação garantida em determinada região. Sobre o alcance desta certificação, assinale a alternativa correta.

   a. Tem certificação em nível internacional.

   b. Tem certificação em nível estadual.

   c. Tem certificação em nível nacional e internacional.

   d. Tem certificação em nível nacional.

   e. Tem certificação em nível municipal.

25. Um funcionário foi convidador para atuar na área de logística em uma empresa industrial, onde deverá exercer suas atividades. Pensando nas atividades, classifique V para as sentenças verdadeiras e F para as falsas:

( ) Contabilizar a folha de pagamento e os impostos.

( ) Colaborar para implantar o fluxo de logística da empresa.

( ) Analisar relatórios de entradas e saída de mercadorias.

( ) Participar de reuniões da área de logística.

Agora, assinale a alternativa correta:

   a. V – V – F – F

   b. V – V – V – F

   c. F – V – F – V

   d. F – V – V – V

   e. F – V – V – F

26. A Globalização está presente no nosso dia a dia e com maior ênfase na última década acabou trazendo um maior incremento no comércio mundial, aumentando o fluxo de importações e exportações. Por meio de qual modalidade de transporte o Brasil mais se utiliza no momento para o comércio exterior? Assinale a alternativa correta.

   a. Terrestre

   b. Marítimo

   c. Tubular

   d. Ferroviário

   e. Aéreo

QUESTÕES PARA CONCURSO PÚBLICO   317

27. Qual é o sistema mais usado e adequado na área de Logística nas empresas? Assinale a alternativa correta.

   a. ERP (Enterprise Resource Planning) — Sistema de Gestão Empresarial.

   b. CRM (Customer Relationship Management) — Gestão de Relacionamento com o Cliente.

   c. TIE (Tecnologia da Informação Empresarial).

   d. SCM (Supply Chain Management) — Gestão da Cadeia de Suprimentos.

   e. BI (Business Intelligence) — Inteligência de Negócios.

28. A entidade Não Governamental ISO (International Standardization for Organization), que elabora normas mundiais para certificação das empresas, elaborou a Norma ISO 14.000 que tem como objetivo fornecer assistência às empresas que se enquadrarem nessa norma. Sobre o que rege essa norma? Assinale a alternativa correta.

   a. Implantar nas empresas um Sistema de Qualidade Total.

   b. Implantar nas empresas um Sistema de Gestão Empresarial.

   c. Implantar nas empresas um Sistema de Gestão Ambiental.

   d. Implantar nas empresas um Sistema de Coleta Seletiva de Lixo.

   e. Implantar nas empresas um Sistema Financeiro.

29. Uma empresa industrial no ramo de tecidos precisa estruturar sua parte comercial. Demonstrando como seria esta estrutura, assinale a alternativa correta.

   a. Departamento: Comercial – Área: vendas – Setor: Vendas Atacado.

   b. Setor: Vendas Atacado – Área: Comercial – Departamento: Vendas.

   c. Área: Vendas Atacado – Setor: Comercial – Departamento: Vendas.

   d. Departamento: Vendas Atacado – Área: Vendas – Setor: Comercial.

   e. Área: Comercial – Departamento: Vendas – Setor: Vendas Atacado.

30. As organizações virtuais vêm crescendo em quantidade e em determinados segmentos. Pensando nos segmentos que mais crescem, assinale a alternativa correta.

   a. Podem ser empresas no ramo de mídias digitais e jogos.

   b. Podem ser lojas de departamentos e magazines.

   c. Podem ser escritórios de atuação no ramo de comunicação visual.

   d. Podem ser indústrias nos mais variados segmentos.

   e. Podem ser associações comerciais e industriais.

GABARITO:

1. D	7. A	13. C	19. D	25. D
2. D	8. B	14. C	20. A	26. B
3. E	9. D	15. D	21. E	27. D
4. D	10. B	16. E	22. D	28. C
5. A	11. B	17. C	23. B	29. E
6. B	12. A	18. C	24. D	30. A

GLOSSÁRIO

Administração: Ciência social aplicada no processo de planejamento, organização, direção e controle de recursos a fim de alcançar determinados objetivos.

Arquivística: Normas e técnicas usadas na instalação, organização, manutenção, segurança e desenvolvimento das atividades de utilização dos arquivos.

Arquivo: Conjunto de documentos, que foram criados ou recebidos por uma organização, ao longo de sua existência e que ficam guardados para sua própria utilização e interesses.

Backup: Cópia de segurança de um sistema em um banco de dados alternativo que pode ser em outro servidor dentro ou fora da empresa

Benchmarking: Avaliação contínua de um empreendimento em relação à concorrência. Interpreta e mensura dados do mercado e possibilita *insights* de melhoria para a empresa.

Big data analitycs: São estruturas de dados muito extensas e complexas que utilizam novas abordagens para a captura, análise e gerenciamento de informações.

Brainstorming: Técnica utilizada por grupos de trabalho ou equipes da qualidade para encorajar a geração, esclarecimento e avaliação de uma lista de ideias, problemas ou tópicos, de forma criativa e rápida, a respeito de um determinado assunto.

Capital: Importância em dinheiro com a qual você comprará tudo o que necessita para montar seu negócio. Este valor inicial chama-se Capital Inicial, que pode ser composto de moeda corrente ou por bens a serem incorporados no próprio negócio.

Capital de Giro: Consiste em gerenciar os recursos financeiros de que a organização necessita no seu dia a dia: quanto manter em caixa, em conta bancária, em investimentos de curto prazo e alta liquidez, administração dos estoques de materiais e outros insumos.

Capital Estrutural: São os processos, sistemas de informação e patentes que permanecem em uma empresa.

Capital Humano: É o conjunto integrado de conhecimentos, habilidades e competência das pessoas em uma organização que as emprega.

Capital Intelectual: É o valor total dos negócios da organização, calculado pelo valor dos clientes, valor da organização e valor de competências e não apenas pelos ativos tangíveis que formam o capital financeiro.

Cargo: Posição que uma pessoa ocupa dentro da organização.

Chief Executive Officer: É o cargo do executivo mais alto da empresa. É chamado também de presidente, principal executivo, diretor geral, entre outros.

Clima organizacional: É o ambiente interno de uma empresa. É a percepção coletiva que os empregados têm da empresa.

Cloud Computing: É um servidor na "nuvem", em que as informações estarão protegidas em um servidor de dados de grande porte em outra empresa especializada para este fim e acessada de forma automática.

Competência: São características demonstráveis de um indivíduo que incluem conhecimentos, habilidades e comportamentos ligados diretamente à performance; um conjunto de capacidades humanas que justificam uma alta performance.

Contabilidade: Ciência social que possibilita, por meio de suas técnicas, o controle permanente do patrimônio das empresas.

Cronograma: É a relação entre o tempo e a escrita. Na administração, cronograma está relacionado ao desenvolvimento das atividades com relação ao tempo necessário para executá-las.

Cultura Organizacional: Composta de conjunto de hábitos, crenças, valores, atitudes e expectativas compartilhadas por todos os membros da organização. As diretrizes principais são missão (o motivo pelo qual a empresa foi criada), visão (aspirações em curto, médio e longo prazo) e valores (princípios e crenças adotados em qualquer tomada de decisão).

Documentação: Conjunto de documentos que tratam de determinado assunto, com finalidade de consulta, prova ou pesquisa. Na documentação encontramos um conjunto de informações que trazem respostas e ajudam a esclarecer certos fatos.

Documento: É um objeto, normalmente em suporte material (papel), que registra informações, para fins de consulta, prova ou pesquisa.

Downsizing: Redução de níveis hierárquicos de uma organização para manter o essencial e a aproximação da base em relação à cúpula. Geralmente, é acompanhado de descentralização.

Efetividade: É a permanência de uma organização no meio econômico, político e social.

Eficácia: Determinada pela medida que atinge seus objetivos. Corresponde ao resultado de um processo na consecução de objetivos e metas, em um tempo determinado.

Eficiência: É alcançada por meio de procedimentos adotados no desenvolvimento de uma ação ou na resolução de um problema e tem em perspectiva o objeto focalizado e os objetivos e finalidades a serem atingidos.

Empresa: É uma unidade de produção, resultante da combinação dos três fatores da produção (natureza, trabalho e capital) e constituída para o desenvolvimento de uma atividade econômica.

Empresário: Aquele que exerce profissionalmente atividade econômica organizada para a produção ou circulação de bens ou serviços.

Ética: Significa conduta, ou seja, o modo de ser e de agir. Significa o estudo dos juízos de apreciação referente à conduta humana, do ponto de vista do bem e do mal.

Executivo: É o administrador situado no nível institucional da organização. Pode ser um diretor ou um gerente.

Feedback: É uma conversa particular entre o líder e o liderado, com caráter de avaliação, sobre os acertos e erros do liderado.

Férias — Período aquisitivo: Período de 12 (doze) meses em que o empregado deve trabalhar para fazer jus ao período de gozo de férias. Inicia-se na data da sua admissão e termina quando completa 12 (doze) meses de trabalho na empresa.

GLOSSÁRIO 321

Férias — Período concessivo: Corresponde ao período de 12 (doze) meses, que se inicia após o período aquisitivo.

Férias — Período de Gozo: É o período completo de férias que corresponde até 30 (trinta) dias corridos de descanso (incluído neste período os feriados e dias destinados ao repouso semanal).

Fluxo de caixa: Controle da movimentação financeira de um negócio, que considera qualquer entrada e saída de dinheiro em determinado período (semanal ou mensal). Este tipo de monitoramento permite avaliar a disponibilidade de caixa e a liquidez de uma empresa.

Fluxograma: Ferramenta administrativa que é a representação gráfica da sequência de atividades de um processo dentro da organização.

Função: São as tarefas e as responsabilidades ligadas ao cargo.

Gestão Empresarial: Atividade empresarial composta de ações e estratégias que visam por meio de um gestor, melhorar a produtividade e competitividade de uma empresa.

Marketing: Área do conhecimento que engloba todas as atividades concernentes às relações de troca, orientadas para a satisfação dos desejos e necessidades dos consumidores,

Moral: Conjunto de regras de conduta ou hábitos julgados válidos quer de modo absoluto, quer para o grupo ou pessoa determinada.

Organização: Entidade social composta de pessoas e de recursos, deliberadamente estrutura e orientada para alcançar um objetivo comum.

Organização Não Governamental: Composta de entidades com finalidades sociais. Diferentemente das empresas não possuem como objetivo o lucro e sim objetivos sociais. Em geral são fundações, associações, sindicatos, igrejas e outros tipos de associações.

Organograma: Representação gráfica, de forma ordenada, organizada e hierarquizada da estrutura da empresa.

Outsourcing: É o processo de terceirização quando uma operação interna da organização é transferida para outra organização que consiga fazê-la melhor e mais barato.

Patrimônio: É tudo o que a empresa possui que possa ser quantificado economicamente, seja algo positivo ou negativo. É composto de bens, direitos e obrigações.

Pecuniário: Relativo à pecúnia, que quer dizer, dinheiro.

Reengenharia: Mudanças nos processos organizacionais que visam melhorias significativas em fatores de resultado do tipo custo, qualidade, atendimento e prazo de entrega.

Sistema de Gestão Empresarial: conhecido pela sua sigla no inglês ERP (*Enterprise Resource Planning*), é um programa e consiste em um software que permite o registro de todas as etapas dos processos existentes na empresa e ainda de forma integrada.

Stakeholders: Partes ou grupos que estão diretamente interessadas na atividade da empresa. Podem ser: acionistas, governo, clientes, funcionários, fornecedores e sociedade em geral.

Teoria Geral da Administração: Conjunto de princípios a respeito das organizações e que passa pelos processos de administrá-las.

Tributo: É toda prestação pecuniária compulsória, em moeda ou cujo valor nela se possa exprimir, que não constitua sansão de ato ilícito, instituída em Lei e cobrada mediante atividade administrativa plenamente vinculada.

Tributo Alíquota: É o percentual definido em Lei, que aplicado sobre a base de cálculo, determina o valor do tributo a ser pago.

Tributo Base de Cálculo: É o valor que se toma como base para o cálculo do tributo devido, é sobre este valor que será aplicada a alíquota (percentual) para apurar este tributo.

Tributo Fato Gerador: É a situação definida em Lei como necessária e suficiente para dar origem à obrigação tributária. No momento de sua ocorrência nasce a obrigação do pagamento do tributo.

LISTA DE ABREVIATURAS

ABNT — Associação Brasileira de Normas Técnicas

ANVISA — Agência Nacional de Vigilância Sanitária

AVCB — Auto de Vistoria do Corpo de Bombeiros

BACEN — Banco Central do Brasil

BB — Banco do Brasil

BNDES — Banco Nacional de Desenvolvimento Econômico e Social

CAGED — Cadastro Geral de Empregados e Desempregados

CEF — Caixa Econômica Federal

CEO — *Chief Executive Officer* (Diretor Executivo Principal, Presidente)

CETESB — Companhia Ambiental do Estado de São Paulo

CFO — *Chief Financial Officer* (Diretor Financeiro)

CIPA — Comissão Interna de Prevenção de Acidentes

CLT — Consolidação das Leis do Trabalho

CMN — Conselho Monetário Nacional

CMV — Comissão de Valores Mobiliários

CNAE — Classificação Nacional de Atividade Econômica

CNPJ — Cadastro Nacional de Pessoa Jurídica

COFINS — Contribuição para Financiamento de Seguridade Social

COPOM — Comitê de Política Monetária

CPF — Cadastro de Pessoa Física

CRA — Conselho Regional de Administração

CRC — Conselho Regional de Contabilidade

CRM — *Customer Relationship Management* (Gerenciamento de Relacionamento com o Cliente)

CSLL — Contribuição Social sobre Lucro Líquido

CTN — Código Tributário Nacional

CTPS — Carteira de Trabalho e Previdência Social

DARF — Documento de Arrecadação de Receitas Federais

DAS — Documento de Arrecadação do Simples Nacional

DCTF — Declaração de Débitos e Créditos Tributários Federais

DFC — Demonstração do Fluxo de Caixa

DIPJ — Declaração de Informações Econômico-Fiscal da Pessoa Jurídica

DLPA — Demonstração de Lucros ou Prejuízos Acumulados

DMPL — Demonstração das Mutações do Patrimônio Líquido

DRE — Demonstração do Resultado do Exercício

DSR — Descanso Semanal Remunerado

DVA — Demonstração do Valor Adicionado

EIRELI — Empresa Individual de Responsabilidade Limitada

EPC – Equipamento de Proteção Coletivo.

EPI – Equipamento de Proteção individual

ERP – *Enterprise Resource Planning* (Sistema de Gestão Empresarial)

FGTS – Fundo de Garantia por Tempo de Serviço

GQT – Gestão da Qualidade Total

IBGE – Instituto Brasileiro de Geografia e Estatística

ICMS – Imposto sobre operações relativas à Circulação Mercadorias e sobre a Prestação de Serviços.

INMETRO – Instituto Nacional de Metrologia Qualidade e Tecnologia.l

INPI – Instituto Nacional da Propriedade Industrial

INSS – Instituto Nacional de Seguridade Social

IOF – Imposto sobre Operações de Crédito, Câmbio e Seguro.

IPI – Imposto sobre Produtos Industrializados

IPTU – Imposto de Propriedade Territorial Urbano

IPVA – Imposto sobre Propriedade de Veículos Automotores

IRPF – Imposto de Renda Pessoa Física

IRPJ – Imposto de Renda Pessoa Jurídica

IRRF – Imposto de Renda Retido na Fonte

ISO – *International Organization for Standardization* (Organização Internacional de Normalização)

ISS – Imposto sobre Serviço de Qualquer Natureza

ITR – Imposto sobre Propriedade Territorial Rural

ME – Microempresa

MEI – Microempreendedor Individual

MRP I – *Material Requeriment Planning* (Planejamento das Necessidades de Materiais)

MRPII – *Manufacturing Resource Planning* (Planejamento dos Recursos de Manufatura)

ONG – Organização Não Governamental

PASEP – Programa de Formação do Patrimônio do Servidos Público

PCMSO – Programa de Controle Médico e Saúde Ocupacional

PIS – Programa de Integração Social

PLR – Participação nos Lucros e Resultados

PME – Pequenas e Médias Empresas

PPP – Perfil Profissiográfico Previdenciário

RFB – Receita Federal do Brasil

SAC – Serviço de Atendimento ao Consumidor/Cliente.

SCM – *Supply Chain Management* (Gerenciamento da Cadeia Logística)

SEBRAE – Serviço Brasileiro de Apoio às Micro e Pequenas Empresas

SESMT – Serviços Especializados em Engenharia de Segurança e em Medicina do Trabalho

SFH – Sistema Financeiro de Habitação

SFN – Sistema Financeiro Nacional

SPED – Sistema Público de Escrituração Digital

SUSEP – Superintendência de Seguros Provados

TGA – Teoria Geral da Administração

TMS – *Transportation Management System* (Sistema de Gerenciamento de Transporte)

WMS – *Warehouse Management System* (Sistema de Gerenciamento de Armazém)

BIBLIOGRAFIA

AGAPITO, P. R. *et al* 2015. Bem-estar no trabalho e percepção de sucesso na carreira como antecedentes de intenção de rotatividade. RAM. Revista Administração Mackenzie. 16(6), Edição Especial, pp. 71–93. São Paulo, SP, nov/dez 2015 — ISSN 1518-6776.

AGUILAR F. J. A ética nas empresas, tradução Ruy Jungmann. Rio de Janeiro. Zahar, 1996.

BALLOU, R. H. *Business Logistics Management*, 4ª ed. Prentic Hall, 1998.

_____. Logística Empresarial — Transportes, Administração de Materiais e Distribuição Física. 1ª ed. São Paulo: Editora Atlas S.A., 1993 e 2007.

_____. Logística empresarial: transportes, administração de materiais e distribuição física. Tradução de Hugo T. Y. Yoshizaki. São Paulo: Atlas, 1993.

BARRETO, M. S. Administração Empresarial — Fundamentos e Estrutura Organizacional. São Paulo: Editora SENAI, 2017.

BERTAGLIA, P. R. Logística e gerenciamento da cadeia de abastecimento. São Paulo: Saraiva, 2009.

BHATTACHARYA, C. B., Korshun, D., & Sen, S. Fortalecer os relacionamentos entre as partes interessadas e as empresas por meio de iniciativas de responsabilidade social corporativa mutuamente benéficas. Journal of Business Ethics, 2009. pp. 257–272.

BOUTEILLER, C.; KARYOTIS, C. The evaluation of intangibles: introducing the optional capital. Investment Management and Financial Innovations, v.7, n. 4, pp. 85–92, 2010.

BOWERSOX, D. J. Logística Empresarial: processos de integração. São Paulo: Atlas, 2001.

BOWERSOX, D. J.; CLOSS, D. J. Logística empresarial: o processo de integração da cadeia de suprimentos. São Paulo, SP: Atlas, p. 594, 2001,

BOWERSOX, D. J.; CLOSS, D. J., COOPER, M. Gestão Logística de Cadeias de Suprimento. Porto Alegre: Bookman, 2006.

BRAGA, R. Fundamentos e Técnicas de Administração Financeira. 1ª ed. São Paulo: Atlas, 1995.

BRASIL. Secretaria de Trabalho. Carteira de Trabalho e Previdência Social. Decreto 21.175/32. Brasília. Disponível em: http://www.planalto.gov.br/ccivil_03/decreto/1930-1949/D21175.htm. Acesso em: 10 de maio de 2019.

_____. Presidência da República. Casa Civil. Subchefia para Assuntos Jurídicos. Lei Complementar nº 123/2006. Brasília, 2006. Disponível em: https://www.planalto.gov.br/ ccivil_03/LEIS/LCP/ Lcp123.htm. Acesso em: 10 de maio de 2019.

_____. Presidência da República. Casa Civil. Subchefia para Assuntos Jurídicos. Lei nº 13.467/2017. Brasília, 2017. Disponível em: http://www.planalto.gov.br/ccivil_03/_ato2015-2018/2017/lei/ l13467.htm. Acesso em: 10 de maio de 2019.

_____. Presidência da República. Casa Civil. Subchefia para Assuntos Jurídicos. Lei nº 4.769/1965. Brasília, 1965. Disponível em: http://www.planalto.gov.br/ccivil_03/leis/L4769.htm. Acesso em: 10 de maio de 2019.

_____. Presidência da República. Casa Civil. Subchefia para Assuntos Jurídicos. Lei Complementar nº 128/2008. Brasília, 2008. Disponível em: http://www.planalto.gov.br/ccivil_03/leis/lcp/lcp128.htm. Acesso em: 10 de maio de 2019.

_____. Presidência da República. Casa Civil. Subchefia para Assuntos Jurídicos. Lei nº 12.441/2011. Brasília, 2011. Disponível em: http://www.planalto.gov.br/ccivil_03/_ato2011-2014/2011/lei/l12441.htm. Acesso em: 10 de maio de 2019.

_____. Presidência da República. Casa Civil. Subchefia para Assuntos Jurídicos. Lei nº 11.638/2007. Brasília, 2007. Disponível em: http://www.planalto.gov.br/ccivil_03/_ato2007-2010/2007/lei/l11638.htm. Acesso em: 10 de maio de 2019.

_____. Presidência da República. Casa Civil. Subchefia para Assuntos Jurídicos. Lei nº 5.764/1971. Brasília, 1971. Disponível em: http://www.planalto.gov.br/ccivil_03/leis/l5764.htm. Acesso em: 10 de maio de 2019.

_____. Presidência da República. Casa Civil. Subchefia para Assuntos Jurídicos. Constituição da República Federativa do Brasil de 1988. Brasília, 1988. Disponível em: http://www.planalto.gov.br/ccivil_03/constituicao/constituicao.htm. Acesso em: 5 de maio de 2019.

_____. Presidência da República. Casa Civil. Subchefia para Assuntos Jurídicos. Decreto-Lei nº 5.452 de 1943. Brasília, 1943. Disponível em: http://www.planalto.gov.br/ccivil_03/decreto-lei/del5452.htm. Acesso em: 8 junho de 2019.

_____. Presidência da República. Casa Civil. Subchefia para Assuntos Jurídicos. Lei nº 3.071 de 1916. Brasília, 1916. Revogada pela Lei nº 10.046 de 2002. Brasília, 2002. Disponível em: www.planalto.gov.br/ccivil_03/leis/L3071impressao.htm. Acesso em: 10 de junho de 2019.

_____. Presidência da República. Casa Civil. Subchefia para Assuntos Jurídicos. Lei nº 5.172 de 1966. Brasília, 1966. Decretol-lei nº 82 de 1966. Brasília, 1966. Decreto-lei nº 6.306 de 2007. Brasília 2007. Disponível em: http://www.planalto.gov.br/ccivil_03/leis/l5172.htm. Acesso em: 12 de julho de 2019.

BURNS, T & STALKER, G.M. The management of innovation. Londres. Tavistock Publ., 1961.

CAMPOS, V. F. Qualidade Total — padronização de empresas, Belo Horizonte: QFCO, 1992.

_____. TQC — Controle da Qualidade Total — no estilo japonês. Belo Horizonte. QFCO, 1992.

CASTIGLIONI, J.A.M. Assistente Administrativo. 7ª Edição. São Paulo: Editora Erica-Saraiva, 2015.

CASTIGLIONI, J.A.M; TANCREDI, C.T., Organização Empresarial, São Paulo: Editora Erica-Saraiva, 2014.

CHANDLER JR., Alfred D. Strategy and structure: chapters in the history of the american industrial enterprise. Cambridge, MA: MIT Press, 1962.

CHAVES, G. L. Diagnóstico da Logística Reversa na Cadeia de Suprimentos. 2005. Mestrado em Desenvolvimento Regional e Agronegócio. UNIOESTE, Paraná, 2005.

CHIAVENATO, I. Introdução à Teoria Geral da Administração. 6ª ed. Rio de Janeiro: Campus, 2000.

BIBLIOGRAFIA 327

_____. Gestão de Pessoas: O novo papel dos recursos humanos nas organizações. Rio de Janeiro: Campus, 2009.

_____. Treinamento e Desenvolvimento de Recursos Humanos: como incrementar talentos na empresa. Barueri: Manole, 2009.

COBRA, M. Administração de Vendas. 4ª ed. São Paulo: Atlas, 1998.

CROSBY, P. B. Qualidade e Investimento. São Paulo: José Olympio, 1988.

CZINKOTA, M. R. RONKAINEN, I. A. Marketing internacional. Tradução: Vertice Translate. São Paulo: Cengage Learning, 2008.

DIAS, R. Gestão Ambiental Responsabilidade Social e Sustentabilidade, São Paulo: Atlas, 2006

DIAS, S.L.F.G.; TEODÓSIO, A.S.S.T. Estrutura da cadeia reversa: "caminhos" e "descaminhos" da embalagem PET. Revista Produção, v.16, n.3, pp. 429–441, set/dez 2006.

DOLABELA, F. Oficina do empreendedor. 6ª ed. São Paulo: Cultura, 1999.

_____. O Segredo de Luísa. 2ª ed. São Paulo: Editora de Cultura, 2006.

DORNELAS, J. C. A. Empreendedorismo Corporativo - como ser empreendedor, inovar e se diferenciar em organizações estabelecidas. Rio de Janeiro: Elsevier, 2003.

_____. Empreendedorismo Corporativo: conceitos e aplicações. Revista de Negócios, Blumenau, v. 9, n. 2, pp. 81–90, abril/junho 2004.

_____. Empreendedorismo: transformando ideias em negócios. Rio de Janeiro: Elsevier, 2005.

DRUCKER, P. https://administradores.com.br/artigos/a-missao-das-grandes-das-mais-conceituadas-empresas. Acesso em: 2 de fevereiro de 2019.

_____. https://www.xn--citaes-zua6i.com/2014/02/essencia-da-administracao-e-o-ser-humano.html. Acesso em: 2 de fevereiro de 2019.

_____. Administrando para o Futuro. 1ª ed. São Paulo: Ed. Pioneira, 1992.

DUTRA, Joel Souza. Competências: conceitos e instrumentos para a gestão de pessoas na Empresa Moderna. São Paulo: Atlas, 2004, p. 206.

FAYOL, H. Administração industrial e geral: previsão, organização, coordenação, controle. 10ª ed. São Paulo: Atlas, 1981.

FEIGENBAUM, A. V. Total Quality Control. London: McGraw-Hill, 1961.

FERNANDES, C de A. Teoria geral da administração. https://pt.slideshare.net/MARTINHA22/apostila-detgaunipac. Acesso em: 5 de março de 2019.

FIGUEIREDO, K. F.; FLEURY, P. F.; WANKE, P. F. (Org.). Logística e o gerenciamento da cadeia de suprimento: planejamento do fluxo de produtos e de recursos. São Paulo: Atlas, 2003.

FILHO, J. S. Administração de logística integrada: materiais, PCP e marketing. Rio de Janeiro: E-papers Serviços Editoriais Ltda., 2006.

FLEURY, P. F.; WANKE, P.; FIGUEIREDO, K. F.. Logística Empresarial — A perspectiva Brasileira. São Paulo: Atlas, 2000.

FRANCO, H. Contabilidade Geral. 23ª ed. São Paulo: Atlas, 2009.

FREITAS, H.; MARTENS, C. D. P. Orientação empreendedora nas organizações e a busca de sua facilitação. GESTÃO.Org – Revista Eletrônica de Gestão Organizacional, v. 6, n. 1, pp. 90-108, 2008.

GARVIN, D. A. Gerenciando a Qualidade – A Visão Estratégica e Competitiva. Rio de Janeiro: Qualitymark, 1992.

GITMAN, L. J. Princípios de Administração Financeira. 12ª ed. São Paulo: Pearson, 2010.

GOBE, A. C. Administração de Vendas. São Paulo: Saraiva, 2000.

GONÇALVES, M.E.; MARINS, F.A.S. Logística reversa numa empresa de laminação de vidros: um estudo de caso. Revista Gestão e Produção, v.13, n.3, pp.397-410, Set-Dez 2006.

HENRY, F. (S.l.), (s.d.)b. Disponível em: http://www.pensador.com/autor/henry_ford/2/. Acesso em: 4 de abril de 2019.

IMAI, M. Kaizen – A estratégia para o sucesso competitivo. São Paulo: IMAM, 1988.

International Organization for Standardization [ISO], 2015). https://www.iso.org/home.html.

ISHIKAWA, K. Controle de qualidade total: à maneira japonesa. Rio de Janeiro: Campos, 1993.

JURAN, J. M. Juran planejando para a qualidade. São Paulo: Pioneira, 1992.

KOTLER, Philip. Administração de marketing. São Paulo: Atlas, 1994.

KREMER, J. Logística Reversa. Indaial-SC: Editora Asselvi, 2008.

LACERDA, L. Logística Reversa, uma visão sobre os conceitos básicos e as práticas operacionais. São Paulo: COPPEAD, 2002.

LAMBERT, D.M. COOPER, M.C. Issues in Supply Chain Management. Industrial Marketing Management. 29. pp. 65-83, 2000.

LARA, V. L. O desafio ético no mundo da empresa. Tópicos fundamentais de administração. 1ª ed. Campinas-SP: Grupo átomo e alínea, 2017.

LAS CASAS, A. L. Administração de Vendas. 6ª ed. São Paulo: Atlas, 2002.

LAWRENCE, P. R. & LORSCH, J. W. Organization and environment: managing differentiation and integration. Boston. Division of Research, Graduate School of Business Administration on Harvard University, 1967.

LEITE, P. R. Logística Reversa: meio ambiente e competitividade. São Paulo: Pearson Prentice Hall, 2003.

_____. O papel dos canais reversos na imagem coorporativa. Recife: Gestão. Org., 2006.

LUNKES, R. J. Manual de orçamento. 2ª ed. São Paulo: Atlas, 2007.

MARTINELLI, R. Conceitos de Comunicação Corporativa, 2013. Disponível em: https://pt.slideshare.net/renatomartinelligm/identidade-imagem-e-reputao. Acesso em: 5 de maio de 2019.

McCARTHY, J. E.; PERREAULT Jr W. D. Markenting Essencial – uma abordagem gerencial e global. São Paulo: Atlas, 1997.

MEGIDO, J. L. T. & SZULCSEWSKI, C. J. Administração estratégica de vendas e canais de distribuição. São Paulo: Nobel, 1998.

BIBLIOGRAFIA 329

MEIRELES, M. Ferramentas administrativas para identificar, observar e analisar problemas: organizações com foco no cliente. Série: Excelência Empresarial — Volume 2. São Paulo: Arte & Ciência, 2001.

MINTZBERG H. Criando Organizações Eficazes: estrutura em cinco configurações. São Paulo: Atlas, 1995.

MOREIRA, D. Administração da Produção e Operações. 2ª Edição. São Paulo: Pioneira, 1996.

NAKAGAWA, M. Ferramenta missão, visão, valores — clássico. Disponível em: http://www.lidera-re.com.br/downloads/ME_Missao-Visao-Valores.pdf. Acesso em: 13 de junho de 2019.

NETTO. MELO, F. P. Gestão da responsabilidade social corporativa: o caso brasileiro. Qualitymark, Rio de Janeiro, 2001.

OHMAE, Kenichi. *End of the Nation State:* The Rise of Regional Economies. New York: Touchstone, 1996, p, 224.

PADOVESE, C. L. MANUAL DE Contabilidade Básica. São Paulo: Atlas, 1990.

PAIVA, E. L.; CARVALHO JR., J. M.; FENSTERSEIFER, J. E. Estratégia de Produção e de Operações: Conceitos, Melhores Práticas e Visão de Futuro. Porto Alegre: Bookman, 2004. p.192.

PASSOS, E. Ética nas organizações. São Paulo: Editora Atlas, 2004.

PENSADOR. Frases de Gabriel García Marquez. [S.l.], [s.d.]a. Disponível em: https://www.pensador.com/frases_gabriel_garcia_marquez/. Acesso em: 7 de abril de 2019.

PICCHIAI, D. Estratégia, Estrutura e Competências: três empresas de serviço em saúde. Cadernos Gestão Pública e Cidadania, v.15 n.56, pp. 126–140. São Paulo, 2010.

_____. Ferramentas Aplicadas a Qualidade: Estudo comparativo entre a literatura e as práticas das micro e pequenas empresas (MPES). Revista de Gestão e Projetos — GeP, vol. 6, N. 3, pp. 84-97, São Paulo, 2015.

PINHEIRO, J. L. Mercado de capitais: fundamentos e técnicas. 4ª ed. São Paulo: Atlas, 2007.

PIRES, S. R. I. Gestão da cadeia de suprimentos: conceitos, estratégias, práticas e casos. São Paulo: Atlas, p. 310, 2004.

PORTER, M.E. "Como as forças competitivas moldam a estratégia". In: Montgomery, C.A. e Porter, M.E. (Ed) Estratégia: a busca da vantagem competitiva. Rio de Janeiro: Campus, pp. 11–27, 1998.

POSSALE, R. Ferramentas da Qualidade, São Paulo: Editora Senai, 2014.

RAMOS, R. Missão, visão e valores: Os princípios essenciais. [S.l.], [s.d.]. Disponível em: https://www.infoescola.com/administracao_/missao-visao-e-valores-os-principios-essenciais/. Acesso em: 10 de abril de 2019.

RH PORTAL (2015). O que é Clima Organizacional? Disponível em: https://www.rhportal.com.br/artigos-rh/clima-organizacional-8/. Acesso em: 11 de abril de 2019.

RIBEIRO, A. L. Gestão de pessoas. São Paulo: Saraiva, 2012.

RIBEIRO, O. M. Contabilidade Básica Fácil. 29ª ed. São Paulo: Saraiva, 2013.

SCHNEIDER, B. (2000), A vida psicológica das organizações, em Ashkanasy, N.M. e Peterson, ME (Eds), Manual de Cultura Organizacional e Clima, sábio, Thousand Oaks, CA, pp. 17–21.

SEBRAE. Confira as diferenças entre microempresa, pequena empresa e MEI, julho 2019. Disponível em: http://www.sebrae.com.br/sites/PortalSebrae/artigos/entenda-as-diferencas-entre-microempresa-pequena-empresa-e-mei,03f5438af1c92410VgnVCM100000b272010aRCRD. Acesso em: 16 de junho de 2019.

_____. Participação das Micro e Pequenas Empresas na Economia Brasileira, julho 2014. Disponível em: http://www.sebrae.com.br/Sebrae/Portal%20Sebrae/Estudos%20e%20Pesquisas/Participacao%20das%20micro%20e%20pequenas%20empresas.pdf. Acesso em: 20 de janeiro de 2019.

SENAI. Assistente Administrativo, São Paulo: Editora SENAI, 2014.

_____. Controle da Qualidade Industrial, Sã Paulo: Editora Senai, 2015.

SILVA, C. Desenvolvimento Sustentável. São Paulo: Vozes, 2006.

SIQUEIRA, M. M. M. 2008. Bem-estar no trabalho. In J. Cruz, S. N. Jesus & C. Nunes (Org.). Bem-estar e qualidade de vida: contributos da psicologia da saúde (pp. 249–264). Leiria: Textiverso.

SLACK, N.; CHAMBERS, S. Administração da Produção. 2ª Edição, São Paulo: Atlas, 2002.

STÉDILE, Maurinei e FUMAGALLI, L.A.W. (2017). O setor de gestão de pessoas e a importância da retenção de talentos. Revista da Administração. v. 15, n. 27, pp. 57–76. maio de 2017. Disponível em: http://revistas.fw.uri.br/index.php/revistadeadm. Acesso em: 1º de junho de 2019.

STEINKE, C., Dastmalchian, A. e Baniasadi, Y. (2015). Explorando aspectos do clima no local de trabalho no Canadá: implicações para os recursos humanos dos cuidados de saúde. Asia Pacific Journal of Human Resources - Wiley Online Library, vol. 53 N ° 4, pp. 415–431

STOCK, J. R. *Development and implementation of reverse logistics programs*, Oak Brook, IL: Council of Logistics Management, 1998.

TAYLOR, F. W. Princípios de administração científica. São Paulo: Editora Atlas, 2009.

TEMPOS MODERNOS. Direção de Charles Chaplin. Estados Unidos: Charles Chaplin Productions, 1936. (83min, mono, P&B, 35mm).

TROPA DE ELITE. Direção: José Padilha. Produção: José Padilha e Marcos Prado. Rio de Janeiro, Brasil, 2007, (118 min.).

TROSTER, MOCHÓN. Introdução a Economia: Fundamentos e Aplicações. São Paulo: Editora Saraiva, 2004.

VIANA, J. J. Administração de Materiais — Um Enfoque Prático. São Paulo: Atlas, 2002.

WEBER, Max. Ensaios de Sociologia. Rio de Janeiro: LTC Livros Técnicos e Científicos, Ed. S.A., 1982.

WESTON, J. F.; BRIGHAM, E. F. Fundamentos da Administração Financeira. 10ª ed. São Paulo: Pearson Makron Books, 2000.

ZDANOWICZ, J. E. Fluxo de Caixa: uma decisão de planejamento e controle financeiro. 9ª ed. Porto Alegre: Editora Sagra Luzzatto, 2002.

SITES

http://normas.receita.fazenda.gov.br/sijut2consulta/link.action?idAto=73658

http://portal.esocial.gov.br

http://receita.economia.gov.br/

http://receita.economia.gov.br/acesso-rapido/tributos/irpf-imposto-de-renda-pessoa-fisica#calculo_mensal_IRPF

http://receita.economia.gov.br/acesso-rapido/tributos/irpf-imposto-de-renda-pessoa-fisica#calculo_mensal_IRPF

http://www.caixa.gov.br/beneficios-trabalhador/seguro-desemprego/Paginas/default.aspxhttps://www.inss.gov.br/beneficios/salario-familia/valor-limite-para-direito-ao-salario-familia/

http://www.caixa.gov.br/beneficiostrabalhador/segurodesemprego/Paginas/default.aspxhttps://www.inss.gov.br/beneficios/salario-familia/valor-limite-para-direito-ao-salario-familia/

http://www.facil.dnrc.gov.br/servicos/mod_cont-const.htm.

http://www.sebrae.com.br/sites/PortalSebrae/bis/cartilha-saiba-mais-fluxo-de-caixa,f73ab88efc-047410VgnVCM2000003c74010aRCRD.

http://www.sebrae.com.br/sites/PortalSebrae/bis/cartilha-saiba-mais-fluxo-de-caixa,f73ab88efc-047410VgnVCM2000003c74010aRCRD.

https://pixabay.com/pt/illustrations/negócios-ilustração-escritório-3080799/

https://pixabay.com/pt/photos/cron%C3%B4metro-rel%C3%B3gio-s%C3%ADmbolo-%C3%ADcone-2624277/

https://pixabay.com/pt/vectors/alvo-seta-olho-de-touros-bullseye-2070972/

https://www.banasqualidade.com.br/

https://www.inss.gov.br/servicos-do-inss/calculo-da-guia-da-previdencia-social-gps/tabela-de--contribuicao-mensal/.

https://www.sunoresearch.com.br/artigos/sistema-financeiro-nacional/

www.(nomedacidade).sp.gov.br/canais/tributos-municipais

www.abnt.org.br

www.administradores.com.br

www.administradores.com.br/artigos/a-missao-das-grandes-das-mais-conceituadas-empresas

www.alfconsulting.com.ar/wp-content/uploads/2017/08/5s.jpeg

www.anvisa.gov.br

www.bcb.gov.br/estabilidadefinanceira/sfn

www.caixa.gov.br/fgts

www.cfc.org.br/portaldocfc

www.cnae.ibge.gov.br

www.fadc.org.br

www.ibase.br

www.inmetro.gov.br

www.iso.org

www.mtecbo.gov.br

www.pensador.com/autor/richard_bach/

www.pnbe.org.br

www.portal-administracao.com/2014/08/diagrama-de-ishikawa-causa-e-efeito.html

www.portaldoempreendedor.gov.br

www.previdencia.gov.br

www.receita.fazenda.gov.br

www.wwf.org.br

www3.ethos.org.br

www8.receita.fazenda.gov.br/SimplesNacional

ÍNDICE

Símbolos

5W2H, 252–253

A

administração
  conceito, 4
  funções da, 24
  fundamentos da, 5
  história da, 16
  importância da, 3
  objetivo, 13
  princípios, Fayol, 24
administração de
    vendas, 296–300
administração do
    terceiro setor, 11
administração
    financeira, 130–154
administração pública, 11
administração rural, 12
administração
    tributária, 140–154
administrador
  campos de atuação, 11–14
  função, 10, 37, 40
  perfil, 10, 15
  perspectivas do, 15–17
agronegócio, 12
análise SWOT, 45
arquivos
  antigos, destino dos, 112–113
  arquivo morto, 112
  ciclo de vida, 111–112
  documentos,
      classificação, 108–109
  local para guardar
      os, 104–105
  manutenção e
      segurança, 105–106
  métodos de, 110–111
  profissional
      arquivista, 107–108

sistema de, 100–108
tipos de, 101–103
atitudes, competência, 15
atividades econômicas
  fluxo das, 82
  setores, 83
ativo, 207–208, 216
  balanço patrimonial, 207
  circulante versus não
      circulante, 216
  contas patrimoniais, 208
  natureza devedora, 219
auditoria, 135
autorrealização,
    necessidades de, 39

B

balancete de verificação, 226
balanço patrimonial, 134,
    207–208, 210, 227–228
  ativo, 134, 216
  passivo, 134, 216
benchmarking, 46
bens
  imateriais, 205
  imóveis (materiais), 205
  móveis (materiais), 205
  patrimônio, 205
boleto, 130
bolsa de valores, quebra, 27
brainstorming, 251–252
branding, 291
burocracia, 26

C

capital inicial, 204
capital intelectual, 155
cargo versus função, 88
centros de distribuição
    (logística), 266
cheque, 130
ciclo PDCA, 254–257
clima organizacional, 59

CNAE, 83–84
CNPJ, modelo, 79
comércio, modalidade, 11
competências
    organizacionais, 160–161
composto de
    marketing, 289–290
conhecimento,
    competência, 14
contabilidade, 203
  contabilidade 4.0, 202
  direitos, 205
  documentos contábeis, 204
  escrituração contábil, 204
  função, 203, 204, 207
  obrigações, 206
conta contábil, 207–208
  modelo, 210–215
  plano de, 209–210
contas a pagar, 128, 135
contas a receber, 128, 135
contas de despesas
  natureza devedora, 219
contas de receitas
  natureza credora, 219
contas de resultado,
    209–210, 231
contas patrimoniais,
    208, 210, 231
contrato, 8
  social, 74, 79
    modelo, 80–82
contribuição de
    melhoria, 149–150
contribuições sociais, 149
controladoria, 133–135
controle, 36
  fases do, 9
costume, 50
crash, bolsa de Nova York, 201
crédito
  conceito, 218–220

333

crenças, 52
crise de 1929, 297
cronograma, 93–97
    modelos, 94–95
CTPS (Carteira de Trabalho e
    Previdência Social), 175
cultura organizacional, 52–55
    agentes internos e
        externos, 53
    construção da, 54
curva ABC, 255–256

D

débito, 220
    conceito, 217
Demonstração das Mutações
    do Patrimônio Líquido
    (DMPL), 229
Demonstração de Lucros ou
    Prejuízos Acumulados
    (DLPA), 230
Demonstração de Resultado
    do Exercício (DRE), 153,
    209–210, 226–230
Demonstração dos Fluxos de
    Caixa, 229–230
Demonstração do Valor
    Adicionado (DVA)
    estrutura e elaboração
        da, 231–232
demonstrações contábeis, 228
    balanço patrimonial, 228
    DRE, 228
demonstrativo de
    resultados, 134
departamento
    de vendas, 298
    financeiro, 128
desigualdade econômica e
    social, 63
despesas, 226
    contas de resultado, 209
dia do administrador, 10
dia do operador de
    telemarketing, 293
diagrama de
    Ishikawa, 254–255
diagrama de Pareto, 255–256
direitos e obrigações, 205–206
divisão do trabalho, Fayol, 24
documentos
    financeiros, 130–133

tipos, 108–109
Drucker, Peter
    Ferdinand, 13, 56
    teoria neoclássica da
        administração, 35
duplicata, 130

E

e-commerce (logística), 266
educação corporativa, 161
embalagem (logística), 267
empresa
    ambiente interno da, 12
    área, estrutura, 86
    conceito, 69–70, 203–204
    constituição jurídica, 71
    departamento, estrutura, 86
    direitos da, 205–206
    (Fayol) funções da, 25, 82
    modalidades, 11
    natureza, 84
    obrigações da, 206
    perfil ético, 65–67
    porte (classificação), 77–78
    setor/seção, estrutura, 86
empresa de pequeno
    porte (EPP), 73
empresa individual de
    responsabilidade limitada
    (EIRELI), 73
empresário, 71
empréstimo, 139–140
    compulsório, 149
    versus financiamento, 139
endosso, 130
enquadramento jurídico
    empresa individual, 72
    sociedade empresária, 74
entrada (input), 33
equilíbrio financeiro, 139–141
escrituração contábil, 204
    elementos essenciais, 219
estatuto social, 8
estima, necessidades de, 39
estoques
    classificação dos, 243–244
    funções, 243–244
    logística, 265
estrutura
    organizacional, 84–88
    ética, 49–50, 65

F

faturamento, 135
Fayol, Jules Henri, 4, 23, 84
    funções da empresa, 25
    teoria clássica da
        administração, 19
financiamentos, 139
fisiológicas, necessidades, 39
flexível, característica, 9
fluxo de caixa, 129, 132–136
    modelo de, 136
fluxograma
    objetivo, 98
    símbolos de um, 97–99
    tipos de, 98–100
Ford, Henry, 21
    Ford modelo T, automóvel, 22
    jornada de trabalho 8h, 23
    princípios básicos de, 22
    teoria da administração
        científica, 21
fordismo, 21
fundamentos da
    administração, 5–9

G

gestão da qualidade, 245–248
gestão de pessoas, 155–198
    cargos e salários, 163–164
    contratos de
        trabalho, 166–173
    DSR (Descanso Semanal
        Remunerado), 179
    e-Social, 194
    estrutura do departamento
        de pessoal, 174–193
    recrutamento e
        seleção, 157–159
    rescisão de contrato de
        trabalho, 191
gestão de suprimentos, 267
gestão dos estoques, 242–245
grande depressão (1929), 27

H

habilidade, competência, 14–15
Hawtorne, experiência de, 28
hierarquia, 24–26, 86
história da administração
    fases da, 18
    Igreja Católica, 16
    Revolução Industrial, 17–19

ÍNDICE 335

homeostasia, 34
humanista, visão, 65–68

I

identidade
  das organizações, 60
impessoalidade, uso da, 25
impostos, 145–146
in bound (telemarketing), 294
indústria 4.0, 118, 202, 247
indústria, modalidade, 11
instituições
  financeiras, 126–127
insumos, 33
internet das coisas, 18
Ishikawa, Karou, 248
ISO, 258–261

J

jornada de trabalho de
  8h, Ford, 23

K

kaizen (melhoria contínua),
  245, 253–254

L

lançamento contábil, 219–228
letra de câmbio, 130
líder
  estilos de lideranças, 163
  funções, 13, 163
  importância do, 8
liderança e motivação, 162–163
linha de montagem,
  Ford, 21–23
  benefícios, 22
logística, 263
  armazenagem, 266, 271–272
  atividade de suprimentos, 267
  ciclo de vida dos
    produtos, 278–280
  embalagem, 267
  evolução da, 264
  expedição, 274–275
  manuseio de materiais, 266
  perfil do profissional
    de, 270–271
  processamento de
    pedidos, 265–266
  recebimento de
    materiais, 270–271
  transporte, 264

logística reversa, 275–280

M

manutenção de
  equipamentos, 241–242
marketing
  baseado em mercado, 284
  baseado em produto, 284
  direto, 293
  mix de, 289–290
  organização divisional, 284
  organização funcional, 284
  organização geográfica, 285
  plano de, 291
  telemarketing, 292–293
Maslow, Abraham
  pirâmide das necessidades
    humanas, 38
  teoria comportamental da
    administração, 38
matriz GUT, 250–251
Mayo, George Elton
  teoria das relações
    humanas, 27
McGregor, Douglas
  teoria comportamental da
    administração, 39
  teoria X, 39
  teoria Y, 39
meio ambiente (logísitica
  reversa), 278–280
mercado
  como se manter no, 15
  consumidor, 15–17
  definição, 286
  mercado-alvo, 286
microempreendedor
  individual (MEI), 72
microempresa (ME), 73
missão, 56
  como construir, 56
mix de marketing, 289–290
modelo 7S, 285
moral, 49–50
movimento behaviorista, 37
mudança organizacional, 40

N

necessidades humanas,
  pirâmide, 39
nome fantasia, 76
nota promissória, 130

O

organização, 7, 36
  ambiente interno, 12
  conceito, 69
  modelo estrutural de
    uma, 84–85
  necessidades das, 14
  o segredo da, 156
  sistemas abertos, 34
organizações mecanicistas, 44
organizações orgânicas, 44
organograma, 8, 88–92
  do sistema financeiro
    nacional, 127
out bound
  (telemarketing), 295

P

passivo, 207–208, 216
  circulante versus não
    circulante, 216
  contas patrimoniais, 208
  natureza credora, 219
patrimônio, 203, 205–206
  balanço patrimonial, 207
  bens materiais e
    imateriais, 205–206
  representação
    gráfica do, 206
patrimônio líquido, 134, 207
  mutações do, 229
  situação líquida
    patrimonial, 207
pesquisa de mercado, 287–289
pessoa física e jurídica, 71
pirâmide das necessidades
  humanas, 38
planejamento, 6–7, 36
  de produção, 240
  estratégico, 55, 65
    ética, 65
  financeiro, 134
  tipos, 6–8
  tributário, 153–154
plano de trabalho, 6–7
porte da empresa
  classificação, 77–78
prestação de serviços,
  modalidade, 11
princípios (Fayol), 24–25
princípios (Ford), 22
princípios (Taylor), 20

processo
administrativo, fases, 36
decisório, 40
de controle, fases, 9

R

razão social, 76
razonetes, 224
recalls, 66
receitas, 226
contas de resultado, 209
recursos, tipos, 8
regimento interno, 8
regimes tributários, 151–152
lucro presumido, 152–153
lucro real, 153–154
simples nacional, 151–152
registro empresarial
(órgãos), 77–78
relatórios financeiros, 136
remuneração do pessoal, 24
retroalimentação
(feedback), 33
rotatividade de pessoal, 52

S

saída (output), 33
segurança, necessidades de, 39
serviços, tipos, 289
setor do agronegócio, 12
setor público, 69
sistema
aberto, 34–35
de arquivos, 100–108
mecanicista, 44
MRP I, 240
MRP II, 240
orgânico, 44
parâmetros, 33
tipos de, 33
sistema 5S, 248–249
sistema de gestão empresarial
(SGE), 114–115
implantação de, 116
segurança e atualizações, 117
tipos de programas, 115
treinamento dos usuários, 117
sistema de produção,
tipos, 237–238
sistemas de gestão da
qualidade, 248–262

sistemas de
informação, 268–269
sistemas de produção, 237
sistemas verticais de
marketing, 285
sociais, necessidades, 39
sociedade, tipos, 74
sócios, responsabilidade dos, 75

T

taxas, tipos, 147
Taylor, Frederick
Winslow, 19–22
contribuições à
administração, 21
princípios de, 20
teoria da administração
científica, 20
T&D (treinamento e
desenvolvimento), 160
tecnologia da informação, 15
telemarketing, 292–299
tempos e movimentos,
estudo, 20–21
teoria Behaviorista. *Veja* teoria
comportamental da
administração
teoria clássica da administração
Jules Henri Fayol, 23
teoria comportamental da
administração, 19, 37–40
Abraham Maslow, 38
Douglas McGregor, 39
Frederick Herzberg, 39
teoria da administração
científica, 20
Frederick Winslow Taylor, 20
Henry Ford, 21
teoria da burocracia, 25–27, 86
Max Weber, 19, 25
teoria da
contingência, 19, 42–47
Alfred D. Chandler Jr., 42
Jay Lorsch, 42
Joan Woodward, 42
Paul Lawrence, 42
teoria das relações humanas, 19
Chester Barnard, 27
George Elton Mayo, 27
Mary Parker Follet, 27
teoria do desenvolvimento
organizacional, 19, 40

fases, 41
Leland Bradford, 41
variáveis, 41–42
teoria dos dois fatores, 39
teoria dos números positivos e
negativos, 200
teoria dos sistemas, 19
teoria estruturalista, 19, 29
Max Weber, 30
teoria geral da administração
(TGA), 19, 46–47
teoria geral dos
sistemas (TGS), 31
teoria neoclássica da
administração, 34–37
Cyril O'Donnell, 35
Ernest Dale, 35
Peter Ferdinand
Drucker, 13, 35
teoria X e teoria Y
Douglas McGregor, 39
terceiro setor, 11
tesouraria, 129, 132, 135
tomada de decisões, 4
treinamento e
desenvolvimento, 160–162
tributo, 140–141
características do, 141
competência do, 143–144
contribuição de melhoria, 149
contribuições sociais, 148
elementos do, 142–143
regimes tributários, 151–152

U

universidade corporativa, 161

V

valores, 52, 58
vendas, tipos de, 299
vendedor, papel do, 297
visão, 57–58

W

Weber, Max, 86
teoria da
burocracia, 19, 25–27
teoria estruturalista, 30
Woodward, Joan
teoria da contingência, 42

Projetos corporativos e edições personalizadas dentro da sua estratégia de negócio. Já pensou nisso?

Coordenação de Eventos
Viviane Paiva
viviane@altabooks.com.br

Assistente Comercial
Fillipe Amorim
vendas.corporativas@altabooks.com.br

A Alta Books tem criado experiências incríveis no meio corporativo. Com a crescente implementação da educação corporativa nas empresas, o livro entra como uma importante fonte de conhecimento. Com atendimento personalizado, conseguimos identificar as principais necessidades, e criar uma seleção de livros que podem ser utilizados de diversas maneiras, como por exemplo, para fortalecer relacionamento com suas equipes/ seus clientes. Você já utilizou o livro para alguma ação estratégica na sua empresa?

Entre em contato com nosso time para entender melhor as possibilidades de personalização e incentivo ao desenvolvimento pessoal e profissional.

PUBLIQUE
SEU LIVRO

Publique seu livro com a Alta Books. Para mais informações envie um e-mail para: autoria@altabooks.com.br

 /altabooks   /alta-books   /altabooks /altabooks

CONHEÇA OUTROS LIVROS DA **ALTA BOOKS**

Todas as imagens são meramente ilustrativas.